法治中国战略研究报告

（第一辑）

郭为禄　叶青　◎主　编
陆宇峰　阙天舒　◎执行主编

北京大学出版社
PEKING UNIVERSITY PRESS

图书在版编目(CIP)数据

法治中国战略研究报告.第一辑/郭为禄,叶青主编.—北京:北京大学出版社,2023.9

ISBN 978-7-301-34611-2

Ⅰ.①法… Ⅱ.①郭… ②叶… Ⅲ.①社会主义法制—建设—研究报告—中国—2022 Ⅳ.①D920.0

中国国家版本馆 CIP 数据核字(2023)第 209904 号

书　　　名	法治中国战略研究报告(第一辑)
	FAZHI ZHONGGUO ZHANLÜE YANJIU BAOGAO(DI YI JI)
著作责任者	郭为禄　叶　青　主编
责 任 编 辑	徐　音　吴康文
标 准 书 号	ISBN 978-7-301-34611-2
出 版 发 行	北京大学出版社
地　　　址	北京市海淀区成府路 205 号　100871
网　　　址	http://www.pup.cn　新浪微博:@北京大学出版社
电 子 邮 箱	zpup@pup.cn
电　　　话	邮购部 010-62752015　发行部 010-62750672　编辑部 021-62071998
印 刷 者	北京虎彩文化传播有限公司
经 销 者	新华书店
	730 毫米×980 毫米　16 开本　14.5 印张　230 千字
	2023 年 9 月第 1 版　2023 年 9 月第 1 次印刷
定　　　价	70.00 元

未经许可,不得以任何方式复制或抄袭本书之部分或全部内容。

版权所有,侵权必究

举报电话:010-62752024　电子邮箱:fd@pup.cn

图书如有印装质量问题,请与出版部联系,电话:010-62756370

担当学人责任　服务法治中国

投身全面依法治国历史进程,服务法治中国建设,是法学院校的崇高使命,是法学理论研究工作者的重大责任,是建设中国特色世界一流政法大学的必由之路。华东政法大学在编制十四五发展规划过程中,从战略高度推进科研智库建设改革,在原中国法治战略研究中心和科学研究院的基础上,于2022年1月成立了中国法治战略研究院。作为科研智库平台,研究院集聚了一批优秀的中青年学者,主动对接国家法治建设战略需求,瞄准实践前沿热点问题,积极建言献策。同时,积极培育新兴交叉学科,开展高层次复合型人才培养,做出了新成绩新贡献。

研究院聚焦中国法治战略的需求,坚持理论研究和智库研究双轮驱动,把论文写在祖国大地上。专家学者基于"大文章""长文章",写好"小文章""短文章"。研究院积极整合、统筹、协调各方面资源,鼓励支持学者紧紧围绕新时代全面依法治国实践,总结提炼中国特色社会主义法治具有主体性、原创性、标识性的概念、观点、理论,不做西方理论的"搬运工",构建中国自主的法学知识体系。研究院注重以服务国家和上海地方法治战略为己任,开展决策咨询工作,智库专报针对专门领域内的问题进行深入探讨,提供了一系列有价值的建议和策略,使中国法治战略研究院成为重要的智库基地。

研究院紧紧围绕"中国法治战略"这一定位,弘扬创新、务实、开放的海派法学文化,着力培育新兴交叉学科,搭建高层次学术平台,组建科研创新团队。目前,中国法治战略研究院正在积极建设教育法学、国家安全法学、卫生健康法学、智能与数字法学四个新兴交叉学科。教育法学团队积极参与国家教育法规和上海教育政策的研究制定，在全国青少年法治教育等方面做出了重要贡献；国家安全学团队聚焦国家安全法学以及政治安全、社会安全、生态安全等重点领域，组织编写"国家安全学系列丛书"，产出了一大批高质量成果；卫生健康法学团队依托"国民卫生健康治理法治化研究"等国家重大项目开展学科建设，在学术研究、决策咨询和研究生培养方面取得重要突破；智能与数字法学团队拥有多位知名法学家，在互联网法院建设和数据交易的法治保障，以及数字法学和数字法治基础理论研究方面成就斐然。

党的二十大开启了全面建设中国特色社会主义现代化的新征程。在中国式现代化的伟大探索中，做好中国法治战略研究就要坚持人民至上，胸怀天下，更加坚定创新、务实、开放的海派法学的学人担当，用更具创造性的中国法治战略研究的探索和实践，弘扬社会主义法治精神，更好地向世界展示中国法治建设的光明前景。本报告通过对法治中国实践的理念与制度、技术与人文、国家与社会、安全与发展等方面的法律问题的深入研究，提出了一系列创新的法治理论和可行的战略建议。这些研究成果彰显了研究院的专家学者对法治事业发展的现实关怀和深刻洞见。

当然，作为阶段性的研究成果，难免存在问题和局限，欢迎同行、专家多提宝贵意见，期待研究院的同志们继续努力，深入挖掘中国法治战略研究的理论内涵，将其转化为具体的政策和行动，为推动法治中国事业在新时代的迈进做出新的更大的贡献。

是为序。

郭为禄　叶青
2023 年 12 月 16 日

目 录

001 | **第一篇 海外利益安全治理问题研究**   赵懿先

  001   一、引言
        （一）海外利益的内涵与兴起 /001
        （二）全球海外利益安全治理的发展模式 /004

  08   二、我国海外利益安全治理的发展演进
        （一）学界关于我国海外利益安全治理的理论进展 /08
        （二）我国海外利益安全治理发展阶段或模式变迁 /012

  015   三、新发展阶段海外利益安全治理的困境与挑战
        （一）国家海外利益安全治理的主要领域 /015
        （二）海外利益安全治理的困境与问题 /018

  023   四、我国海外利益安全治理模式的优化策略

030 | **第二篇 我国黑土地保护问题研究**   李　凯

  031   一、黑土地保护面临的主要问题
        （一）黑土地的全球分布及主要问题 /031
        （二）国外主要黑土区保护存在的问题 /031
        （三）我国黑土地保护的主要问题 /033

  035   二、黑土地保护的战略定位与政策演进
        （一）黑土地保护的战略定位 /035
        （二）中央有关黑土地保护的政策演进 /036
        （三）地方有关耕地保护和黑土地保护的政策演进 /041

044　三、黑土地保护的法治体系构建

　　（一）习近平法治思想引领黑土地保护法治化 /044

　　（二）黑土地保护立法 /045

　　（三）黑土地保护法治实施情况 /046

　　（四）黑土地保护法治体系的完善 /047

049　**第三篇　资本无序扩张的司法治理问题研究**　　　党东升

　050　一、防止资本无序扩张的学理脉络

　053　二、资本无序扩张的现实表现与风险分析

　056　三、资本无序扩张的治理难题

　059　四、资本无序扩张的检察治理机制

063　**第四篇　教育改革背景下《中华人民共和国教师法》修改中的若干问题研究**　　　周海源

　064　一、《教师法（修订草案）（征求意见稿）》的主要内容

　　（一）坚持对标导向，着力建设高质量的教师队伍 /064

　　（二）坚持问题导向，着力破解实践中的突出问题 /065

　　（三）坚持效果导向，着力提升教师获得感 /067

　068　二、《教师法（修订草案）（征求意见稿）》的专家意见梳理

　　（一）关于《教师法》的立法精神、总体要求和立法用语 /068

　　（二）关于教师的权利义务 /069

　　（三）关于教师从业规制 /069

　　（四）关于中小学教师的公职人员身份 /070

　　（五）关于外籍人员的教师资格 /071

　　（六）关于教育行业相关人员的身份 /071

　　（七）关于定期注册和考核 /071

　　（八）关于教师职称和编制 /072

　　（九）关于法律责任和救济机制 /072

　073　三、《教师法》的完善建议

　　　　　（一）关于教师职责和使命 /073
　　　　　（二）关于教师权利 /073
　　　　　（三）关于教师义务 /074
　　　　　（四）关于教师学历要求 /075
　　　　　（五）关于中小学教师的公职人员身份 /075
　　　　　（六）关于师德失范及其规制 /076
077　　四、教育与科技双重改革背景下《教师法》应增设的相关制度
　　　　　（一）高校教师科技伦理治理制度 /077
　　　　　（二）高校教师科技成果转化容错机制 /080

088 | **第五篇　网络犯罪立法前置化问题研究**　　　　　　　马寅翔

088　　一、网络犯罪立法前置化的表现
　　　　　（一）法律及相关规范梳理 /088
　　　　　（二）网络犯罪立法前置化具体表现 /092
096　　二、网络犯罪立法前置化的成因
　　　　　（一）社会发展成因 /096
　　　　　（二）立法与理论成因 /99
101　　三、网络犯罪立法前置化存在的问题
　　　　　（一）定罪量刑标准不合理 /101
　　　　　（二）处罚范围过于宽泛 /104
　　　　　（三）刑法体系内部不协调 /106
108　　四、网络犯罪立法前置化的完善路径
　　　　　（一）合理降低入罪标准与提高法定刑幅度 /108
　　　　　（二）限缩犯罪构成中的"违法犯罪" /110
　　　　　（三）重塑"帮助行为"的范围 /111

115 | **第六篇　污染环境犯罪因果关系证明实证研究**　　杨继文

116　一、问题提出与研究方法
　　（一）研究主题与设计 /117
　　（二）研究焦点与对象 /118
　　（三）研究样本与方法 /118

121　二、现状考察与问题分析
　　（一）总体情况 /121
　　（二）证明特点 /122
　　（三）证明说理 /125
　　（四）证明难题 /126

131　三、因果特性与原因阐释
　　（一）因果特性所凸显的证明错综复杂性 /131
　　（二）刑事法上因果关系认定和证明等规定阙如 /132
　　（三）刑事司法应对措施的缺失 /133

135　四、应对方案与制度完善
　　（一）证据收集制度完善 /135
　　（二）鉴定证据及环保监测报告的应用改进 /139
　　（三）证明方法的应用方案 /142

146 | **第七篇　国家生物安全风险防控和治理体系的问题研究**　　杨继文

146　一、引言：生物安全与基因风险

147　二、风险与问题：基因科技的负效应与治理难题
　　（一）基因科技导致的风险与问题 /148
　　（二）导致基因技术风险的原因分析 /150

150　三、比较与借鉴：域外基因技术风险的治理模式
　　（一）美国：实质—产品监管模式 /150
　　（二）欧盟：分歧—强制监管模式 /152
　　（三）发展中国家：风险—激励监管模式 /152
　　（四）借鉴和启示：需要技术标准化，更需要法治协同化 /153

| 154 | 四、体系与构建：迈向回应型法治的协同治理模式
（一）迈向回应型法治 / 154
（二）协同治理的回应合作原理 / 156
（三）协同治理模式的回应原则 / 157
（四）协同治理模式的回应法治构建 / 158

| 162 | **第八篇　纪检监察指导性案例制度的适用研究**　　　　王小光

| 163 | 一、纪检监察指导性案例制度的功能和价值
（一）发布指导性案例可以贯彻党中央有关精神 / 163
（二）弥补纪检监察成文规范滞后和公开性不足的问题 / 165
（三）统一纪检监察工作的标准和尺度 / 166
（四）增强纪检监察工作的公开性和透明性 / 168
（五）发挥纪检监察的教育和宣传作用 / 169

| 171 | 二、纪检监察指导性案例制度的基本原理
（一）纪检监察指导性案例制度的定位 / 171
（二）纪检监察指导性案例的效力 / 172
（三）纪检监察指导性案例的适用条件 / 174

| 178 | 三、纪检监察指导性案例制度的适用前瞻
（一）参照适用的理论分析 / 178
（二）适用规则体系 / 180

| 185 | **第九篇　元宇宙发展的问题研究**
　　　　高富平　侍孝祥　王　镭　云晋升　陶　舟　牛　斐　孔晓婷

| 185 | 一、元宇宙的技术创新与场景应用
（一）元宇宙发展概述 / 185
（二）元宇宙的关键技术 / 187
（三）元宇宙的应用场景 / 189

| 192 | 二、元宇宙全球布局的特色与差异
（一）美国、韩国、日本的元宇宙布局 / 193
（二）中国的元宇宙布局 / 194

三、域内外产业促进政策 /195
（一）国内产业促进政策 /195
（二）域外产业促进政策 /198

四、理论研究 /200
（一）从制度治理建构维度剖析元宇宙 /200
（二）从公私法维度剖析元宇宙 /203
（三）从应用场景维度剖析元宇宙 /207
（四）学术研究存在的问题 /209

五、司法实践 /209
（一）国内司法案例 /209
（二）国外司法判例 /210

六、元宇宙的法律挑战 /211
（一）数字人格与责任主体方面 /211
（二）虚拟财产的权利归属与流转利用方面 /213
（三）数据安全方面 /215
（四）知识产权方面 /216
（五）刑事犯罪方面 /216
（六）纠纷解决方面 /217
（七）伦理与道德方面 /218

七、元宇宙风险预防的对策与建议 /219
（一）培育行业生态，构建以行业自治为主的良性环境 /219
（二）开展标准研制，发挥标准对行业发展的引导作用 /220
（三）加强行政监管，强调行政监管的指引作用 /220
（四）加强司法能动性，构建多元的协同治理格局 /220
（五）加强政策、立法及理论研究，促进数字与现实世界融合 /221

第一篇　海外利益安全治理问题研究[*]

赵懿先

一、引言

（一）海外利益的内涵与兴起

"海外利益"这一现象的出现，是伴随着近代以来帝国主义在全球的扩张而产生的，但并不是所有国家都使用海外利益（interests overseas 或 interests abroad）一词。与国家利益不同，海外利益不是一个学术上的专有名词，并且其涵盖的内容与范围也是随着时代发展而变化的。

以大英帝国的历史为例，20 世纪 70 年代作为重要的后帝国时代的分野，英国在摆脱"帝国"角色的同时，仍在世界舞台上发挥着重要作用，并以国际参与者的行为方式，忙于寻求维护各种独特的全球利益（global interests）——这种利益，对于非殖民化时代，针对英国本土而言，当然是海

---

[*] 本文的主要内容选自论文《海外利益安全治理发展演进及以东道国为视角的因应之策》，刊载于《上海法学研究》集刊 2023 年第 6 卷。该论文获上海市法学会第三届国家安全法治征文一等奖（2022 年度），并在 2023 年 6 月 28—30 日由国际关系学院、《国际安全研究》编辑部主办的"全球安全治理：当前的挑战与中国方案"国际学术研讨会上宣讲。

外的,但其表述却使用了"全球利益"一词,用以指代英国保留的大量的欧洲以外的经济、政治、文化和军事利益。① 同时,这里的全球利益,与近些年中国语境下讨论的海外利益本质上并不相同,它隐含了殖民地时代影响力的变化、衰退、挣扎与抵抗,因此这种独特性强调的是那些曾经作为殖民者的特殊色彩。

具体而言,英国独特的全球利益包括,伦敦金融中心地位、相关的海外投资、跨国公司,以及与英国作为全球贸易商的非凡地位相关的利益。此外,英国的外交政策寻求保护一千多万人的英国侨民的利益,以确保英国进出口继续依赖的海上通道的安全。再如,英国继续使用"软实力"工具,如媒体和信息服务,发放数十亿英镑的贷款和赠款,并保持仅次于美国和俄罗斯的情报范围。并且,在后殖民时代,英国将自身的国家利益的保护与其近代以来为主导创建的国际体系相结合,通过作为主要成员的新的国际经济和政治组织来捍卫其利益。无论战争的变化、民族主义的崛起、帝国的衰落以及二战以来不断变化的世界,都未能阻挡英国顽固地寻求保护其利益的脚步。

自殖民时代带来并维持帝国的广泛影响力为海外利益的主要内容,在21世纪逐步转向聚焦于海外公民、企业实际的物质利益,如公民在海外的人身安全、企业在海外投资的财产安全等,这与这一时期恐怖主义的兴起也有密切关系。

2001年4月,美国著名的军事综合性战略研究机构兰德公司向美国众议院政府改革委员会国家安全、退伍军人事务和国际关系小组委员会提交了一份名为《保护美国在海外的利益:美国公民、企业和非政府组织》的报告,该报告中交替使用了"interests abroad""interests overseas"等词,指代美国的海外利益。在该报告中,有关海外利益谈到了三个主题,包括:(1)海外美国人(非官方人士)的总体安全环境;(2)针对海外的美国非政府组织被威胁的类型;(3)如何保护美国海外非官方利益的一般性建议。该篇报告围绕着恐怖分子和恐怖袭击如何将美国海外利益和公民作为打击目标,特别是针对美国企业的爆炸行动展开分析,该报告指出,恐怖分子将目标锁定为美

---

① Ashley Jackson, Empire and Beyond: The Pursuit of Overseas National Interests in the Late Twentieth Century, *The English Historical Review*, Vol. CXXⅡ, No. 499, 2007.

国商业利益和商人的袭击自1997年就开始了。在报告的最后,兰德公司给出建议,如加强情报资源和能力;加强美国游客和海外商务人士最常去的主要交通节点的安检标准;进一步教育和告知设在美国的非政府组织和国际人道主义救援组织的总部和工作人员安全的重要性等。① 虽然美国对海外利益密切关注,但同年秋天就发生了在美国本土的、震惊世界的"9·11"恐怖袭击事件。

很显然,美国语境下的海外利益与英国谈及的全球利益已经有明显的不同,后者更强调的是通过一种历史的和软性的影响力维护旧秩序下的既得利益,而前者则更聚焦于当下针对公民作为自然人或商业公司作为法人个体的人身财产安全。

不过,这里的海外利益依然不是学术上的专门定义,从美国的角度来看,它的范围混杂了海外公民的保护和广泛的商业实体的财产安全,既与美国的国家利益、国家安全相关,又有所区别,特别是在"9·11"事件发生之前,多次强调如何保护"海外非官方利益"(non-Governmental interests)。需要注意的是,一方面,虽然美国强调了海外"非官方"利益,并不意味着其不关心或者放弃了海外"国家利益",这是由于美国作为当今世界上唯一的超级大国,在全球广泛分布海外军事基地,这些海外"官方"利益,自然而然由其设在盟国的军事基地网络所保护,确保其海外贸易和投资,确保其国际经济安全。另一方面,"9·11"事件成为美国对内政策、对外交往战略的一个"分水岭",在恐怖袭击发生之后,海外利益不再刻意强调官方与非官方的身份,而是更强调"对其公民和法人的侵害视同于对国家的侵害"。

从本质上来说,任何一个国家,在融入全球经济的过程中,一定会面临海外利益如何保护的问题。特别是经济体规模不断增长,与全球各国经贸往来合作加深时,就会有潜在的越来越多的公民及其财产受到可能的伤害。在跨出主权国家领土管辖范围的那一刻起,在遥远或相邻的其他国家或地区、公海、极地或太空等均有可能产生危险,威胁一个国家经济所依赖的市

---

① Bruce Hoffman, Protecting American Interests Abroad: U. S. Citizens, Businesses, and Non-Governmental Organizations, Before the Subcommittee on National Security, Veterans Affairs, and International Relations, House Committee on Government Reform, https://www.rand.org/content/dam/rand/pubs/testimonies/2005/CT176.pdf, visited on 2001-4-3.

场、资源和投资。这些威胁有可能是人为的也有可能是自然发生的,包括但不限于国际和地区动荡、恐怖主义、海盗活动、严重的自然灾害和流行病等各种影响。因此,海外利益安全,是一个以地域和国别划分的方法,本书中其他各个领域的安全因素均有可能影响海外利益的安全,如能源危机、军事战乱、粮食安全、新冠疫情的大流行等。将海外利益安全作为一种独特的划分方式与其他安全并列讨论,凸显了其在世界局势纷繁复杂、逆全球化趋势不断增加、各国均面临百年未有之大变局的情况下的重要性与紧迫性。

(二) 全球海外利益安全治理的发展模式

在国际社会发展的现阶段,世界各国在全球范围内发展和维护自身利益均与过往不同。海外利益保护受制于权力、能力和动力,由于这三方力量无法做到持续的平衡,国家(或者说国籍国)在海外利益保护中就会面临效用、合作和法理上的三大困境。[①] 首先,尽管保护能力不同,大多数拥有海外利益的国家都有保护的动力,但是如何保护? 显然靠上述殖民地时代的野蛮行径和以美国为首的霸权主义的手段是缺乏道义的。特别是现行国际法体系中依然以属地管辖权作为优先地位,公海领域还好办,但国家如何跨越国境使用合法的权力去他国保护本国的海外利益呢? 滥用"长臂管辖"机制吗? 其次,虽然东道国可以通过合法的权力保护他国公民和法人利益,但其能力与动力却令人存疑。按照诺斯的理论,具备自我执行能力和动机意愿的制度安排才能持续。如果投资母国的企业面临东道国欢迎投资但不情愿保护投资者的时候——这已经成为逆全球化的重要信号和趋势,需要通过哪些协议或条约的安排才能使得各国达成一致呢? 因此,当下海外利益保护或者说海外利益安全治理的核心点是:在全球化或逆全球化的背景下,利用国际法使属人管辖权和属地管辖权达到平衡,优化配置各国海外利益保护的能力和需求。[②]

肖河探讨了解决这一难题的途径:(1) 主权之间的对抗性互动;(2) 资

---

① 刘莲莲:《国家海外利益保护机制论析》,载《世界经济与政治》2017年第10期。
② 肖河:《海外利益保护的国家间比较》,载张宇燕主编:《全球政治与安全报告(2019)》,社会科学文献出版社2019年版,第204页。

源方面加大投入；(3) 把东道国自由裁量的相关内容转变为具有约束且规范的权利义务关系；(4) 通过国家内部的"分权"，形成多方参与的安全供给网络。这四个方面的主体并不相同，分别是从海外利益国籍国、国籍国与东道国之间的关系，以及非政府行为体之间的互动出发的。①

表1-1 海外利益安全治理的三种维度

非政府行为体之间互动	海外利益国籍国	东道国
【分层互动】通过国家内部的"分权"，形成多方参与的安全供给网络，而国家只是分配、协调和监督的节点。通过安全供给网络，私人和地方层面与他国的同类行为体完成高效对接，从而打造新的全球安全聚合 方式：跨国私营安保、保险、国际法律公司和各类民间团体	【自身】主权之间的对抗性互动 方式：外交保护 国家认为对其公民和法人的侵害是对国家本身的侵害，并要求侵害国承担责任	【协作】海外利益需求国加大资源投入，协助东道国提高保护能力 方式：领事保护 承认东道国处于海外利益保护优先地位的前提下，国籍国作为辅助角色介入具体保护
	【关系】东道国自由裁量的相关内容转变为具有约束且规范的权利义务关系 方式：创造国际环境、引领国际体系等措施。如广泛的多边谈判和建立全球性国际机制，有限的双边或者少边渠道甚至是单方面的国内立法	

然而，即便通过国籍国、东道国与国籍国之间的关系、国家与非政府组织的分层等多个角度多种途径去处理这一问题，在现实中，仍要面临各国执行的能力、资源、意愿和具体落实政策的问题。各国禀赋差异，与东道国之间的关系各不相同，不同时期国际环境也有所影响，因此形成了海外利益安全治理的不同路径。肖河根据海外利益保护措施的强制性高低和行动主体将其分为四种基本类型，包括外交保护型、立法强制型、东道国主导型和安全聚合型。

外交保护型是从国籍国出发的，具有较高强制性，遵循"主权对抗"的逻辑路径，其主要由行政部门自由裁量。另一种从国籍国角度出发的是立法强制型，以国内法代替行政自由裁量权，与第一种措施相比，该做法所采取的海外利益保护措施具有更高强制性，其往往涵盖"长臂管辖"或"治外法

---

① 肖河：《海外利益保护的国家间比较》，载张宇燕主编：《全球政治与安全报告（2019）》，社会科学文献出版社2019年版，第204页。

权"等内容。与此相反,东道国主导型则主要采取领事保护、外交谈判和其他低强制性措施,是从东道国的角度切入的。归根结底,东道国的意愿和能力决定其效果。安全聚合型是从非政府行为体互动角度展开的,是一种多元化、本地化的保护措施,其保护海外利益的主要方式是在具有较低强制性的国际法框架内进行商业和社会活动。

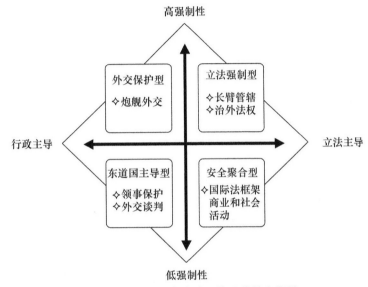

图 1-1　海外利益安全治理的四种基本类型

随后,肖河分析并介绍了国际秩序主导强国和次强国是如何选择海外利益安全治理模式的。以包括美英法在内的国际秩序主导强国为例,美国采取了大量高强制性措施,特别是以"长臂管辖"为首的立法强制措施。例如,自 1948 年马歇尔计划启动,美国国会取代行政部门(特别是总统和国务院),开始保护海外美国公民及其财产。以美国的政治、经济和军事实力为背景用美国的国内法来维护美国海外利益,这一做法具有一定霸权主义色彩,但是提高了透明度和机制化,并能在国际社会创造更稳定的预期。此外,从里根时期开始,美国加大利用安全聚合型措施。除了依靠传统的非政府行为体外,美国充分利用政治成本较低、合法性较强的网络安全供给,大量"外包"海外安全供给。这种"安全私有化"源自政府政策和立法规范的双重作用。从整体上看,美国的非强制性的安全聚合型保护是对强制性立法保护的补充，提高了对海外利益的保障。而美国对东道国主导型保护措施的关注则相对较少。例如，作为《维也纳领事关系公约》的缔约国，美国没有完全遵守公约规定的通告义务，这为他国在与美国有关的事件中履行其领事保护义务的质量带来很大影响。

另一种则是包括日本和印度在内的次强国家。日本和印度分别选择了不同的路径。例如，日本政府官方提出的报告中一直用"worldwide interests"取代"海外利益"的表述，话语则以《日本促进国家及世界范围利益的外交政策》(Japan's Foreign Policy to Promote National and Worldwide Interests)为题，行文通篇强调如何与盟友共同协作，如何维护世界和平和稳定、维护人类共同利益，保护世界文明、文化等，通过强调参与和影响区域和全球性多边机制来打造对其海外利益发展有利的国际环境。[①] 日本在保护海外利益方面强制性不高。首先，由于其特殊的历史包袱问题，日本更愿意塑造其"力量薄弱"的国际形象，主要是规范其海外行为体的行为。国家和社会甚至非常强调公民在海外应负有不给国家"添麻烦"的责任；并不将外交保护或立法强制性措施作为国家的重点，而是将非强制性的外交措施作为国家维护海外利益的着重点。其次，比起其他政府部门，日本外交部门是维护海外利益的主角；最后，日本同样认识到了全球安全聚合的发展趋势，但主要是以促进社会间联系来保护海外利益。例如，与美国和英国等高度发达的"安全外包"国家不同，日本则更重视通过公民组织促进与东道国社会的联系。这种方法不仅需要资源较少，而且更加有效。

没有第二次世界大战历史包袱、幅员辽阔且人口庞大的印度，则是另一类新兴市场国家的代表。以印度为代表的国家在保护其海外利益方面则愿意采取更激进的态度。印度同样很看重与他国社会的联系，以及国际多边组织的作用。但印度也敢于使用外交保护型措施，甚至直接派武装力量干预他国内政。印度海外利益保护的这一特点在应对中国提出的"一带一路"倡议时表现得极为突出。此外，为打造有利于自己的国际环境，印度还进行了大量民主援助，其为联合国民主基金的第二大捐助国。为与其海外利益保护模式相适应，印度还设立了独立处理海外利益保护问题的海外印度事

---

① Japan's Foreign Policy to Promote National and Worldwide Interests，https://www.mofa.go.jp/files/000106463.pdf，visited on 2022-12-28.

务局。① 这与印度对国际法的运用、在世界贸易组织、金砖国家等机制下一贯表现出的善用国际法进行斗争的特点一致。因此,这也印证了各国禀赋、文化、资源和能力的差异导致了安全治理模式选择的不同,既有主动为之的部分,也有被动应对的部分。

二、我国海外利益安全治理的发展演进

(一) 学界关于我国海外利益安全治理的理论进展

"海外利益保护"(oversea interest protection)是我国政策和学术界近年来高度重视的新概念。陈伟恕认为,"中国海外利益又可称作中国境外利益,是指在有效的中国主权管辖范围以外地域存在的中国利益,即以边境和海关为界而划分的,它的对应物是中国境内利益或曰中国内部利益"。他强调,狭义的中国海外利益,是指中国机构和公民在海外的生命、财产和活动的安全,其中财产是指他们在海内外所持有的外币和以外币计价的资产;而广义的中国海外利益,还包括在境外所有与中国政府、法人和公民发生利益关系的有效协议与合约,在境外所有中国官方和民间所应公平获得的尊严、名誉和形象。②

刘莲莲梳理了国家海外利益安全治理的不同语境,将其指代为境外公民安全保护和新型国家利益建构两种内涵。她强调,境外公民安全保护的视角具有物质主义特征,其关注的问题是国民跨境迁移给传统国家治理模

---

① 肖河:《海外利益保护的国家间比较》,载张宇燕主编:《全球政治与安全报告(2019)》,社会科学文献出版社 2019 年版,第 204 页。
② 陈伟恕:《中国海外利益研究的总体视野——一种以实践为主的研究纲要》,载《国际观察》2009 年第 2 期。

式、国与国之间的关系带来的挑战。通常而言,海外意味着跨越国境线,是针对属地和属人管辖带来的冲突。而新型国家利益建构的视角则是在系统层面,即国家在国际社会的角色变化带来的利益结构变化。[①] 特别是当国家的国际角色有所转变时,其在国际上拓展话语权、创制国际制度权益等议题,这些利益的安全治理具有长期目标性,而不是仅仅针对某一突发事件,落脚点在于国内与国际两个治理层级的体系问题。

学术界对于海外利益的含义大体分为两种研究路径:一种是广义说,如王发龙、门洪华、毕玉蓉等学者强调海外利益包括了国家境外整体利益以及企业、机构、公民的局部利益,包含了政治、文化、外交、战略利益等;另一种是狭义说,如苏长和、李众敏等聚焦于中国政府、企业和公民在他国的人身和财产保护。前者包含的政治、战略和文化利益在国际层面难以达成共识,特别是非法律的权益保护实践中面临挑战,需要通过扩大海外政治、战略和文化影响来增强中国的国际存在;而后者聚焦"合法海外利益"也遇到了新的问题,例如合哪国的法?东道国的法律受国际政治经济情况变化而对投资不友好时,所依据的规则已经变化了又如何维护?又或当我国反外国制裁相关法律与东道国本地法律冲突时,没有良好清晰的双边协定时,如何解决?因此,这些问题需要系统厘清。

从海外利益安全治理的前提来看,需要分别从国际法和国际关系两大学科入手阐述。

首先,从国际法学科来看,海外利益安全的前提是承认以领土界定的国家身份,即近代以来国际法上关于国家主权的认定。国际法兴起之初,格劳秀斯、黑格尔等就提出了国家主权论,即国家间主权平等,并要尊重他国主权。国家主权原则包括国家间相互尊重领土主权的义务,国家主权的独立平等成为国际法基本原则之一。特别是二战结束以来,随着越来越多的前殖民地国家追求独立自主、民族自决,很多第三世界国家都将国家主权原则作为国际交往中的重要信条,特别是用以抵抗帝国主义和前宗主国的强权及影响力。国家主权原则首先强调以领土为标准的国家属地管辖权,这种管辖权是排他的,指国家对其领土范围内的人、事、物拥有绝对管辖权,不仅

---

① 刘莲莲:《国家海外利益保护机制论析》,载《世界经济与政治》2017年第10期。

包括对本国领土内居民,也包括对在本国领土内依照本国法律成立的公司法人的保护和约束。其次,国家主权原则也包括国家对公民和法人形成的属人管辖权。在现代国家理论形成过程中,霍布斯将其作为理论重心,强调国家基于国民作为共同体成员的身份,而对其拥有保护和约束的权力。这里很明显的例子就是侨民——侨民虽然移居他国,但并没有放弃自己的国籍,依然享有作为一国公民的权利和义务,如具有投票权等。在海外遇到困难,自然可以向驻当地的使领馆求助,而使领馆对本国在海外的公民也负有义务,如协助换领护照证件等。这既是常识,也是国际法国家主权原则中属人管辖的基本含义。因此,谈及海外利益安全治理,就不得不注意到,国籍国的海外利益,可能已经位于东道国的属地管辖中;而海外利益又属于国籍国的属人管辖的延伸,因此,如何协调东道国的属地管辖和国籍国的属人管辖就是海外利益安全治理需要面对的基本理论框架。

从国际关系学科角度来看,如果一个国家没有频密的对外交往,闭关锁国,就无从产生海外利益保护的现实条件。恰好是因为全球化的高速发展,各国经贸往来深入、人员往来频繁、大家在全球产业链上分工协作,形成了类似地球村的效果,深度融合,才能产生所谓的海外利益。国家海外利益的产生是全球化的产物,而全球化的不均衡性又决定了海外利益保护需求迫切的主体是那些海外资产体量较大、综合国力较强的大国。而在海外利益安全治理的领域下,如何处理强国与弱国的关系、大国与小国的关系,也是海外利益保护需面对的重要议题。特别是,既要尊重国家主权原则,又要解决国籍国庞大的海外利益保护如何与东道国协作的问题。而与东道国的国际关系,在这一框架下又要细分为两个方面:一是东道国的动机和意愿——如果东道国本身就没有什么积极动机保护他国海外利益,甚至拒绝承认乃至觊觎他国的海外资产,国籍国该怎么办?二是东道国的能力——如果缺乏保护能力,如毒枭泛滥的地区,东道国本身国内治理都存在很大困难,又如何对国籍国的海外利益予以有效保护?这都是需要面对的问题。

除了上述理论框架,海外利益安全治理的范围包括哪些方面,这也是需要探讨的概念内涵。此处以我国海外利益保护范畴为例,持续关注海外利益安全的兰德公司于2018年发布了专门针对中国海外利益的报告《中国对海外安全的追求》,值得我们注意。在该文中,作者总结了中国海外利益的范围,包括:(1) 能源资源。如中国大约有85%的石油进口需要通过马六甲海峡运输,对重要航道的依赖,明显具有脆弱性;再如,中国在中东地区与主要能源国家的关系,包括沙特阿拉伯、伊朗都是中国最大的石油供应国,中亚地区的土库曼斯坦、哈萨克斯坦和乌兹别克斯坦都是中国天然气来源国。与之相应,中国的石油公司亦在伊拉克、叙利亚和其他国家开展业务等。(2) 贸易与投资。如中国自2013年起超过美国成为全球最大的商品贸易交易国,对外直接投资流量和存量大幅飙升;对大宗商品、关键原材料严重依赖,包括木材、铁矿砂等。与之相应的就是中国建立的广泛的基础设施,如庞大的铁路网,包括将连接肯尼亚的港口城市蒙巴萨与乌干达、卢旺达、布隆迪和南苏丹的铁路;连接安哥拉、赞比亚和刚果民主共和国东南部的铁路重建;连接埃塞俄比亚首都亚的斯亚贝巴和吉布提,以及乍得的铁路网;无数的机场、港口码头设施、供水及燃料管道、天然气液化厂、各类高速公路升级等。(3) 国外的中国公民。既包括过去几十年间各大洲不断增长的庞大数量的华侨,也包括出国留学和旅游的中国公民。[①] 这是在中国发起"一带一路"倡议之后几年内美国系统梳理、观察中国海外利益、评估中国海外利益保护现状、困境,以及中国的策略对美国有何影响的全面分析。

这一报告中关于中国海外利益范围的定义与我国讨论的内容大致相同。

然而,在现实中,在总体国家安全观下统筹规划中国的海外经营,并不能仅仅依赖于外交部涉外安全司。外交部门没有协助扩展中国海外经济存在的能力和兴趣(容易被西方指摘为干涉市场经济活动);而经济部门在运营时,衡量合作项目在东道国的政治、社会和安全收益也会力不从心。因此,推进全球治理,促进国内与涉外法治相协调,建立我国的海外利益安全保护机制刻不容缓。

---

① Timothy R. Heath, China's Pursuit of Overseas Security, https://www.rand.org/content/dam/rand/pubs/research_reports/RR2200/RR2271/RAND_RR2271.pdf, visited on 2021-05-30.

（二） 我国海外利益安全治理发展阶段或模式变迁

改革开放以来，我国与世界各国的交往密切加深，海外利益保护也逐步成为中国对外战略的一部分。"9·11"恐怖袭击事件之后，2004年，在巴基斯坦和阿富汗等地也发生了针对中国人的恐怖袭击，我国继而提出了保护海外利益的议题。例如，2004年8月，胡锦涛主席在驻外使节会议上作出了"增强我国海外利益保护能力，完善相关法律法规，健全预警和快速反应机制，改进工作作风，满腔热情地为在国外的我国公民和法人服务"的重要指示。[1] 在该时期，海外利益保护聚焦于保护海外人员群体的安全。相应的，同年8月29日全国人大常委会批准中国加入《联合国人员和有关人员安全公约》，以便于通过法律的形式保护我国派出的日益增多的联合国维和行动的人员的安全，遇到中国维和人员安全受到侵害时，中国可以根据公约要求有关国家对嫌疑犯进行起诉或者将嫌疑犯引渡中国处理。

2014年，习近平总书记在中央外事工作会议上强调，"要切实维护我国海外利益，不断提高保障能力和水平，加强保护力度"[2]。这一时期，随着我国企业走出去规模增大，投资趋势增强，海外利益安全的关注点开始逐步侧重丰富海外利益保护的手段，而不仅仅是在国外公民的人身财产安全。随着"一带一路"倡议的提出，我国对外投资比重逐步增大，2020年末，我国对外投资存量达到2万5千亿美元，是2002年的86倍，攀升至全球外国直接投资存量第3位。[3] 保护中国海外利益就成为更加迫切和现实的议题。

2021年11月18日，中央政治局审议《国家安全战略（2021—2025年）》，强调要加强海外利益安全保护，为了更有力地应对海外利益风险挑战，将海外利益安全纳入总体国家安全观，与粮食、资源、太空、深海、极地等诸多领

---

[1] 《胡锦涛：增强中国海外利益保护能力 健全预警机制》，https://www.chinanews.com.cn/news/2004/2004-08-30/26/478396.shtml，2022年12月28日访问。

[2] 《习近平：加强中国海外利益保护力度》，https://news.ifeng.com/a/20141129/42603895_0.shtml，2022年12月28日访问。

[3] 《2021年中国对外投资市场发展现状分析 非国有企业对外投资占比超五成》，https://www.qianzhan.com/analyst/detail/220/211019-c472a55a.html，2022年12月28日访问。

域共同作为践行总体国家安全观的重要组成部分。①

特别是在百年未有之大变局的背景下,无论是从战略高度还是实务经验,"海外中国"建设的目标侧重已由投资欧美转向于"一带一路"沿线的高风险国家,这进一步增加了中国所面临的海外利益侵害,因此中国海外利益的保护需求与政策、能力间的显著差距体现了海外利益安全课题的急迫性和必要性。

首先,近年来我国企业、公民面临各种情形的海外侵害不断,遭受重大损失的境况没有好转。例如,公民安全方面:中石油天然气公司和中铁十四局在苏丹和阿富汗遭遇袭击,人员伤亡惨重;资产安全方面:政治动荡,导致已达成的投资协议、已实施的投资项目频繁遭遇逆转,特别是能源和科技产业,如缅甸密松大坝、阿富汗艾娜克铜矿开发、希腊比雷埃弗斯港务局私有化等导致我海外投资面临重大威胁。这些标志性事件表明,我国海外利益安全仍不稳固。

其次,我国独特的大型海外投资运作模式使得投资风险不敏感的问题长期积累。这一现象主要是源于企业投资时偏重国家的政策导向,而不是单纯的市场经济考量。在"一带一路"沿线,特别是拥有丰富自然资源的国家,我国大多采取"政府推动—国家金融机构支持—大型国有企业执行"的投资模式,因而加大了国有企业的困境。企业一方面是以市场主体参与投资,但同时要实现增进中国与东道国关系、巩固与当地社会利益联系、建立利益共同体的长期目标,在多元使命下,企业在合作中处于不利地位,同时缺少安全保障。

最后,海外活动性质的巨大变化,亟须在总体国家安全观指导下增强国内政策统筹保护海外利益。在当前复杂多变的外部环境下,"一带一路"倡议的实施已由初期的供给侧结构性改革和创汇需求转化为以长期利益为目标的海外经营,最终形成"人类命运共同体"。海外活动性质的变化必然导致既有的管理制度与海外活动实践"脱轨",如果不能及时系统地解决这一结构问题,将对中国整体海外利益带来普遍损害。

---

① 陈文清:《牢固树立和践行总体国家安全观 谱写新时代国家安全新篇章》,载《求是》2022年第8期。

如上文所述,我国不断深化"走出去"战略,持续扩大对外投资规模,而风险因素也随之上升。在这样的背景下,我国政府的海外投资保护意识也在显著增强。从保护外派维和人员以及侨民的人身安全到广泛的涵盖企业、基础设施建设、能源资源、产业链等海外利益保护,再到纳入总体国家安全观的三个阶段来看,我国的海外利益安全治理的政策或手段也不断丰富。包括但不限于以下方面:

第一,作为海外投资的后起之秀,为避免与美国等发达国家在成熟市场的竞争,应对金融危机的冲击,我国将海外利益的重心转移到经济落后、局势不稳、风险高、投资环境差的国家和地区。这样一来,我国就需要面对很大的政治安全风险以及经济风险。因此,我国不得不建立起评估不同国家和地区投资风险的风险信息预警机制,以此指导企业投资和控制海外投资风险。① 例如,根据当前国际形势和地区特点,我国外交部对我国主要海外投资地区和潜在投资地区进行综合评估(其中包括政治形势、经济状况和文化习俗)形成相关报告并定期向社会发布。②

第二,为保护海外利益,国际社会都倾向于签订一系列双边或多边协议。其中,由两国政府签订的,旨在鼓励、促进和保护两国间投资的双边投资协定(Bilateral Investment Treaties,BIT)最受关注。特别是我国在推进"一带一路"建设过程中,由于投资、制度、营商环境差,部分国家可能会损害我国企业海外投资利益。双边投资协定在某种程度上可以作为东道国制度环境的替代或补充机制,保护和促进缔约国的双边投资。③

第三,为更好贯彻"以人为本"外交理念,中国政府设立了领事保护处和领事保护中心。中国政府重视海外华侨、华人、中资机构、留学生,通过他们建立起领事保护联络员制度,构建领事保护立体网络。同时,在新媒体网络时代,中国政府开设了微信公众号"领事直通车",建立了"中国领事服务"网,方便信息的及时发布和交流。④

---

① 王玉主、李博艺:《风险—收益视角下中国对外投资中的海外利益保护问题探析》,载《亚太经济》2020年第6期。
② 陈积敏:《论中国海外投资利益保护的现状与对策》,载《国际论坛》2014年第5期。
③ 卢进勇、王光、闫实强:《双边投资协定与中国企业投资利益保护——基于"一带一路"沿线国家分析》,载《国际贸易》2018年第3期。
④ 陈积敏:《论中国海外投资利益保护的现状与对策》,载《国际论坛》2014年第5期。

第四,中国是《多边投资担保机构公约》(简称《汉城公约》)和《与贸易有关的投资措施协议》等有关海外直接投资公约的成员国。通过积极参与海外投资国际条约保护体系,中国政府可以借助国际多边平台,公平且透明地解决利益争端,与东道国建立投资互信关系。与此同时,这也是对中国尚未发展的海外投资保险制度作了补充,为中国海外企业降低政治风险。[①]

三、 新发展阶段海外利益安全治理的困境与挑战

(一) 国家海外利益安全治理的主要领域

总体而言,中国海外利益面临的挑战主要包括两大类任务目标:第一,国家必须为海外公民、财产和关键资产提供安全保障;第二,国家需要促进影响中国经济活动的领域的稳定。这两大类使命,从微观的个体或企业,到中观的某一国家或地区的华侨群体,某一东道国的由我国投资的基础设施、能源地,再到宏观的海上或陆上通道的保护,是一个递进的层次,而在不同的层次中,需要完成海外利益安全治理的主体也不相同。例如,安保公司可以满足在海外的中国公民个体或位于某一东道国的我国投资的企业或工业园区的人身和财产安全;完成一定规模的反恐任务;但打击海盗、保护海上或陆上能源通道就只能由军队或维和部队来完成。

从传统海外利益安全治理来看,包括如下典型领域:

(1) 海外公民个人安全。中国面临的最基本和最广泛的安全治理任务是需要保护在海外生活和旅行的中国公民的生命和安全。由于在海外工作和旅行的人数众多,无论在亚洲、非洲、中东和其他任何中国公民面临危险的国家,都是一个巨大的挑战。为了执行这项任务,国家需要做的准备工作

---

① 陈积敏:《论中国海外投资利益保护的现状与对策》,载《国际论坛》2014年第5期。

包括提供潜在威胁警告的情报分析、路线规划和旅行护航。拥有更多资源的公民或企业可以选择雇佣人员担任保镖。负责个人安全工作的个人需要一个可靠的通信系统和运输工具。对于要求更高的任务，可能需要更复杂的监视系统和小型自卫武器。有时，可以依靠东道国提供的安全部队，这是最方便和政治上最低调的选择，但这一选择的可靠性和有效性因国家而异。举例来说，据报道，在伊拉克的某城市，在因财产纠纷而被村民袭击的一家中国公司，绝望的商人向伊拉克警察求助。而令人沮丧的是，原来伊拉克警察也参与了抢劫。① 为了提供更可靠的安全保障，雇用海外安保公司成为许多企业和一些旅行者的可行选择，但由于国内禁止使用枪支，这些安保公司提供的保护十分有限。据报道，许多中国安全承包商训练武术或携带非致命的自卫武器，但用这些方法对抗装备精良的威胁的有效性可能会受到质疑。②

（2）资产安全。保护基础设施、工厂和其他资产依旧是一个主要的安全需求。相关职责包括警卫职责、监视设施、人身安全以及对驱散犯罪或叛乱分子袭击的快速反应。与个人安全类似，执行这项任务所涉及的设备可能是相当基本的。同样，这一类安全也可以由东道国提供的部队来完成。例如，鼓励其他国家在参与的重大基础设施项目中提供地方安全的特别安保公司，专门保护与中国投资相关的基础设施项目。例如，巴基斯坦已经成立了一个由约 800 名警察组成的特别部队和一个 1.3 万人的安保队伍来保护关键基础设施。③

（3）海上线路。海上线路相关的安全治理内容包括护送商船、海上巡逻、海上人质救援、侦察和作战行动，包括反水面、反潜和反空行动，以摧毁对中国船只的威胁。这里主要是针对海盗的安全治理，但也不排除未来可能发生的其他海上冲突。在这一领域中，我国展现了在海外规模最大、最成熟的军事行动。从 2008 年 12 月到 2015 年初，我国在亚丁湾部署了多轮打

---

① Zi Yang, China's Private Security Companies: Domestic and International Roles, *China Brief*, Vol. 16, No. 15, 2016.
② Charles Clover, Chinese Private Security Companies Go Global, *Financial Times*, February 26, 2017.
③ Syed Raza Hassan, To Protect Chinese Investment, Pakistan Military Leaves Little to Chance, *Reuters*, February 7, 2016.

击海盗行动,包括超过 16000 名水兵,以及 1300 名海军陆战队和特种作战部队人员参与护航近 6000 艘商船。这些任务涉及 30 多艘不同的计划舰艇,持续时间长达 6 个月。中国护卫舰还营救或协助了 60 多艘被海盗跟踪或劫持的民用船只。①

（4）撤侨。撤侨也被称为非战斗人员疏散。这也是近些年民众熟悉的领域。我国开展了多次撤侨行动,包括重大自然灾害或内战的突然升级可能会威胁到海外中国公民的情形。为了应对这种情况,我国政府展现了使用任何可用的民用或军事手段,快速、安全地运送大量人员的能力,如民众熟知的利比亚撤侨、也门撤侨等行动。

（5）维和行动。维和行动也是传统的海外利益安全治理内容,主要是确保中国在某一东道国开展经济活动所需的内部安全。相关任务包括巡逻、分散攻击、执行警卫任务、保护关键设施以及监督派系解除武装的行动。有报道称,我国在联合国维和部队中部署了约 2600 名士兵,是联合国维和部队中最大的一支队伍。特别是针对苏丹等国,由于我国在这一类高风险国家投资量巨大,由我方参与的联合国多边维和部队有利于保护我国投资苏丹的石油生产设施。除此以外,我国还向这些具有战略价值的东道国投入资源,共同建设合作,共同提升展开维和行动的能力。

（6）反恐。包括侦察、监视、巡逻和特种部队行动以消灭恐怖主义分子等任务。有时东道国会选择与中国联合行动,以打击叛乱组织。中国在上海合作组织框架下进行了多次演习,如与阿富汗、巴基斯坦和塔吉克斯坦建立了"四边形机制",使军事合作和协调能够对抗"恐怖主义和极端主义力量"。该机制使四国能够在"反恐研究、情报共享、反恐能力建设、联合反恐培训和人员培训"中"相互协调和支持"。同时,中国还寻求在上海合作组织框架外的双边反恐合作,包括但不限于哈萨克斯坦、巴基斯坦、泰国和美国等。

（7）人道主义援助、救灾工作。这一领域包括提供紧急食物、水和避难所等方式,展现了我国对其他国家及人民的救助,如供应食物、水、临时住房和发电设备、海军医疗船等方式参与全球大规模的救援行动。这与传统的

---

① Zhao Lei, Setting Sail Against a Sea of Troubles, *China Daily*, February 12, 2015.

中国海外利益保护距离稍远,但从国家国际形象建设和履行人类命运共同体的号召角度来说具有重大意义。

然而,随着形势的发展,中国海外利益安全治理的核心领域有所转向。首先,2008年以后,通过加强各种形式的安保防范,境外针对中国员工的袭击有所减少,我国政府展现出了各种灵活、有效的谈判和运作能力,以保护海外劳工人身安全;而后针对类似利比亚、也门式的大规模的政治动荡,我国也展现出了高效的动员和组织能力,很好地保护了海外中国公民的安全。然而,新的海外利益安全议题浮出水面,即中国在海外投资项目以及相关资产安全出现了困难,在发达国家的投资中遭遇国家安全审查条款的阻击。王碧珺等统计发现,中国在OECD国家的能源、科技产业投资频频受阻,被东道国以"国家安全审查"等理由劝退的比比皆是[1],例如2014年底在希腊被叫停的雷埃夫斯港务局项目。在发展中国家,东道国国别安全风险对海外利益威胁不断上升,如政治风险、社会动荡导致的海外资产威胁。例如,2013年阿富汗艾娜克铜矿开发中由于安全和社会风险导致骤然提高的开发成本,使得中冶江铜不得不暂缓开发;2015年因斯里兰卡国内政治斗争,汉班托特港项目等受到严重影响。随着中国在全球范围内投资布局的展开,与能源、资源深入合作的重要战略地区相互依赖和一体化水平的提升,这些针对海外重要资产和投资项目的利益安全治理成为最新的议题。此时的海外利益安全治理侧重统筹规划中国长期的海外经营,而非突发性的救火事件。这是研究该议题今后的重要方向。

(二) 海外利益安全治理的困境与问题

中国海外利益安全治理的困境主要有国际因素和国内因素两个方面。

国际因素:随着中美关系的变化,西方霸权主义的兴起,越来越多的"长臂管辖"和不利的国际关系环境使得中国海外利益保护面临更为严峻的形势。

(1) 武装冲突及局部战争。非洲、中东、南亚、东欧和东南亚的部分地区

---

[1] 王碧珺、肖河:《哪些中国对外直接投资更容易遭受政治阻力?》,载《世界经济与政治》2017年第4期。

一直是最容易发生冲突的地理区域,这些领域也是中国公民和商业资产增长的重要领域。在非洲,中国的工人和企业是在长期不稳定、武装冲突和政府应对人道主义灾难的能力有限的背景下运作的。在中东地区,持续的不稳定、冲突和恐怖主义已经使中国在叙利亚、伊拉克和其他国家的投资面临风险。① 在拉丁美洲,政治不稳定和来自国内叛乱分子的袭击可能会威胁到中国工作人员和主要基础设施项目的安全。② 自俄乌战争以来,中国在乌克兰的基础设施和海外资产也受到了不同程度的影响。而这种影响的规模和力度,既有直接的因战争损毁,为安全考虑撤离而使得大量当地基建及固定资产受到影响,也有间接的因俄罗斯被西方国家广泛制裁导致的损失,这些方面仍需全面的评估。

(2)恐怖主义、叛乱、犯罪和海盗。自21世纪初以来,恐怖袭击及其导致的死亡人数显著增加。根据2015年全球恐怖主义指数,自2000年以来,与恐怖主义有关的死亡人数增加了9倍,从2000年的3329人上升到2014年的32685人。③ 南亚面临的威胁包括伊斯兰恐怖分子可能发动的袭击,目前中国主要依靠巴基斯坦的安全部队来确保稳定和保护相关的关键资产。在亚太地区的较贫穷国家,如菲律宾,中国公民同样面临着相当大的危险。2015年两名中国外交官在马尼拉被枪杀。中国公民在菲律宾和马来西亚多次成为绑架和抢劫的目标。④ 海盗越来越多地出现在公海领域,近年来,东南亚已经取代了非洲,成为最容易发生海盗活动的地区,如2015年,东南亚发生了178起海盗活动——主要发生在马来西亚和印度尼西亚附近。⑤ 而中国"一带一路"倡议沿线国家投资的资金主要流入地均在东南亚地区,这

---

① Andrew Scobell & Alireza Nader, China in the Middle East: The Wary Dragon, RAND Corporation, RR-1229-A, 2016.

② Gabriel Marcella, China's Military Activity in Latin America, *Americas Quarterly*, January 20, 2012.

③ Institute for Economics and Peace, Global Terrorism Index 2015: Measuring and Understanding the Impact of Terrorism, New York, 2015.

④ Javier C. Hernandez, Chinese Diplomats Shot to Death in Philippines, *New York Times*, October 2, 2015; Aurora Almendral, Philippines Feels Force of Chinese Travel Warning, *BBC*, October 22, 2014; Chinese Tourist Kidnapped in Malaysia is Rescued by Security Forces, *South China Morning Post*, May 31, 2014.

⑤ Joe Cochrane, Southeast Asia Replaces Africa as the World's Hotbed of Piracy, *New York Times*, September 17, 2016.

是值得注意和警惕的部分。

（3）自然灾害和新冠疫情。气候变化加剧了自然灾害的频率和破坏程度。例如，中国在非洲、拉丁美洲的大坝因严重的洪水、泥石流导致损坏的情况时有发生。同时，极端天气也可能加剧传统的安全因素，如武装冲突。例如，在叙利亚，一场毁灭性的干旱导致了重大的作物歉收，并被认为引发了大规模的难民迁移和暴力冲突。① 而自 2020 年初新冠疫情全球大流行以来，中国海外利益面临双重困境，一方面是物流与人员完全无法互相联通的困境，受疫情管制的影响，全球被迫进入了一个暂缓或阶段性切断联系的状态。物流的切断就意味着大量原材料的供应跟不上，久而久之，中国在当地的产业链以及在全球产业链布局中的位置就会动摇。人员无法互通，就意味着大量基建工程要按下暂停键，技术人员缺失，无法轮岗的海外劳工的困境，都造成了大量的损失。

国内因素：中国应对海外利益威胁的挑战，来自于国内的主要影响，包括外交政策传统、政治制度、历史和经济形势。

中国坚持不干涉内政的原则，但与此同时中国的公共和外交政策决策也重视加强国际参与，以解决脆弱性。两者之间如何协调平衡，是海外利益安全治理的关键。

（1）外交政策传统。中华人民共和国成立以来，一直将不干涉其他国家内政作为外交政策的关键原则。不干涉内政原则和"相互尊重主权和领土完整、互不侵犯、平等互利、和平共处"的原则共同构成了"和平共处五项原则"，我们承诺不会将意志强加给其他国家，也尽量减少国家海外军事存在。那么，如何在维持和平共处五项原则的基础上处理日益增长、不断面临新问题新威胁的海外利益？怎样切入海外利益安全治理？这是一个挑战。

（2）中国周边地区的安全环境。中国周边仍有不少与他国的领土争端，如何处理这些争端也直接影响中国在周边地区的海外利益保护。

（3）经济形势。中国和世界均面临着严峻的经济形势，无论是经济增长预计放缓，或者是全球经济下行危机愈发明显，都使得国家在资源有限的情况下需认真考虑如何分配的问题。在总体国家安全观下，十几个领域的安

---

① Henry Fountain, Researchers Link Syrian Conflict to a Drought Made Worse by Climate Change, *New York Times*, March 2, 2015.

全都至关重要,但资源的局限性就使得国家不得不作出选择。而中国的海外利益安全治理也面临资源受限的问题,可能会出于经济上的考虑,限制中国保护其海外利益的能力。而海外大量基础设施或资产的流失,反过来又会使得经济形势更严峻。这也是近期不得不面对的重要挑战。

(4)国有企业面临的特殊问题。2000年提出"走出去"的战略,中国资金在国有企业的引领和推动下涌出国门。2008年国际金融危机后,中国的海外投资在全球范围内迅猛增长,2016年中国成为仅次于美国的全球第二大对外投资国。2020年中国海外投资存量超过2.3万亿美元,总体规模达到历史高点。[1] 作为国家重大战略的执行者,国有企业一直是中国海外投资的主力。

国有企业投资也面临着很多挑战。一方面是外部挑战。东道国利用国内法律机制对国企投资进行限制。因为国企与中国政府的紧密关系,东道国会抱着怀疑的态度看待中国国企的投资,如果东道国是发达国家,它们会担心国企的目的不是为了投资,而是为了间接获得本国的高新技术,如果东道国是发展中国家,它们往往会担心国企垄断它们的基建产业,并掠夺本地资源。

例如,美国《外国投资与国家安全法》规定,要对所有的前来投资的国企投资进行安全审查。美国外国投资委员会针对中国国企的并购,专门规定了特别风险审查,要审查中国国企的并购有无转移美国高新技术、掩盖间谍事实的目的。[2] 再如,欧盟通过竞争规制制度对中国国企投资进行限制,它适用"单一主体理论"来判断国企的市场份额和支配地位,因为是国有企业,国企中的大部分股份都由国家持股,所以造成的现象就是中国在欧盟投资了很多行业,前来投资的国企也不一样,但由于欧盟采用"单一主体理论"标准,只要是同一控股股东,那么该企业的市场份额加上其他所有国企的份额,从而导致很多并不具有市场支配地位的国企被认定为"为了具有市场支配地位",无故受到了"反不正当竞争法"的规制。[3]

另一方面是内部挑战。在"一带一路"投资初期内部挑战尤为明显:一

---

[1] 《"十三五"我国对外直接投资存量翻番 去年对"一带一路"沿线国家投资增长18.3%》,http://www.gov.cn/xinwen/2021-01/30/content_5583692.htm,2022年12月28日访问。

[2] 黄志瑾:《中国国有投资者参与国际投资的规则研究》,人民出版社2014年版,第76页。

[3] 王秋雯:《"一带一路"背景下国有企业海外投资的法律挑战与中国因应》,载《东南学术》2019年第4期。

是国企的海外投资风险评估能力尚待提高,企业风险管控体系有待完善。二是国企海外投资缺少核心技术的情况较为普遍,由于核心竞争能力和自主创新能力较差,管理国际品牌和营销渠道的经验不足,因此海外投资亏多盈少。三是我国央企普遍缺乏全局的海外投资战略,没有将海外资源的整合、配置与国际市场接轨,仅将国内的经营理念和管理方法应用到国外项目,缺少全局性的战略定位、具体执行方案及全球产业利益分配的主导权。①

目前,海外利益安全治理中涉及国有企业最大的难点在于:国有企业在"一带一路"投资当中的问题更多地表现为机制性、结构性问题。例如,企业在响应国家政策时参与了"一带一路"沿线国家的项目建设,但在遭遇到政治和社会风险时,各部门又会主张企业的项目合作是市场行为,又要自行承担海外利益保护的职责要求。② 国企在谈判中处于较不利的谈判地位,也与响应落实国家合作倡议要求等政策的考虑有一定关系。再如,企业在海外的社会影响不在国有企业高层管理人员绩效考核的标准之内,或者说所占比重不高——更重要的考核指标是获取外汇收入的多少。

如果参照海外利益安全治理的四种基本类型,不难发现,中国的海外利益保护安全治理模式基本是通过低强制性的东道国主导型来实现的,而较少使用高强制性的外交保护型措施和立法强制型措施。近年来,中国逐渐认识到安全聚合型措施的必要性,但总体来说,其利益保护主体的多元程度还是有限的。

第一,虽然外交部为海外利益保护付出诸多努力,但仅凭领事保护是远远不够的。高度依赖于领事保护会造成其"供需矛盾"日益突出。由此,有必要促进发展较为缓慢的安全聚合型措施,推动利益保护主体多元化。如今,外交行为主体除政府主体外,还包括媒体组织、商业组织、非政府组织和普通民众。充分调用非政府主体有利于保护中国海外投资利益。从现实而言,中国海外投资企业资金"走出去"了,却因违背当地文化风俗而面临"文化冲突"的问题。这时,跨文化交际能力就尤为重要。企业一方面可以通过与非政府主体合作,进一步了解东道国的商业惯例和习惯,以他们的思维和行为方式行事,实施本土化经营;另一方面增进民间交流,塑造中国海外企

---

① 杨扬、杨慧:《从国家电网中标巴西输电项目看央企海外投资》,载《财务与会计》2014 年第 5 期。
② 肖河:《"一带一路"与中国海外利益保护》,载《区域与全球发展》2017 年第 1 期。

业良好形象,从而降低对外直接投资的风险。①

第二,我国对外投资的主要东道国存在政治体制不完善、经济发展不平衡的情况,②这不仅限制这些国家自身发展,我国海外投资企业也因此面临政治安全风险和经济风险。除了进行风险评估外,在条件允许的情况下,我国可以协助这些国家发展更有利的投资环境,拓展基于东道国主导型措施逻辑的问题解决途径。在帮助东道国在社会资源、制度建设、投资环境方面更加完善的同时,为我国企业"走出去"提高竞争力和吸引力。

第三,我国海外投资企业遭遇政治风险之事屡屡发生,如2022年俄乌冲突时的撤侨行动。因此,除了做好预警,我们还需要有效的突发事件应急机制,保证我国海外投资企业能"走出去",还能"走回来"。在风险信息预警阶段,我们可以通过较为"软性"的安全聚合型措施和东道国主导型措施来解决。在应对突发事件时,具有高强制性的外交保护措施显得尤为重要。此外,海外投资企业也应发挥自主能动性,实现企业与政府在应对突发事件中的联动。③

四、 我国海外利益安全治理模式的优化策略

从国际关系的角度来看,美国等西方国家对于中国如何保护其海外经济和战略利益的可能方法是持续关注的,特别是针对以下三个方面:(1)中国将如何保护其公民及其在遥远国家的经济资产?(2)中国可能会相应地寻求什么样的军事能力或其他安排?(3)中国在海外安全方面的做法对美国及其盟国和伙伴意味着什么?西方国家眼中中国采取的海外利益安全治理路径,对国际政治和自身经济前景具有重要影响。驻扎在海外的任何军

---

① 陈积敏:《论中国海外投资利益保护的现状与对策》,载《国际论坛》2014年第5期。
② 王玉主、李博艺:《风险—收益视角下中国对外投资中的海外利益保护问题探析》,载《亚太经济》2020年第6期。
③ 陈积敏:《论中国海外投资利益保护的现状与对策》,载《国际论坛》2014年第5期。

事力量的规模和实力都可能影响国际危机的进程,或者与美国竞争或者合作(近年来已经很少提及合作)的前景。深入了解中国保护海外利益的方法,西方国家可以评估"一带一路"倡议在脆弱国家的主要基础设施投资项目的经济可行性。它们认为,如果中国缺乏一种可靠的方法来保护其在不稳定国家的利益,那么"雄心勃勃"的基础设施和投资项目可能会遭受重大损失,或导致无法实现。那么,在这样的竞争中,中国可能会不战而败。①

美国智库认为,中国军队在涉及海外安全的整体力量中可能发挥的作用较小,而且海外军事存在的范围也很小,只能说具有象征意义。② 中国会采取一种独特的方法,其军事作用比美国或前几个世纪的帝国主义列强要有限得多。可能更多地采取低强制性、行政主导为主的,政治上不太敏感的方式,如资助东道国的安全工作,并鼓励商业安全承包商承担一些个人和资产安全。美国认为,中国对力量投射能力的投资有限,将不得不忍受高风险国家的混乱与风险的升级,也许出于能源、资源安全的考虑,别无选择地扩大在这些东道国的投资。③

中国如何避免西方提及的海外利益安全受损的局面?海外利益安全治理的优化要从两个层面入手:第一个是顶层设计层面,通过梳理设计基本原则,从架构上优化治理;第二个是具体措施,从执行层面进行优化。两者密不可分。

从顶层设计层面,刘莲莲提出了三大原则④:(1) 有效性原则。通过国籍国与东道国发挥各自的比较优势,优化资源配置,实现效益最大化。例如,由国籍国提供文化属性资源,东道国提供军队、警察等物质资源的方式进行领事合作。有媒体报道,中国警察赴安哥拉"打黑",当中国公民在安哥拉遭受黑帮袭击后,中国警察应邀以观察员身份赴安哥拉协助当地警察办案,弥

---

① Timothy R. Heath, China's Pursuit of Overseas Security, https://www.rand.org/content/dam/rand/pubs/research_reports/RR2200/RR2271/RAND_RR2271.pdf, visited on 2021-05-30.
② Andrew Scobell and Andrew J. Nathan, China's Overstretched Military, *Washington Quarterly*, Vol.35, No.4, 2012.
③ Timothy R. Heath, China's Pursuit of Overseas Security, https://www.rand.org/content/dam/rand/pubs/research_reports/RR2200/RR2271/RAND_RR2271.pdf, visited on 2021-05-30.
④ 刘莲莲:《国家海外利益保护机制论析》,载《世界经济与政治》2017年第10期。

补了当地警察与中国公民因语言不通、文化不同的障碍。①类似的,在欧洲地区,为保护庞大的中国游客人身财产安全,中国警察赴意大利,与意大利警方在罗马等热门旅游景区联合执勤。② 针对企业而言,近些年聘请熟悉中国情况的海外安保公司,作为海外工业园区的标配,也很常见。

(2) 公平性原则。这一原则强调要充分考虑国籍国和东道国共同协作的利益期待、成本投入、机会成本及受益程度等因素,尽量形成双方认可的机制。例如,湄公河惨案是重大疑难的刑事案件,中国公民被害,直接侵害了生命权这一根本权利,因此,在东道国缺乏治理能力的时候,我国介入该案对海外公民安全进行执法保护,就具有公平性。而如果是一般的盗窃、抢劫等普通刑事案件,国籍国直接介入东道国的侦查执法,就超越了合理性的程度,需要双方充分协商,并作为辅助力量出现,更为恰当。再如,在东南亚跨境电信诈骗案件中,由于被骗的受害人大多是中国人,我国警方侦办案件时,向东道国多次提供技术支持、投入大量人力资源、经费支持,特别是承担遣返费用等,也体现了公平性原则。毕竟东道国的执法动力相对中国而言稍弱。从企业海外投资保护来看,国际通行的规则是依据东道国是否有过错,以及过错的大小。如东道国在与投资人的合同中违约,不合理地征收征用投资者的海外财产,使得投资失败等,一般是通过双边投资协定、投资者与东道国争端解决机制的方式来解决;东道国滥用贸易保护措施,产生额外法律风险时,也有多边投资担保机构、世界贸易组织等各种平台进行处理。但此处需要注意的是,在逆全球化的当下,越来越多的国家滥用安全审查条款、外资管制规则,随意列入实体清单,滥用"长臂管辖"等方式,阻挠或刻意破坏中国投资时,仍需设定和探讨更有效的解决方案,仅仅是公平性原则不足以处理这些问题。

(3) 合法性原则。海外利益保护应当尊重国际法规则,获得国际社会上的认可和正当性。在联合国体系下,各国无论大小,在政治上平等,但经济实力各有差异。如何在国际法框架下,既尊重各国主权平等,贯彻不干涉原则,又能够完成海外利益的保护,是一个需要持续讨论的议题。

---

① 《中国警察安哥拉"打黑"》,载《环球人物》2012年第24期。
② 《中国警察巡逻罗马街头》,https://www.sohu.com/a/73626832_119700,2022年10月1日访问。

经过数十年的发展,中国成为仅次于美国的世界第二大经济体。参与全球贸易、进行海外投资是我们从"孤立"走向全球化的重要方式。这不仅是出于经济现实需求,同时也是政府政策、企业战略等的发展需求。从优化海外利益安全治理的具体措施来看,可以从其中三种动机出发,分析如何优化中国海外投资利益保护措施。

（1）能源发展驱动

由于快速的城市化和工业化,中国在能源方面供不应求。为此需向外寻求并确保能源供应,鼓励中国企业在海外探索和开发能源,以摆脱传统的能源自给自足。而随着中国在对外直接投资方面的兴趣和参与度越来越高,形成了探索和保护能源与资源的战略重点。[1] 2017年5月,国家发改委与国家能源局共同制定并发布的《推动丝绸之路经济带和21世纪海上丝绸之路能源合作愿景与行动》指出,各国应加强能源投资合作。因此,我们需综合采用海外利益保护措施,为中国能源企业"走出去"保驾护航。[2]

首先,我们应进一步建立健全"一带一路"能源投资风险分类评估机制,防范"一带一路"能源投资合作中的投资风险。其次,通过东道国主导型措施,与东道国建立良好关系:一是积极发挥上海合作组织、亚太经合组织等现有合作机制的作用,加强与"一带一路"沿线其他区域合作组织的沟通,进行政策协同,从而降低企业海外能源投资的风险;二是积极与东道国签署区域投资准入和保护协议,促进合作互动,保障投资安全。最后,注重发挥安全聚合型措施的作用,促进利益保护主体多元化,除了推动政府外交层面合作外,还应加强民间友好沟通,兼顾民众和非政府组织的利益,积极寻求减少分歧和解决难题的共同方案。[3]

（2）资产寻求驱动

对企业而言,面对在全球范围内的激烈竞争,只有走出国门,才能获得与世界跨国公司竞争的优势;最重要的是,它们渴望成为世界级的企业,而

---

[1] Xiaomei. Tan, China's Overseas Investment in the Energy/Resources Sector: Its Scale, Drivers, Challenges and Implications, *Energy Economics*, Vol. 36, 2013.

[2] 马贵凤、李载驰、雷仲敏:《"一带一路"主要能源合作国家识别及投资环境评价》,载《煤炭经济研究》2019年第5期。

[3] 同上。

这些资产主要存在于先进的东道国。为了实现这些目标,中国企业迫切需要战略资产。① 例如,涉足家用电器、个人电脑等消费类电子产品行业的企业,对外直接投资(FDI)特别是创造性资产寻求型 FDI 是形成新竞争优势的一个重要途径。它通过投资活动在海外获得技术、品牌和销售渠道等创造性资产,可以提高企业的研发和创新能力。②

我们需要警惕的是,随着近年来美国的重大战略调整,全球跨境投资政策环境发生了很大变化。欧美一些发达国家在中国企业对外投资、贸易合作、获取海外先进技术方面屡屡设限,给中国企业拓展高端市场带来很大阻力。这些国家以"国家安全"为由限制中国高科技企业并购,扰乱"走出去"全球布局的稳定性。其中,美国遏制中国高新技术发展倾向明显,给中国企业"走出去"带来挑战,其中包括对中兴通讯进行制裁、封锁华为,并将一系列中国高科技企业列入实体清单,禁止这些企业从美国购买电子元件和其他产品。③

面对发达国家所谓的"制裁""反倾销"等行为,为保护我国海外企业投资利益,我们应采取强制性的立法措施。例如,制定出台《中华人民共和国反外国制裁法》来强力反击以美国为代表的一些西方国家长期以来对中国的肆意制裁和利益侵害。中国虽已出台一些行政法规来应对一些国家的"长臂管辖",如《阻断外国法律与措施不当域外适用办法》,但这类行政措施的效果远不如高强制性的法律。因此,不断完善中国的反制裁法律体系将在法律层面为应对海外投资风险提供强大保障。④

(3) 软实力建设驱动

在实施"走出去"战略和推进"一带一路"倡议的过程中,中国不断增强全球影响力,并得到广泛认可。中国在发展中国家进行投资,既是为减少与发达国家竞争,又是为建设我国的软实力。"一带一路"倡议有助于我国向

---

① P. Deng, Investing for Strategic Resources and Its Rationale: The Case of Outward FDI from Chinese Companies, *Business Horizons*, Vol. 50, No. 1, 2007.
② 宓红:《创造性资产寻求型 FDI:培育出口竞争新优势的现实选择》,载《广东行政学院学报》2013 年第 3 期。
③ 黄勇、谢琳灿:《中国对外投资发展的历史回顾、最新形势和趋势展望》,载《新华文摘》2021 年第 2 期。
④ 《海外专家认为反外国制裁法有助中国依法维护国家主权利益》,http://www.xinhuanet.com/2021-06/21/c_1127584277.htm,2022 年 12 月 28 日访问。

其他发展中国家传播中国宝贵的发展经验,特别是改革开放以来的独特发展经验。中国在四十多年的时间里从一个贫穷的国家崛起为世界第二大经济体,实现减贫脱贫,通过参与"全球化"寻求发展,解决了许多难题。因此,比起总结了西方发展经验的"华盛顿共识",越来越多的发展中国家开始对"中国模式"感兴趣,并且中国的经验更符合发展中国家的现实情况。① 随之而来的是,一些西方国家担心其利益和感召力会受这些变化的影响。为限制中国的影响力,许多西方媒体和组织开始发布各种"中国威胁论""债务陷阱论""新殖民主义论",试图疏远发展中国家与中国的关系,在极大程度上干扰了中国企业海外投资项目的正常运作。②

不可避免地,中国需要参与到国际话语权的竞争中,从而进一步推动软实力建设,保护中国海外投资企业的利益。一定程度上,制定国际规则以拥有国际话语权为前提。为了反击西方媒体的恶意抹黑,我们必须加强话语权和媒体平台的建设。在发声的过程中,我们应处理好两个问题:首先,官方媒体作为具有威信的声音,需尽己所能讲好中国故事,为中国树立良好形象。其次,由于大众更容易接受来自民间团体的声音,从这一层面而言,我们应加强安全聚合措施的采用,推动非政府行为体在话语权争夺中发挥重要作用。③

通过对我国对外投资的现实问题和政策战略的分析,结合海外利益保护措施的逻辑,为我国应对海外投资风险提出了更为全面的海外投资利益安全治理模式。

总体而言,在全球化时期,我国充分融入全球产业链、供应链,与多国开展密切合作、加大经贸往来、战略投资,提出"一带一路"倡议,加强互联互通,以及在近些年中美关系变化,国际形势风云变幻,世界处于百年未有之大变局的情况下,提出海外投资利益安全的新问题,具有急迫性和很强的现实意义。

这一议题将伴随着中国国力增长、国际关系变化持续发展,并会有更多

---

① 郑永年、张弛:《"一带一路"与中国大外交》,载《当代世界》2016年第2期。
② 黄勇、谢琳灿:《中国对外投资发展的历史回顾、最新形势和趋势展望》,载《新华文摘》2021年第2期。
③ 王江雨:《地缘政治、国际话语权与国际法上的规则制定权》,载《中国法律评论》2016年第2期。

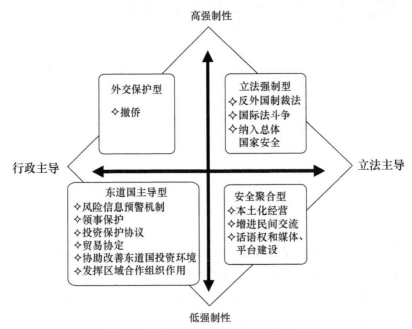

图 1-2 中国海外利益安全治理措施一览表

充分有效的手段、措施来丰富海外利益保护的实践。从根本上说，无论是公民或企业的人身财产安全，还是在总体国家安全观下作为整体的战略利益，都将伴随着国家间因综合实力不均衡、利益诉求有冲突的治权矛盾。现有的国际法体系没有脱离国家主权原则，而国籍国的属人管辖与东道国的属地管辖发生冲突重叠的情况未能缓解。因此，既需要从法律角度也需要从国际关系等多学科角度出发，设计海外利益保护的有效机制。

中国作为经济和人口大国，但显然不是国际法强国，今后在海外利益安全治理领域，如何创设理论体系，不拘泥于具体措施是尤为重要的议题。特别是如何处理"不干涉原则"与中国海外利益保护的有效衔接，是理论界亟须阐释厘清的问题。同时，如何回应国际治理格局的变化，提出积极的、建设性的、创制性的国际规则，获得广泛的国际社会的认可，做到既符合国际法规范，又充满道义的正当性，达到提升国际话语权和国际形象的双重效果，也是今后海外利益安全治理的重要组成部分。

第二篇　我国黑土地保护问题研究

李　凯

　　粮食安全是国家安全的根基,维护和塑造粮食安全是我国国家安全工作的重要任务。习近平总书记强调:"粮食问题不能只从经济上看,必须从政治上看,保障国家粮食安全是实现经济发展、社会稳定、国家安全的重要基础。"①在百年未有之大变局背景下,世界经济受到严重冲击,很多国家面临粮食和食品危机,新冠病毒感染疫情(以下简称"新冠疫情")正在侵蚀全球十年的减贫成果。据世界粮食计划署统计,受全球气候、新冠疫情、俄乌冲突等诸多因素影响,当前全球饥饿人口总数超过8亿,粮食安全形势日益严峻。

　　黑土地作为国家战略资源,受到国家领导人的高度关注。习近平总书记曾多次强调,要采取有效措施,保护好黑土,把黑土地保护作为大事来抓,用好养好黑土资源。在总体国家安全观引领下,我国黑土地保护被置于国家粮食安全战略框架下谋划。针对黑土地保护领域存在的突出问题,相关政策安排不断出台。同时,在习近平法治思想指引下,加强对黑土地的法律保护已成为共识,黑土地保护法治体系建设取得了显著进展。

---

①　中共中央党史和文献研究院编:《习近平关于总体国家安全观论述摘编》,中央文献出版社2018年版,第72页。

一、黑土地保护面临的主要问题

（一）黑土地的全球分布及主要问题

黑土地是自然馈赠给人类的礼物，其有机质含量高、结构性强、保肥保湿性良好，是最适宜农作物生长的土壤环境，更是不可再生的土壤资源。黑土的肥沃程度被称为"一两黑土二两油"。全球黑土主要分布在北半球北美大平原北部地区（美国密西西比河平原）、东欧平原南部地区（乌克兰大平原）、中国东北平原的北部和中部（三江平原）和南半球南美洲东南部地区（阿根廷潘帕斯草原）。

全球四大黑土区资源均存在一定的脆弱性，主要受两方面因素影响：一是自然因素，由于自然水土流失，黑土优质资源逐渐减弱。二是人为因素，如四大黑土区所在国家的农业发展技术不均，保护耕地政策、法律落实存在差异，人为破坏、过度开采问题严重。乌克兰、美国、中国境内的黑土资源在开发和利用的过程中，也不可避免地遇到土壤侵害、非合理挖掘等问题。但由于地理位置、自然环境、社会经济制度等因素影响，各国黑土区的治理表现存在差异。本文通过分析全球主要三大黑土区存在的共性问题，总结黑土区具备脆弱性等特征，尝试探寻黑土保护的可行性路径。

（二）国外主要黑土区保护存在的问题

1. 乌克兰黑土区问题

乌克兰拥有丰富的农业土地资源，是世界四大黑土分布区之一。乌克兰大平原黑土地面积达190万平方千米，黑土面积占全世界黑土总面积的40%，享有"欧洲粮仓"的美誉。乌克兰是葵花籽产量全球第一大国，小麦出口全球第五大国。2021年乌克兰经济发展、贸易和农业部公布，2019—2020

年度,乌克兰所有谷物的出口总量仅次于美国,是世界第二大粮食出口国。

乌克兰黑土资源曾遭遇严重倒卖问题。早在第二次世界大战期间,德国士兵就曾用火车运送乌克兰的黑土壤,发展本国农业。乌克兰从1992年开始承认土地私有化,七百万农民获得土地。为了保护土地所有者的权利,防止土地所有权集中以及降低农村贫困风险,乌克兰在2001年开始实行农业土地禁售令。虽然乌克兰政府没有开放农业用地市场,但是乌克兰黑土交易市场仍然兴旺发达。乌克兰财团为了谋取短期利益,曾大肆开展黑土交易。2011年《基辅邮报》上的一篇文章指出,黑土价格具有季节性,春夏季高峰期约为每吨80—100美元,秋冬季低谷期约为每吨150—180美元。①在经济利益的驱使下,黑土交易活动对乌克兰农业环境造成了不可逆转的破坏,导致国家土地资源流失,阻碍经济发展。为了进一步保护乌克兰黑土资源,2020年4月,乌克兰总统泽连斯基签署了农业土地流转法案。2022年2月俄罗斯与乌克兰爆发战争,乌克兰国内农业受到严重影响,不仅乌克兰黑土区粮食种植错过了最佳时机,直接影响当年农产品的收成,甚至由于战争原因造成国内粮食无法出口,国际粮食价格上涨,波及千里之外人民的餐桌,甚至诱发国际粮食安全问题。

2. 美国黑土区问题

美国是全球最大的粮食出口国,而美国的密西西比河黑土区则是全球第二大黑土区,总面积达120万平方千米。美国的黑土区地势平坦,土壤丰饶,人口稀少,适宜进行大规模的机械耕作。因此,美国粮食产量高,不仅拥有丰富的玉米、大豆、小麦和棉花等作物,更是一个具有代表性的商品谷物农业分布区。

但水土流失、自然灾害、过度开垦、精耕深耕等问题正侵蚀着美国的黑土资源。"美国曾在1934年5月遭受'黑风暴'自然灾害的严重破坏,造成了3亿立方米黑土地被卷走,当时农作物生产量骤降,给当地的农民带来了沉

---

① Leo A. Krasnozhon, Black Market in Agricultural Land is Booming in Ukraine, https://www.kyivpost.com/article/opinion/op-ed/black-market-in-agricultural-land-is-booming-in-2-306249.html, visited on 2022-11-02.

重的损失。"①仅2014年春季,艾奥瓦州就在一系列风暴中损失了近1400万吨的土壤。② 在黑土地开发利用方面,美国黑土区因为欧洲移民不断开垦土地,土壤发生退化。19世纪中期,美国农业生产不断扩大,大量的草原被改作耕地。第二次世界大战时期,由于粮食和其他农产品价格上涨,农民继续开垦耕作,耕地面积扩大。③ 新近研究表明,"玉米地带表层土壤严重流失,这是由于耕作方式耗尽了这片曾经肥沃的土地,除了农业生产力下降和大气中碳的增加,这是一种不可替代资源的灾难性损失"④。

(三) 我国黑土地保护的主要问题

2021年7月中国科学院发布的《东北黑土地白皮书2020》指出,我国东北黑土地总面积达109万平方千米,位居全球第三,其中典型黑土地耕地面积为1853.33万公顷。⑤ 2017年农业部、国家发改委等6部委联合发布的《东北黑土地保护规划纲要(2017—2030年)》进一步指出:"东北典型黑土区耕地面积约2.78亿亩。其中,内蒙古自治区0.25亿亩,辽宁省0.28亿亩,吉林省0.69亿亩,黑龙江省1.56亿亩。"⑥

我国黑土区保护面临诸多问题。《东北黑土地保护规划纲要(2017—2030年)》提出:"2017年东北黑土地数量在减少,质量在下降,影响粮食综合生产能力提升和农业可持续发展。"⑦《国家黑土地保护工程实施方案(2021—2025年)》提出,"黑土耕地退化趋势仍然存在,已经实施综合性治理措施的黑土耕地面积占比较低,坡耕地水土流失仍较严重,耕作层变薄和侵蚀沟问题仍然突出,土壤有机质含量下降趋势未扭转,局部酸化、盐渍化问

---

① 资料来源:《中国全面守护"耕地中的大熊猫"确保粮食安全》,http://big5.news.cn/gate/big5/hlj.news.cn/klj/2022-04/11/c_1310552930.htm,2022年4月11日访问。
② Richard Gray, Follow The Food—Why Soil is Disappearing from Farms, https://www.bbc.com/future/bespoke/follow-the-food/why-soil-is-disappearing-from-farms/, visited on 2019-07-19.
③ 范昊明等:《世界三大黑土区水土流失与防治比较分析》,载《自然资源学报》2005年第3期。
④ Verlyn Klinkenborg, https://e360.yale.edu/features/how-the-loss-of-soil-is-sacrificing-americas-natural-heritage, visited on 2021-01-30.
⑤ 中国科学院:《东北黑土地白皮书2020》,中国科学院,2021年7月,第1页。
⑥ 农业农村部等:《东北黑土地保护规划纲要(2017—2030年)》,https://www.cas.cn/zt/kjzt/htlc/htzc/202105/t20210512_4787740.shtml,2022年6月9日访问。
⑦ 同上。

题仍然存在"①。

水土流失是我国黑土区面临的主要问题。水土流失类型主要有水力侵蚀和风力侵蚀两种，在水力、重力、风力等外力因素的共同作用下，水土资源、土地生产力受到破坏。东北黑土区内的漫川漫岗地区，存在坡度缓、坡长长的地势特点，降雨产生的地表径流（类型主要为蓄满产流）冲刷并带走土壤，诱发严重的水土流失。东北黑土区内的耕地多为坡长较长地区，易发生水土流失，直接导致肥沃的黑土层流失，地表土壤有机质含量降低，连带着黑土生产力减弱，甚至部分严重地区的土壤直接丧失生产能力，影响粮食产量。据统计，东北黑土区有四分之一的耕地正遭受着严重的水土流失，有近三成的黑土已经完全消失。受风蚀水蚀的影响，黑土土壤肥力和抗旱保墒能力也正逐渐减弱。

黑土区生态环境受到严重污染，部分工矿企业排放和城市垃圾、污水等外源性污染问题依旧存在。工业排废外加污水灌溉农田，以及不合理使用农药化肥严重侵害黑土资源。如有学者研究发现，"近年来，黑龙江内的哈尔滨市、齐齐哈尔市、大庆市、黑河市等 6 个城市的年排污水量为 6.5 亿吨，黑土受污染面积达 2.7 万公顷"②。

盗挖贩卖黑土也是我国黑土保护面临的严重问题。我国目前缺乏对黑土资源保护的重视，不法分子发现黑土的巨大潜在价值，致使盗挖、贩卖黑土的案例时有发生。例如，2021 年 3 月，黑龙江省五常市福太村发生一起盗采黑土破坏耕地案，数百亩良田和湿地被盗挖，成片的黑土地遭到毁灭性破坏。该案中，不法商人以改造土地为名承包、租用土地实施盗挖行为，并将黑土出售牟利。③

---

① 《国家黑土地保护工程实施方案（2021—2025 年）》，http://www.ntjss.moa.gov.cn/zcfb/202107/P020210729662220053137.pdf，2021 年 7 月 29 日访问。
② 雷国平、代路、宋戈：《黑龙江省典型黑土区土壤生态环境质量评价》，载《农业工程学报》2009 年第 7 期。
③ 王小丽：《盗挖黑土行为刑事责任分析》，载《上海法学研究》集刊 2021 年第 23 卷——东南大学卷，第 167—174 页。

二、黑土地保护的战略定位与政策演进

（一）黑土地保护的战略定位

传统国家安全较少关注粮食安全、耕地安全问题。将黑土地保护提升到国家战略层面予以重点保护，得益于总体国家安全观的引领指导作用。总体国家安全观不仅将粮食安全纳入国家安全体系战略中，而且进一步将耕地保护作为保障国家粮食安全的基础组成部分，对黑土保护具有重要的战略意义。

中国特色社会主义进入新时代，我国面临的内外环境日益复杂，各种风险挑战交织，呼唤新的国家安全观。2013年11月，党的十八届三中全会决定成立中央国家安全委员会，加强对国家安全工作的集中统一领导。2014年4月，在第一次中央国家安全委员会上，习近平总书记正式提出总体国家安全观。总体国家安全观是新时代国家安全工作的根本遵循和行动指南，极大地拓展了国家安全领域，形成涵盖二十多个安全领域的国家安全体系。在总体国家安全观引领下，粮食安全成为我国国家安全体系的重要组成部分。2013年12月，习近平总书记对国家粮食安全战略作出深刻论述："我国是一个人口众多的大国，解决好吃饭问题始终是治国理政的头等大事。要坚持以我为主、立足国内、确保产能、适度进口、科技支撑的国家粮食安全战略。中国人的饭碗任何时候都要牢牢端在自己手上。我们的饭碗应该主要装中国粮，一个国家只有立足粮食基本自给，才能掌握粮食安全主动权，进而才能掌控经济社会发展这个大局。要进一步明确粮食安全的工作重点，

合理配置资源,集中力量首先把最基本最重要的保住,确保谷物基本自给、口粮绝对安全。"①

粮食工作涉及生产、存储、加工、流通、消费等诸多环节,维护和塑造粮食安全,需要做好各重点环节工作。其中,在粮食生产这个最基本的环节,就涉及耕地、水、种子、肥料、农药等基本要素。这也就意味着,维护粮食安全,必须全面做好耕地安全、水安全、种子安全、肥料安全、农药安全等基础性工作。因此,当总体国家安全观将粮食安全确立为新时代国家安全体系的重要组成部分时,也就必然会对上述环节的安全工作作出重要安排。其中,耕地安全、种子安全尤其受到领导人高度重视。例如,2013年,习近平总书记曾在中央农村工作会议上强调,"保障国家粮食安全的根本在耕地,耕地是粮食生产的命根子"②。

东北黑土区作为我国粮食主产地和商品粮重要来源地,对维护和塑造我国粮食安全具有战略性意义。2021年,东北地区水稻年产量占全国水稻全年总产量的18%—19%,玉米和大豆的产量分别占全国产量的34%—35%和44%—45%。同时,东北黑土区超过半数的粮食可作为商品粮使用,我国商品粮总量中的三分之一可调出粮食都产自东北黑土区。基于对耕地保护的高度重视和战略定位,黑土地作为"耕地中的大熊猫",日益受到国家重视,一系列重大规划和政策安排陆续推出和实施。

(二) 中央有关黑土地保护的政策演进

在总体国家安全观指引下,中央不断完善粮食安全战略,不断优化耕地保护、黑土地保护政策。总体来看,相关政策日益科学化、精细化。

---

① 《中央农村工作会议在北京举行》,https://news.12371.cn/2013/12/25/ARTI138791141609 1828.shtml,2020年12月30日访问。
② 中共中央文献研究室编:《十八大以来重要文献选编》(上),中央文献出版社2014年版,第662页。

1. 中央一号文件相关政策重点

年份	文件名	粮食安全战略	耕地保护	黑土地保护
2014	《关于全面深化农村改革加快推进农业现代化的若干意见》	抓紧构建新形势下的国家粮食安全战略。把饭碗牢牢端在自己手上,是治国理政必须长期坚持的基本方针。任何时候都不能放松国内粮食生产,严守耕地保护红线,划定永久基本农田,不断提升农业综合生产能力,确保谷物基本自给、口粮绝对安全。	落实最严格的耕地保护制度、节约集约用地制度、水资源管理制度、环境保护制度,强化监督考核和激励约束。支持地方开展耕地保护补偿。启动重金属污染耕地修复试点。从2014年开始,继续在陡坡耕地、严重沙化耕地、重要水源地实施退耕还林还草。	
2015	《关于加大改革创新力度加快农业现代化建设的若干意见》		实施耕地质量保护与提升行动。全面推进建设占用耕地剥离耕作层土壤再利用。健全农业资源环境法律法规。	开展东北黑土地保护试点。
2016	《关于落实发展新理念加快农业现代化实现全面小康目标的若干意见》	未来4年现代农业建设进步,粮食生产能力提升,国家粮食安全和重要农产品供给得到有效保障,农产品供给体系的质量和效率显著提高。国家种业保障安全。保障谷物基本自给、口粮绝对安全。	坚持最严格的耕地保护制度,坚守耕地红线,全面划定永久基本农田。落实和完善耕地占补平衡制度,坚决防止占多补少、占优补劣、占水田补旱地,严禁毁林开垦。全面推进建设占用耕地耕作层剥离再利用。完善耕地保护补偿机制。	扩大东北黑土地保护利用试点规模。

（续表）

年份	文件名	粮食安全战略	耕地保护	黑土地保护
2017	《关于深入推进农业供给侧结构性改革加快培育农业农村发展新动能的若干意见》	推进农业供给侧结构性改革，要在确保国家粮食安全的基础上，紧紧围绕市场需求变化，以增加农民收入、保障有效供给为主要目标，以提高农业供给质量为主攻方向，以体制改革和机制创新为根本途径。	实施耕地、草原、河湖休养生息规划。耕地轮作休耕制度试点继续推进。 进一步落实"藏粮于地、藏粮于技"战略，严守耕地红线，保护优化粮食产能。全面落实永久基本农田特殊保护政策措施，实施耕地质量保护和提升行动，持续推进中低产田改造。	加大东北黑土地保护支持力度。
2018	《关于实施乡村振兴战略的意见》	积极参与全球粮食安全治理和农业贸易规则制定，促进形成更加公平合理的农业国际贸易秩序。推进粮食安全保障立法。	大规模推进农村土地整治和高标准农田建设，稳步提升耕地质量，强化监督考核和地方政府责任。扩大耕地轮作休耕制度试点。 深入实施藏粮于地、藏粮于技战略，严守耕地红线，确保国家粮食安全，把中国人的饭碗牢牢端在自己手中。	加大东北黑土地保护力度。
2019	《关于坚持农业农村优先发展做好"三农"工作的若干意见》	强化粮食安全省长责任制考核。 加快推进粮食安全保障立法进程。	严守18亿亩耕地红线，全面落实永久基本农田特殊保护制度，确保永久基本农田保持在15.46亿亩以上。 推进重金属污染耕地治理修复和种植结构调整试点。	加大东北黑土地保护力度。
2020	《关于抓好"三农"领域重点工作确保如期实现全面小康的意见》	确保粮食安全始终是治国理政的头等大事。 粮食生产要稳字当头，稳政策、稳面积、稳产量。 强化粮食安全省长责任制考核。	坚守耕地和永久基本农田保护红线。 支持产粮大县开展高标准农田建设新增耕地指标跨省域调剂使用，调剂收益按规定用于建设高标准农田。	推广黑土地保护有效治理模式，推进侵蚀沟治理，启动实施东北黑土地保护性耕作行动计划。

(续表)

年份	文件名	粮食安全战略	耕地保护	黑土地保护
2021	《关于全面推进乡村振兴加快农业农村现代化的意见》	提升粮食和重要农产品供给保障能力。地方各级党委和政府要切实扛起粮食安全责任,实行粮食安全党政同责。深入实施重要农产品保障战略。建设国家粮食安全产业带。	坚决守住18亿亩耕地红线。采取"长牙齿"的措施,落实最严格的耕地保护制度。坚决遏制和防止耕地"非农化""非粮化"问题。加强和改进建设占用耕地占补平衡管理。健全耕地休耕轮作制度。	实施国家黑土地保护工程,推广保护性耕作模式。
2022	《关于做好2022年全面推进乡村振兴工作的意见》	牢牢守住保障国家粮食安全和不发生规模性返贫两条底线。坚持中国人的饭碗任何时候都要牢牢端在自己手中,饭碗主要装中国粮,全面落实粮食安全党政同责,严格粮食安全责任制考核,确保粮食播种面积稳定、产量保持在1.3万亿斤以上。强化粮食安全教育,反对食物浪费。	实行耕地保护党政同责,严守18亿亩耕地红线。落实"长牙齿"的耕地保护硬措施。分类明确耕地用途,严格落实耕地利用优先序。强化耕地用途管制,严格管控耕地转为其他农用地。	深入推进国家黑土地保护工程。实施黑土地保护性耕作8000万亩。

2. 国家"十三五""十四五"规划相关政策内容

年份	文件名	粮食安全战略	耕地保护	黑土地保护
2016	《中华人民共和国国民经济和社会发展第十三个五年规划纲要》	确保谷物基本自给、口粮绝对安全,调整优化农业结构,提高农产品综合生产能力和质量安全水平,形成结构更加合理、保障更加有力的农产品有效供给。	坚持最严格的耕地保护制度,全面划定永久基本农田。实施藏粮于地、藏粮于技战略。开展耕地质量保护与提升行动。	加强东北黑土地保护。

(续表)

年份	文件名	粮食安全战略	耕地保护	黑土地保护
2021	《中华人民共和国国民经济和社会发展第十四个五年规划和2035年远景目标纲要》	实施粮食安全战略,实施分品种保障策略,完善重要农产品供给保障体系和粮食产购储加销体系,确保口粮绝对安全、谷物基本自给、重要农副产品供应充足。强化粮食安全省长责任制和"菜篮子"市长负责制,实行党政同责。开展粮食节约行动。积极开展重要农产品国际合作。制定粮食安全保障法。	深入实施藏粮于地、藏粮于技战略,开展种源"卡脖子"技术攻关,提高良种自主可控能力。坚持最严格的耕地保护制度,强化耕地数量保护和质量提升,严守18亿亩耕地红线,遏制耕地"非农化"防止"非粮化"。	实施黑土地保护工程,加强东北黑土地保护和地力恢复。采取"长牙齿"的硬措施,落实最严格的耕地保护制度,严格耕地保护责任,加强耕地用途管制,用最严格的制度来规范黑土地保护、治理、修复、利用。做好配套举措,保持土壤水分、防治土壤风蚀水蚀、培肥土壤肥力,动员最广泛的力量来真正把黑土地保护好。

3. 专项规划及实施方案相关政策内容

年份	文件名	目标任务	政策措施	制度机制
2017	《东北黑土地保护规划纲要（2017—2030年）》	（1）面积目标。到2030年,实施黑土地保护面积2.5亿亩(内蒙古自治区0.21亿亩、辽宁省0.19亿亩、吉林省0.62亿亩、黑龙江省1.48亿亩),基本覆盖主要黑土区耕地。（2）质量目标。到2030年,东北黑土区耕地质量平均提高1个等级(别)以上。通过土壤改良、地力培肥和治理修复,有效遏制黑土地退化,持续提升黑土耕地质量,改善黑土区生态环境。	（1）积造利用有机肥,控污增肥。（2）控制土壤侵蚀,保土保肥。（3）耕作层深松耕,保水保肥。（4）科学施肥灌水,节水节肥。（5）调整优化结构,养地补肥。	（1）东北4省(区)成立由政府分管负责同志牵头、多部门参与的黑土地保护推进落实机制。（2）绿色生态导向的农业补贴制度。（3）探索建立中央指导、地方组织、各类新型农业经营主体承担建设任务的项目实施机制,构建政府、企业、社会共同参与的多元化投入机制。（4）严格落实耕地保护制度。

(续表)

年份	文件名	目标任务	政策措施	制度机制
2020	《东北黑土地保护性耕作行动计划（2020—2025年）》	到2025年，保护性耕作实施面积达到1.4亿亩，占东北地区适宜区域耕地总面积的70%左右，形成较为完善的保护性耕作政策支持体系、技术装备体系和推广应用体系。	(1)组织整县推进。(2)强化技术支撑。(3)提升装备能力。(4)壮大实施主体。	(1)地方领导责任制。(2)全面推行保护性耕作的目标导向制。(3)制定验收标准，健全责任体系。
2021	《国家黑土地保护工程实施方案（2021—2025年）》	2021—2025年，实施黑土耕地保护利用面积1亿亩（含标准化示范面积1800万亩）。到"十四五"末，黑土地保护区耕地质量明显提升，旱地耕作层达到30厘米，水田耕作层达到20~25厘米，土壤有机质含量平均提高10%，有效遏制黑土耕地"变薄、变瘦、变硬"退化趋势，防治水土流失，基本构建形成持续推进黑土地保护利用的长效机制。	(1)土壤侵蚀防治。(2)农田基础设施建设。(3)肥沃耕作层培育。(4)黑土耕地质量监测评价。	(1)将黑土地保护利用纳入五级书记抓乡村振兴的内容。(2)中央财政科技计划（专项、基金等）支持黑土地保护利用技术。(3)提高高标准农田建设标准和质量，健全管护机制，多渠道筹集建设资金。(4)严格落实耕地保护制度，压实地方政府黑土地保护责任。

（二）地方有关耕地保护和黑土地保护的政策演进

东北四省区是全国粮食主产区和商品粮生产基地，地方政府应当高度重视黑土地的保护工作，通过制定地方规划和政策进一步细化落实黑土地保护任务。

1. 黑龙江省

2021年12月，黑龙江省人民政府办公厅发布《黑龙江省"十四五"黑土地保护规划》，设置了面积、质量、产量三个目标维度。具体包括：(1)保护面积：到2025年，黑土耕地保护利用示范区面积达到1亿亩；(2)黑土地质量：到2025年，黑土耕地保护利用示范区耕地土壤有机质含量平均增加1克/千克以上;旱田平地耕作层平均达到30厘米,坡耕地、风沙干旱区耕作层平均达到25厘米,水田耕作层达到20—25厘米;(3)产量:到2025年,全省粮食综合生产能力达到1600亿斤。①

2021年12月,黑龙江省人民政府办公厅发布《黑龙江省黑土地保护工程实施方案(2021—2025年)》,结合黑龙江省实际情况,提出黑土地保护的重点举措:"一是加强耕地水土流失治理。治理坡耕地、治理侵蚀沟、防止土壤风蚀。二是加强农田基础设施建设。推进农田灌排体系建设、推进田块整治建设、推进田间道路建设。三是提升耕地质量。实施耕地深松轮作、实施保护性耕作、实施有机肥还田。四是推进绿色生产方式。节约化肥投入、节约农药使用、节约利用水资源。五是加强监测评价体系建设。建立黑土耕地监测网点,建立黑土耕地保护监测体系,建立实施效果评价制度。"②

2. 吉林省

2022年5月,吉林省人民政府发布《吉林省黑土地保护总体规划(2021—2025年)》。《规划》提出,到"十四五"末期,全省保护性耕作面积达到4000万亩,建成高标准农田5000万亩,典型黑土区保护面积达到3000万亩,土壤有机质含量平均提高1克/千克,耕地质量比"十三五"初期提升0.5个等级,正常年景粮食产量稳定在800亿斤阶段性水平,努力向一千亿斤目标迈进。③《规划》从总体要求、构建系统化保护格局、健全科技创新体系、完善基础设施建设、强化肥沃耕层构建、提升耕地质量监测能力、推进机制和政策创新、加强组织保障等9个方面提出28项具体措施。④

2021年9月,吉林省人民政府办公厅发布《吉林省黑土地保护工程实施

---

① 《黑龙江省"十四五"黑土地保护规划》,https://www.hlj.gov.cn/n200/2022/0111/c1040-11028089.html,2022年6月9日访问。
② 《黑龙江省黑土地保护工程实施方案(2021—2025年)》,https://www.hlj.gov.cn/n200/2022/0104/c593-11027847.html,2021年12月31日访问。
③ 《吉林省黑土地保护总体规划(2021—2025年)》,http://xxgk.jl.gov.cn/szf/zcjd/202205/t20220527_8461124.html,2022年6月10日访问。
④ 《吉林省人民政府关于印发吉林省黑土地保护总体规划(2021—2025年)的通知政策解读全文》,http://xxgk.jl.gov.cn/szf/zcjd/202205/t20220527_8461124.html,2022年5月19日访问。

方案（2021—2025 年）》，结合吉林省实际，提出一系列重点举措，主要包括突出抓好秸秆还田，稳步实施有机肥施用，大力开展高标准农田建设，持续强化农田水土保持，积极抓好农田环境治理，加快完善农田防护林建设，着力加强耕地质量监测等七大方面内容。①

3. 辽宁省

2022 年 4 月，辽宁省农业农村厅、财政厅印发《2022 年辽宁省黑土地保护项目实施方案》，计划重点在典型黑土区、辽河平原粮食主产区、水稻优势区实施黑土地保护措施 500 万亩，建设一批集中连片，土壤肥沃，生态良好，设施配套，产能稳定的黑土地保护示范区。该方案结合辽宁实际，提出"秸秆还田＋有机肥还田"等黑土地保护技术模式。②

4. 内蒙古自治区

2021 年 12 月，内蒙古自治区农牧厅、内蒙古自治区发展和改革委员会等 6 部门联合发布《内蒙古自治区东北黑土地保护工程实施方案（2021—2025 年）》，从面积和质量两个维度提出黑土地保护目标：(1) 保护面积：2021—2025 年，实施东北黑土耕地保护利用面积 900 万亩（含标准化示范面积 220 万亩）。(2) 土地质量：到"十四五"末，东北黑土地保护区耕地质量明显提升，旱地耕作层达到 30 厘米以上、水田耕作层达到 25 厘米以上。《方案》就具体保护措施作出详细安排，主要包括农田基础设施建设和坡耕地改造工程，风蚀沙化耕地治理工程，肥沃耕层建设工程，轮作休耕栽培工程，土壤环境控制工程等。③

---

① 《吉林省黑土地保护工程实施方案（2021—2025 年）》，http://xxgk.jl.gov.cn/szf/gkml/202110/t20211009_8239102.html,2021 年 9 月 29 日访问。
② 《2022 年辽宁省黑土地保护项目实施方案》，http://nync.ln.gov.cn/zwgk/zdgkwj/202204/t20220408_4537558.html,2022 年 4 月 8 日访问。
③ 《内蒙古自治区东北黑土地保护工程实施方案（2021—2025 年）》，http://nmt.nmg.gov.cn/gk/zfxxgk/fdzdgknr/xztz/202112/P020211231627013051373.pdf,2021 年 12 月 31 日访问。

三、黑土地保护的法治体系构建

（一）习近平法治思想引领黑土地保护法治化

在为切实推动我国黑土资源保护中，习近平法治思想起到了关键性的引领作用。"习近平法治思想既是对党领导法治建设丰富实践和宝贵经验提炼升华的重大理论成果，更是引领新时代全面依法治国不断从胜利走向新的胜利的光辉思想旗帜。"[①]习近平总书记多次强调："法治兴则民族兴，法治强则国家强。建设中国特色社会主义法治体系，要顺应事业发展需要，坚持系统观念，全面加以推进。着力抓好以下工作：坚持法治体系建设正确方向。加快重点领域立法。深化法治领域改革，运用法治手段开展国际斗争，加强法治理论宣传。"[②]维护粮食安全，保护黑土资源迫切需要以习近平法治思想为指导，推进黑土地法治领域建设。

习近平总书记对黑土地的保护给予了高度重视，并指出要采取有力的措施，保护"耕地中的大熊猫"。我国东北黑土保护是大事，一定要保护好、利用好黑土资源，要将黑土保护纳入法治化轨道中。在推动黑土地保护立法进程中，"要深入学习和贯彻习近平新时代中国特色社会主义思想，正确领会和掌握习近平总书记有关黑土地的重要指示精神，要牢固树立法律意识，坚持以问题和目标为导向，坚持利用'小快灵'立法，突出立法针对性、适用性、可操作性，重点保护黑土耕地，推动黑土资源可持续利用，维护生态平衡，确保国家粮食安全。"[③]习近平法治思想积极推动了我国黑土地保护立法

---

① 中共中央宣传部、中央全面依法治国委员会办公室编：《习近平法治思想学习纲要》，人民出版社2021年版，第151页。
② 《习近平谈治国理政》第四卷，外文出版社2022年版，第300页。
③ 《关于〈中华人民共和国黑土地保护法（草案）〉的说明》，http://www.npc.gov.cn/npc/c30834/202206/345e043eb1024ab1abc9db48363c3b3b.shtml，2022年9月26日访问。

工作的推进,使相关保护法案不断优化落地,最终实现平稳运行。

(二) 黑土地保护立法

1. 国家层面黑土地保护的法治化进程

为深入贯彻落实习近平总书记关于黑土地保护的重要指示,有效保护黑土地宝贵资源,确保国家粮食安全战略顺利实施,《中华人民共和国黑土地保护法(草案)》(以下简称《草案》)在2021年12月正式提交十三届全国人大常委会第三十二次会议进行审议。《草案》的目的是"保护宝贵、珍惜的黑土地资源,稳步恢复提升黑土地的基础地力,促进资源可持续利用,维护生态系统平衡,保障国家粮食安全"①。

2022年4月,十三届全国人大常委会第三十四次会议明确提出,要进一步完善黑土地保护范围,强调国家粮食安全中黑土的保障作用。提升黑土地保护的科技支撑与技术服务,加强黑土地保护要注重发挥市场作用、依靠基层农民组织及相关制度、细化法律方面责任、增强针对性和加大违法违纪处罚力度。2022年6月,《中华人民共和国黑土地保护法》在全国人大常委会第三十五次会议上正式通过,并于2022年8月1日开始实施。该法案明确提出保护东北四省区范围内的黑土耕地,统筹制定东北四省区的黑土保护政策,为保证国家粮食安全和生态安全,地方规划必须与国土空间规划相结合。

东北黑土区是我国主要的粮库之一,拥有近全国四分之一的粮食产出,其粮食高品质、高商品化的特点是保障我国粮食供应和粮食市场稳定的重要条件。所以,黑土地保护法首条就表明意图,即"为保护黑土资源,恢复提升黑土地力,促进资源可持续,维护生态平衡,保障国家粮食安全。"②从具体政策落实维度分析,"为保障我国粮食安全,妥善解决好黑土地的保护与开发问题,难题在于耕地,既要保护黑土地,同时又要让保护者不吃亏、收益增

---

① 《(受权发布)中华人民共和国黑土地保护法》,http://www.news.cn/2022-06/24/c_1128774716.htm,2022年6月25日访问。
② 《关于中华人民共和国黑土地保护法(草案)的说明》,http://www.npc.gov.cn/npc/c30834/202206/345e043eb1024ab1abc9db48363c3b3b.shtml,2022年6月30日访问。

加,长期持续的资金投入是黑土地保护的重要保障。"①强化黑土保护政策的实施,压实主体责任,构建监督闭环机制,形成多方合力效应。

2. 地方层面黑土地保护的法治化进程

为确保地方黑土地保护工作落到实处,使黑土资源具备有力保障,促进当地农业生产可持续、较快、平稳发展,2015年农业部启动了第一批《东北黑土地保护利用试点项目》;2018年启动第二批《东北黑土地保护利用试点项目》,同年吉林省制定《吉林省黑土地保护条例》,该条例的颁布标志着我国首部关于黑土地保护工作的地方性法规出台,细化了黑土保护的工作内容,保障了黑土资源的合理利用。黑龙江省于2021年12月出台了《黑龙江省黑土地保护利用条例》,进一步推进地方黑土地保护法治化进程。随着《国家黑土地保护工程实施方案(2021—2025年)》的正式出台,黑土地保护规划的顶层框架奠定了坚实的基础。吉林省、黑龙江省两项地方性条例的出台和执行,为我国的黑土地保护工作带来了强大的基层经验支撑,并使相关单位和社会各界齐心协力,共同提高了地方黑土地保护工作的成效。

(三) 黑土地保护法治实施情况

黑土地保护法治建设过程中的执法情况。针对自然资源确立的法律法规,都是为进一步解决自然资源的可持续使用问题。《中华人民共和国黑土地保护法》的立法过程虽是重点,但执法更是难点。为增强保护黑土区的执法力度,2022年7月,自然资源部发布了《关于进一步加强黑土耕地保护的通知》,该通知不仅确认了执法对象等重要内容,更提出明确要求:"东北四省(区)内的自然资源厅要进一步对黑土耕地开展调查,强化国土空间规划的特殊控制,严控建设项目占用,严格落实占补平衡,加强保护监督执法,严格落实保护责任等六方面内容。"②

---

① 《黑土地保护法草案首次提请审议——处理好保护与利用的关系》,http://www.npc.gov.cn/npc/c30834/202112/9f25907a11334bc787b7636f562d0891.shtml,2022年6月30日访问。

② 《自然资源部办公厅关于进一步加强黑土耕地保护的通知》,http://www.gov.cn/zhengce/zhengceku/2022-08/01/content_5703911.htm,2022年7月28日访问。

黑土地保护法治建设过程中的司法情况。2022年5月，最高人民检察院向社会公布了黑土地保护典型案例，这一举动体现了司法保护黑土资源及生态环境的决心。最高人民检察院还提出具体要求，即"各级检察机关深入学习贯彻习近平生态文明思想和习近平法治思想，依法能动履行职能，坚持双赢多赢共赢的法律监督理念，督促和支持行政机关履行黑土地保护法定职责，严惩破坏黑土地环境资源的各类犯罪，加大采挖、运输、加工、贩卖黑土资源非法产业链的打击力度，切实保护黑土地资源和生态环境，维护国家粮食安全"[①]。加强黑土地司法保护是保障国家安全的重要环节，司法机关应该充分发挥资源审判职能作用，积极推进黑土地资源保护与利用，严厉打击非法盗采、非法占用黑土耕地等破坏黑土资源犯罪的行为。

（四）黑土地保护法治体系的完善

地方党内法规建设，进一步明确黑土地保护的领导责任制。黑土地的空间分布具有地方性特点，地方党委和政府在黑土地保护中能够发挥更加积极的作用。目前，各主要黑土区相继出台了保护黑土地的地方性法律法规。但要深入落实完善地方黑土地保护法治体系建设，还需要从党内法规建设入手。从现实实践来看，地方"关键少数"重不重视黑土地保护，对保护效果具有决定性影响。通过地方党内法规建设进一步明确各级政府及领导人员对黑土地保护职责，对于完善我国黑土地保护法治体系意义重大。

完善法治监督。在持续完善黑土地保护监督工作方面时，充分合理运用黑土地保护法和有关规划、实施方案设定的保护目标，会同有关地方部门和科研单位，共同完善黑土地资源法治监督体系建设。夯实长期跟踪监测黑土地质量工作，建立健全黑土区耕地质量法治建设体系，合理利用法治监督体系，结合先进科学技术，健全耕地质量监测网络，持续监督评价黑土地保护工作，确保稳定国家粮食安全工作落在实处。

执法司法机制创新。在执法司法机制创新方面，要积极推进黑土保

---

① 《关于印发"检察机关依法保护黑土地"典型案例的通知》，http://www.moa.gov.cn/ztzl/gdzlbhyjs/htdbhly/202206/t20220602_6401321.htm，2022年9月28日访问。

执法司法机制创新,形成协同治理的新局面。黑土地保护法治体系的运行离不开公检法的相互支持,多方联合共同打击破坏黑土资源的违法乱纪行为,形成抗法高压的良好态势。加强自然资源、生态环境等行政机关的协同联动,促进环境执法与司法顺畅衔接配合,打通保护黑土地资源的"最后一公里",建立健全协作共治机制,形成黑土资源保护的凝聚力。

第三篇 资本无序扩张的司法治理问题研究

党东升

资本是市场经济的基本要素、配置资源的有效方式、社会财富的直观体现,也是全面建设社会主义现代化国家的战略资源。改革开放四十多年来,我国取得惊人的发展奇迹,从一个资本匮乏国家变为资本充裕国家。不过,与其他国家类似,我国资本和财富的增长不是以均衡的方式进行的,相反,在改革发展过程中,资本和财富向少数人集中的问题日益突出。尤其是互联网革命之后,在资本和科技力量驱动下,资本和财富集中效应更加明显。在此过程中,一些资本采取野蛮、无序的方式进行扩张,严重危害公共利益,引起全社会广泛关注和不满。

资本无序扩张作为一种经济社会现象,带有系统性、整体性、复杂性、动态性、传导性等特点,若想有效应对,需要新思维和新工具。近年来资本无序扩张问题在我国愈演愈烈,涉及领域越来越广,反映出原有治理体系和规制工具之不足。资本无序扩张的现实形态各异,但共同点是都会危及国家利益和社会公共利益。检察机构作为"公共利益的代表",应在防止资本无序扩张上更加积极有为,发挥作用。

一、防止资本无序扩张的学理脉络

在社会主义市场经济体制下,资本的正常流动和有序扩张受到宪法和法律的保护。中华人民共和国成立以来,正反两方面经验使人们认识到,必须发展经济才能实现国家富强和社会稳定,为此必须重视培育资本力量,使其发挥积极作用。

改革开放为资本的累积和扩张创造了历史性机会。改革开放之前,我国总体上采取的是限制资本的政策,资本规模很小,国家和社会整体处于贫困状态。改革开放之后,我国资本规模和国家财富不断壮大,人民生活显著改善。2020年,我国国内生产总值突破100万亿元人民币,稳居世界第二。据《中国国家资产负债表2020》课题组统计,2019年中国社会总资产达1655.6万亿元,扣除总负债980.1万亿元,净财富达到675.5万亿元。当前,虽然我国人均拥有财富与主要发达国家相比还有较大差距,但无论是纵向比较还是与发展中国家横向比较,所取得的成就都是惊人的。

在人类发展史上,资本作为一种经济要素,虽享有很多自由,但也从未能够随心所欲地活动。权力、法律、伦理、宗教等为资本的运行设定了框架和界限。不过,出于逐利本性,资本也一直试图挣脱约束,以谋求更快增值,由此形成资本与权力、资本与法律、资本与道德、资本与宗教等的复杂关系和互动景观。在这几组关系当中,资本与权力的关系对于揭示资本无序扩张的本质属性具有重要意义。

社会科学中的权力概念有广义和狭义之分。狭义概念一般指政府权力,广义概念认为权力和物理学中的"能"一样,具有许多现实形态,包括"财富、武装力量、民政当局以及影响舆论的势力"①。迈克尔·曼认为,权力就

---

① 〔英〕伯特兰·罗素:《权力论》,吴友三译,商务印书馆2012年版,第4页。

是有能力让他人做他们不愿意做的事情,由此形成与他人既合作又冲突的权力关系,进而把社会权力的来源分为意识形态权力、经济权力、军事权力、政治权力四种类型。① 由此可见,广义的权力概念包含了资本要素,或者说把资本(财富、经济)视为权力的重要来源和基础。基于广义的权力定义,拥有资本即意味着拥有了经济权力,或者说,资本即经济权力。

在现代社会,国家作为"权力集装器",寻求全面掌控意识形态权力、经济权力、军事权力和政治权力,而社会行动者也试图争取这四种权力,由此形成国家与社会的冲突关系。在一种理论模型中,国家与社会之间的权力关系被区分为强国家—强社会、强国家—弱社会、弱国家—强社会以及弱国家—弱社会四种关系形态。② 基于这一理论框架,资本无序扩张的本质是社会资本试图扩张其经济权力以及相关权力,从而与国家权力产生冲突和碰撞。

在实践中,四种权力类型以及社会势力与国家权力的分布并不均衡,在不同国家形成不同的组合样态。例如,在西方现代民族国家形成过程中,战争和资本发挥了关键作用,③经济权力和军事权力的地位在新国家中得到巩固和强化,形成了资本主导国家的局势,即资本主义国家。在资本主义国家,经济权力的作用尤为突出。资本集团通过选举制度将利益代表输送到政府机构担任要职,并通过国家机器巩固和谋求特殊利益,这是资本主义国家的底层结构。"利益集团""深层政府""华盛顿沼泽"等概念从不同侧面描述了这种权力关系和政治现实。

在资本主导的国家,资本集团必然寻求不断壮大自身的力量,从而使资本越来越集中。"在资本主义发展过程中,资本有机构成的提高与资本积聚和集中这一趋势紧密相连。"④资本在积聚和集中过程中所触动的不仅有劳工利益,还有更广泛的公共利益,因此引起持久而普遍的反抗,抗议形式也

---

① 〔英〕迈克尔·曼:《社会权力的来源(第三卷·上):全球诸帝国与革命(1890—1945)》,郭台辉等译,上海人民出版社 2018 年版,第 7—21 页。
② 〔美〕乔尔·S. 米格代尔:《强社会与弱国家:第三世界的国家社会关系及国家能力》,张长东等译,江苏人民出版社 2009 年版,第 37 页。
③ 〔美〕查尔斯·蒂利:《强制、资本和欧洲国家(公元 990—1992 年)》,魏洪钟译,上海人民出版社 2007 年版,第 1—15 页。
④ 〔英〕安东尼·吉登斯:《资本主义与现代社会理论:对马克思、涂尔干和韦伯著作的分析》,郭忠华、潘华凌译,上海译文出版社 2013 年版,第 75 页。

经历了从传统社会运动到新社会运动的演变。① 在资本主义国家内部发生的劳工运动、和平运动、环保运动、反全球化运动、占领华尔街运动、"黑命贵"运动等,反映出广大民众对这种国家模式的反抗和斗争。

在更一般的意义上,发展经济学和政治经济学的有关研究揭示了资本扩张对于国家的消极一面。例如,奥尔森的经典研究提出,特殊利益集团(分利集团)的存在是造成政治对立和国家衰败的根源。② 再如,一项针对发展中国家的研究认为,埃及商业集团之间为赢得大型工业项目而进行的激烈斗争,是破坏希德基政治联盟、扼杀政府生机的关键因素。③

系统论法学贡献了一个审视资本无序扩张之性质及其系统性影响的更加宏大和基础性的视角。在功能分化的现代社会,社会各功能系统的自我再生产和正式组织化具有"涡轮增压自创生"效应,如果不能予以合理干预,必然呈现出过度扩张倾向,进而给自身和全社会系统造成难以挽回的后果。"功能系统臭名昭著的扩张倾向——世界的政治化、经济化、法律化、传媒化、医疗化,确实显示了难以抑制的发展动力,其程度在每个功能系统中或高或低。……在全球涡轮增压资本主义的背景下,经济系统正在赢得自己的胜利,同时也遭遇自己的失败。"④

与资本主义国家不同,在社会主义国家,由于国家缔造的主体和过程不同,主导国家的力量也不一样。具体到我国,由于特殊的政治经济现实,中国现代国家形成的关键在于"动员人民的力量,重写政治竞争的规则,并加强国家对于社会及经济的控制"⑤。在新中国创建和建设过程中,资本从未取得像在资本主义国家那样的地位和影响力,相反,政党和人民才是国家的主导力量。不过,随着我国经济改革的推进,资本获得了生存和发展的机会,资本的积聚和集中效应日益凸显,少数企业和个人掌握了巨额财富,成

---

① 赵鼎新:《社会与政治运动讲义》(第二版),社会科学文献出版社2012年版,第288—296页。
② 〔美〕曼瑟·奥尔森:《国家的兴衰:经济增长、滞胀和社会僵化》,李增刚译,上海人民出版社2017年版,第36—56页。
③ 〔美〕乔尔·S.米格代尔等主编:《国家权力与社会势力:第三世界的统治与变革》,郭为桂等译,江苏人民出版社2017年版,第196—233页。
④ 〔德〕贡塔·托依布纳:《宪法的碎片:全球社会宪治》,陆宇峰译,纪海龙校,中央编译出版社2016年版,第93—98页。
⑤ 〔美〕孔飞力:《中国现代国家的起源》,陈兼、陈之宏译,生活·读书·新知三联书店2013年版,导论第1页。

为"资本大鳄"。

当资本规模小而分散时,其力量难以显现,对经济、政治、社会、文化等的影响微不足道。但是,随着资本不断积聚和集中,资本的影响力在广度和深度两个方面都显著提升。在迈克尔·曼的权力理论中,经济权力具有独特优势,它能够把深入性与广泛性权力结合在一起,还能把权威性和弥散性权力结合起来,"经济权力关系以最有序的方式渗透到最大多数人的生活中,而我们绝大多数人每天都花三分之一的时间为此而奔波"[①]。

在强国家—弱社会的基本格局下,社会经济权力的扩大虽不会从根本上动摇国家权力的支配局面,但是必然会与国家权力产生紧张关系和冲突。面对这种现实威胁和潜在风险,国家通过把资本无序扩张"安全化"[②]的方式予以回应。资本无序扩张的种种乱象对于启动安全化过程起到了催化作用。"安全化"的意义在于提高该项议题的政治优先级别,从而可以采取超常规方式予以应对。基于统筹发展和安全的基本原则,防止资本无序扩张不是不允许资本扩张,而是要给资本扩张"立规矩""设红绿灯",以此来缓解资本与政治社会的紧张关系,确保党对资本力量的领导权,维系国家和社会的内聚力。

二、资本无序扩张的现实表现与风险分析

在当下中国,资本的力量在平台经济中最为直观地呈现。头部平台企业动辄拥有数百亿、千亿的资产,连接和服务的用户数达上亿甚至十几亿之多,其影响力或经济权力在广泛性、深入性、权威性和弥散性四个维度都极

---

① 〔英〕迈克尔·曼:《社会权力的来源(第三卷·上):全球诸帝国与革命(1890—1945)》,郭台辉等译,上海人民出版社2018年版,第12页。

② 关于"安全化"理论的系统论述,参见巴瑞·布赞、奥利·维夫、迪·怀尔德:《新安全论》,朱宁译,浙江人民出版社2003年版,第29—36页。

为显著。超级平台的资本力量还表现在受到资本市场的狂热追捧,拥有千亿甚至万亿美元的市值和遍布世界的投资者。平台经济的整合能力和动员能力极为惊人,使经济社会经历了"去中心化"和"再中心化"的过程,形成以平台为中心的所谓"社会权力中心"。加之平台之间还不断进行资本运作,如并购、共同投资、交叉持股等,进一步扩展了平台权力的广度和深度,形成越来越庞大和封闭的权力结构。① 研究者把数字资本主义的现状比喻为大型数字企业之间的霸权之争,这种斗争的基础是从人类劳动中强制获取价值,必将加强对劳动的控制并据此建立人类劳动剥削的新模式。②

由于所有的平台企业都不断招揽一流人才,积极研发运用最前沿的技术,使得平台企业不仅掌握经济权力,还掌握着知识权力。凭借其资本、技术、市场、知识、人才等综合优势,平台企业相对于很多传统企业尤其是中小企业是一种"碾压式"的存在。当平台企业决定向某一传统领域扩张时,往往是势如破竹,无往而不胜。平台企业名义上属于私人企业,但对于其服务的用户和广大消费者而言,事实上拥有规则制定权、"执法权"和纠纷裁决权。在此情形下,如果缺乏有效规制,平台企业很容易走向无序扩张道路,以便追逐更多利益。

事实也是如此,在宽松监管环境下成长起来的平台企业,在获取资金、技术和市场优势之后,迫不及待地走向了无序扩张的道路。过去几年,我们越来越多地看到平台企业的无序扩张趋势和具体表现,造成限制竞争、赢者通吃、价格歧视、泄露隐私、损害消费者权益、风险隐患积累等一系列问题。③

在更广泛的方面,平台企业及其背后资本主导的流量经济,对公共舆论、大众娱乐等造成严重异化。平台企业的非正式用工、员工过度加班等问题,引起广泛关注、不满和抗议。平台企业为拓展市场进行的"烧钱大战",造成了惊人的资本和财富浪费,而这些财富很多并非平台企业的自有资金,而是通过各种渠道来自金融机构和社会。平台经济扩张给一些传统经济造

---

① 方兴东、严峰:《网络平台"超级权力"的形成与治理》,载《人民论坛·学术前沿》2019 年第 14 期。
② 〔德〕菲利普·斯塔布、奥利弗·纳赫特韦:《数字资本主义对市场和劳动的控制》,鲁云林译,载《国外理论动态》2019 年第 3 期。
③ 《中央财办负责人解读强化反垄断和防止资本无序扩张》,https://m.gmw.cn/baijia/2020-12/19/1301957380.html,2023 年 6 月 19 日访问。

成毁灭性打击,导致很多中小企业破产,增加了失业、贫困问题。由于平台企业对国外设施和技术的依赖,以及内外交织的复杂股权结构,其所蕴含的国家安全风险也日益引人关注。作为一种"破坏性创新",平台经济的破坏性一面逐渐浮出水面,负外部性问题越来越引人关注。

平台经济乱象只是资本无序扩张的一种表现形式,除此之外,资本无序扩张在很多领域也有表现。例如,在粮食和食品安全领域,尽管经历了多年的严厉整治,仍然不时出现重大问题和隐患。再如,在房地产领域,资本的集中效应明显,无序扩张问题也尤为突出,"房住不炒"的要求迟迟得不到落实,很多头部房企一方面背负巨额债务,另一方面进行无序扩张,盲目进入不熟悉的领域,甚至将大量资本转移到境外。再如,新冠疫情背景下,各路资本大举进入教培行业,投入巨额资源进行广告宣传和恶性竞争,在增加家长和学生负担的同时加剧全社会教育焦虑,把良心的行业变成逐利的产业。在医疗健康领域,资本大肆制造颜值焦虑、健康焦虑。在科技创新、文化娱乐等其他领域,资本无序扩张现象也有显著表现。

对我国而言,资本无序扩张的后果不仅表现在经济社会方面,如果不能有效规制,最终必将触及一些根本性议题。因此,应从现实层面看到资本无序扩张的危害,更应从风险角度审视放任资本无序扩张的可能后果,强化对资本无序扩张的风险治理。"风险治理是实现安全稳定的基础性、前瞻性工作,也是实现安全稳定最经济、最有效的手段。"①关于风险治理的必要性和系统性,习近平总书记曾有精当论述:"各种矛盾风险挑战源、各类矛盾风险挑战点是相互交织、相互作用的。如果防范不及、应对不力,就会传导、叠加、演变、升级,使小的矛盾风险挑战发展成大的矛盾风险挑战,局部的矛盾风险挑战发展成系统的矛盾风险挑战,国际上的矛盾风险挑战演变为国内的矛盾风险挑战,经济、社会、文化、生态领域的矛盾风险挑战转化为政治矛盾风险挑战,最终危及党的执政地位、危及国家安全。"②

从风险角度,可以将资本无序扩张的可能后果概括为几个方面:第一,在经济层面,资本无序扩张将扭曲资本的投资方向,造成资本的极大浪费,

---

① 钟开斌:《重大风险防范化解能力:一个过程性框架》,载《中国行政管理》2019年第12期。
② 中共中央党史和文献研究院编:《习近平关于防范风险挑战、应对突发事件论述摘编》,中央文献出版社2020年版,第8页。

危害市场秩序和竞争秩序，危害消费者权益，造成破产、失业和贫困，加剧经济不平等，最终将导致经济的停滞和倒退。第二，在社会层面，资本无序扩张在粮食、食品、住房、教育、卫生等领域造成各种乱象，抬升生活成本，制造社会焦虑，加剧社会不信任，破坏社会团结和凝聚，激化社会矛盾。第三，在思想文化层面，资本无序扩张助长消费主义、泛娱乐主义，消解正统价值观，腐蚀青少年心灵，助长享乐主义、奢靡之风。第四，在政治层面，资本无序扩张影响国家战略政策落实，"围猎"政治代理人，削弱执政根基，侵蚀公众政治信任，最终危及政权安全和制度安全。

三、资本无序扩张的治理难题

资本无序扩张作为一个关系范畴，包含资本和权力两个关键要素，同时还关联自由、平等等基本范畴，内涵非常丰富。防止资本无序扩张作为一项复杂任务，因牵涉因素众多，带有非常鲜明的系统性、复杂性、模糊性特点。与确定性任务相比，模糊性任务的执行和监管都面临特殊困难。

随着政治经济社会环境以及政府组织的复杂化，在国家治理过程中，模糊性任务早已不是偶然或非常规现象，而成为一种经常性、常规性任务。公共管理研究认为，公共部门任务模糊化转变的原因包括：伴随发展而逐渐增加的治理任务以及任务环境的复杂性、不断触发的新任务议程、公权力介入复杂系统所带来的必然结果。① 防止资本无序扩张作为一项模糊性任务，其模糊性主要来自以下方面：

第一，防止资本无序扩张是将资本无序扩张"安全化"之后产生的一项新的政治任务，这一任务固然具有重要性和紧迫性，但并不具有唯一性，必须要与其他任务保持协调和均衡。这也就意味着，其他议程或新的政治议

---

① 肖芸、赵俊源：《任务模糊性视角下科层制变革的不同走向——基于前沿文献的评析》，载《公共行政评论》2019年第2期。

程可能影响其优先级别,从而使这一任务的落实存在一定程度的不确定性。

第二,从党和国家事业大局角度,必须支持和鼓励民间资本继续发展壮大,才能进一步增加国民财富,增强国家力量,建成繁荣稳定的社会主义现代化强国,实现中华民族伟大复兴。这也就意味着,防止资本无序扩张包含了"防止"和"促进"的对立统一,既要防止资本无序扩张,也要促进资本有序扩张。防止资本无序扩张必须按照"统筹发展和安全"的基本原则来操作,既要防止资本无序扩张造成的安全和发展风险,也要警惕矫枉过正,避免资本有序扩张的意愿受到过度抑制而引发更大范围的安全和发展风险。

第三,"无序"作为界定资本扩张的修饰性概念,本身具有较大模糊性,其内涵难以把握。在政策文本里,经常出现模糊性概念,有些重要文本追求"战略性模糊"。模糊性在法律中也有体现,有人甚至认为,模糊性是法的绝对属性,确定性只在相对意义上存在。①

第四,我国经济制度和法律体系允许资本所有者依法开展投资和经营活动,很多从风险视角应当防控的资本无序扩张行为,可能并未违背现有经济制度和法律法规。在具体操作层面,对资本无序扩张的判定需要进行较为复杂的风险分析和利益权衡,并没有确定性答案,甚至存在尖锐对立和分歧。

第五,防止资本无序扩张是一项复杂的系统工程,涉及中央与地方、各部门之间的职责分工和职权配置。现实中资本无序扩张现象愈演愈烈表明,中央与地方、各部门之间的职责分工并未明确划定。鉴于防止资本无序扩张作为一项任务的系统性、复杂性,如何进行纵向和横向的权责配置也不会有完美方案。

第六,资本无序扩张背后往往经济政治利益交织,监管层可能被"围猎"和"俘获",需要对监管者实施再监管。基于对导致资本无序扩张之原因的不同认知,有人认为应重点监管"资本",有人主张应重点监管"权力",监管重心难以聚焦。

第七,防止资本无序扩张的本质是政治权力与经济权力的互动,是运用公权力介入经济系统的一个复杂事项,存在较大决策风险,可能在解决问题

---

① 陈云良:《法的模糊性之探析》,载《法学评论》2002年第1期。

时带来新的问题,需要不断进行政策调适,进一步加剧复杂性和模糊性。

　　模糊性任务给国家治理带来挑战,实现有效治理必须不断完善治理体系,创新任务执行模式和监督管理机制。研究表明,模糊性任务的完成既要利用科层制的优势,也应注意到科层制的弊端。在科层制下,由于模糊性任务难以达成,或工作成效难以显现,地方政府倾向于采取常规化、指标化、形式化等行动策略来转化任务性质、确立任务竞争指标、扩大任务成效以争取上级的认可和肯定。① 对于国家而言,地方政府这种行动策略对于任务的完成或许有一定助益,但也可能只是表面上完成,并未达到预期目的和真实效果。

　　针对模糊性任务不断增加的事实,国家也在不断探索模糊性治理的经验和规律。一项关于模糊性治理的实证研究发现,相对于确定性治理,模糊性治理在任务目标设定、检查验收、评估激励等方面都有显著不同,由此形成"问责总领"的治理模式,给我国央地关系注入新内涵。② "问责总领"治理模式的核心要义是强化中央对模糊性任务完成情况的监督和问责,对于防止资本无序扩张具有重要启发意义。

　　从防止资本无序扩张的近期政策举措和行动来看,我国还有另外一项重要的治理经验,即政治动员。大量研究认为,政治动员是中国政治的显著特征。中国共产党主导的政治动员不仅缔造了新中国,也全面影响了中国的政治、经济和社会建设。改革开放时期,以"运动式治理"为代表的政治动员在社会治理中发挥着重要作用。中国共产党"政治动员程度之高,效果之彰,是近代历史上所有政治运动与政治制度所无法比拟的"③。早在延安时期甚至更早时期,中国共产党就形成了政治动员的成熟经验和宝贵传统,并一种延续至今。

　　政治动员是一种与科层制并驾齐驱的权力技术,有助于解决科层制无法解决的问题。政治动员有助于发挥我国举国体制优势,在解决突发事件、重大棘手问题时尤其能够发挥作用。当资本无序扩张现象在一些重点领域

---

① 李妮:《模糊性政治任务的科层运作——A县政府是如何建构"创新"政绩的?》,载《公共管理学报》2018年第1期。

② 何艳玲、肖芸:《问责总领:模糊性任务的完成与央地关系新内涵》,载《政治学研究》2021年第3期。

③ 李强:《后全能体制下现代国家的构建》,载《战略与管理》2001年第6期。

愈演愈烈,国家要求防止资本无序扩张的政治指令在执行中一再遭遇抵制和扭曲时,政治动员再一次出场并表现出其治理优势。过去几年,党和国家不断强化防止资本无序扩张的政治动员,在互联网金融、平台经济、资本市场、房地产行业、教培行业等重点领域掀起防止资本无序扩张的重大行动。在强有力的政治动员之下,资本无序扩张的态势初步得到扭转,资本在此过程中也付出了惨痛代价。不过,政治动员是一种高成本的治理,虽然效果显著,但不宜作为常规治理手段。彻底解决资本无序扩张问题,需要综合运用确定性治理和模糊性治理的经验,探索更加行之有效的治本之策。

四、资本无序扩张的检察治理机制

鉴于资本无序扩张的现实危害和潜在风险,党和国家高度重视防止资本无序扩张工作。2020年12月11日,中共中央政治局分析研究2021年经济工作,要求强化反垄断和防止资本无序扩张,促进房地产市场平稳健康发展。2020年12月18日,中央经济工作会议把强化反垄断和防止资本无序扩张列为2021年经济工作的八项重点任务之一。2021年8月30日,中央全面深化改革委员会第二十一次会议审议通过《关于强化反垄断深入推进公平竞争政策实施的意见》,强化反垄断和防止资本无序扩张从年度性任务升级为中长期任务。此外,国务院、中国人民银行、市场监管总局、证监会等先后就防止资本无序扩张作出表态和部署。

资本无序扩张的"安全化"为检察机构介入资本无序扩张治理活动提供了合法性依据。根据《中华人民共和国国家安全法》(以下简称《国家安全法》)和《中国共产党政法工作条例》,检察机构是维护国家安全的法定主体,承担防范、制止和惩治危害国家安全活动的职责。2021年8月30日,中央全面深化改革委员会第二十一次会议强调,要加大监管执法力度,加强平台经济、科技创新、信息安全、民生保障等重点领域执法司法。

在中央强有力的政治动员之下,目前我国针对"资本"的行政监管力度已经显著加强,一改以往有关部门不愿管、不敢管、不善管的状况,初步遏制了资本在一些重点领域无序扩张的势头。不过,对于长期以来监管机构的失守,还需进行深刻反思和制度性改进。如果不能在"权力"维度进行必要调适和完善,一旦来自中央的政治动员力度有所减退,监管缺失的局面可能再次出现,资本无序扩张也可能再次卷土重来。

从资本无序扩张的治理过程来看,行政监管和动员式治理主要集中于整个治理链条的中端和末端,更多地体现为"应对"资本无序扩张问题,而不是从源头"防范"资本无序扩张。鉴于资本无序扩张的危害之复杂性、系统性,相对于中端和末端治理,更应加强前端治理,从源头防范资本无序扩张。换句话说,从有效性维度来说,推进防止资本无序扩张应将风险治理作为优先路径。风险治理不仅在有效性上具有突出优势,还更加契合法治原则,能够避免事中强监管和事后动员式治理的政策风险,因而是一种值得尝试的治理模式选择。

由于检察机构在我国国家体制中的独特地位和特殊职能,在针对资本无序扩张的风险治理和依法治理方面,检察机构能够发挥特殊作用。第一,与自上而下强有力的动员式治理相比,检察机构对资本无序扩张的治理可以以更加低成本、常规化、法治化、少惊动或不惊动市场的方式进行,避免矫枉过正,降低政策风险。第二,与行政监管相比,检察机构作为"公共利益的代表",作为相对超脱的国家机构,更能避免资本的"围猎"和"俘获",克服部门主义和地方主义的影响,从国家整体利益和社会公共利益角度分析资本无序扩张的危害和风险,在风险演化的早期阶段就采取行之有效的治理措施。相对于事中的强监管与事后的惩治和问责,风险治理环节更适宜采用柔性法律机制。

(一)风险评估。对于防止资本无序扩张这一模糊性任务的完成,风险评估具有基础性意义。只有在准确评估风险的基础上,才能设定合理的任务目标。资本无序扩张作为一种重大风险,带有系统性、整体性、复杂性、动态性、传导性等特点,单靠某一监管部门无法做到准确全面评估。检察机构作为"公共利益的代表",能够在风险评估方面发挥重要作用。"法律系统不只经由政治系统,还直接通过司法机构的需求直面风险问题。"①我国食品安全风险评估制度具有借鉴意义。成立于2011年的国家食品安全风险评估中心没有设置在食品安全市场监管部门,而是设置在守护国民健康的国家卫生健康委员会,其职责包括食品安全风险监测、风险评估、标准管理等。对于资本无序扩张风险评估而言,检察机构更能够代表国家整体利益进行风险的识别和评估。根据《国家安全法》第56条,资本无序扩张风险评估制度可以作为国家安全风险评估机制的重要组成部分,最高人民检察院可以定期向中央国家安全领导机构提交重点领域资本无序扩张风险评估报告。

(二)公益诉讼与行政检察。资本无序扩张作为一种蕴含系统性风险的行为,在广度和深度上都有一个或快或慢的演化过程。在资本无序扩张的早期阶段,其负面影响就会以利益冲突和矛盾纠纷的形式表现出来。在资本无序扩张可能发生的诸多领域,当无序扩张行为开始从零零星星向多点爆发转变时,检察机构可以积极运用公益诉讼权,及早介入相关冲突和纠纷的治理,以相对柔性的方式对尚未普遍化的扩张趋势予以遏制,实现早期防控的效果。例如,在粮食和食品安全领域,检察机构积极开展公益诉讼工作,取得显著成效。此外,检察机构还可以在资本无序扩张的重点领域积极开展行政检察工作,督促相关主管部门更加积极履行监管职责。

(三)企业合规。企业合规作为一种源头治理机制,对于防止资本无序扩张具有重要制度价值。综合来看,在防止资本无序扩张的诸多治理机制中,由政府推动的企业合规改革是一种具有巨大潜力的柔性助推机制,在防止资本无序扩张上可以产生"化消极为积极"的作用。诺贝尔经济学奖获得者塞勒的助推理论认为:"若要称得上助推,则必须使副作用降到最小,甚至可以轻而易举地避免副作用。"②从防止资本无序扩张的政策风险角度来说,相对于运动式治理、事中制止以及事后惩治,企业合规对资本正常扩张的干预相对较小,政策风险将显著降低。企业合规有广义和狭义之分。检察机构在推进基于犯罪的企业合规改革之外,可以选取资本无序扩张的一些重点领域,例如粮食、食品、经济、金融、能源、教育等,与有关主管部门合作,更

---

① 〔德〕尼克拉斯·卢曼:《风险社会学》,孙一洲译,广西人民出版社2020年版,第246页。
② 〔美〕理查德·塞勒、卡斯·桑斯坦:《助推:如何做出有关健康、财富与幸福的最佳决策》,刘宁译,中信出版集团2018年版,第7页。

早参与企业合规建设,从源头和早期防范资本无序扩张风险。

(四)跨部门协作。"处置风险要求人们具备全局观和协作精神,这种协作越过了一切精心设置和维护的边界。"①资本无序扩张风险的系统性、整体性、传导性要求进行跨部门的合作治理。围绕现实中资本无序扩张的重点领域,检察机构可以与相关主管部门建立常态化协作机制,定期研讨各领域资本无序扩张态势,必要时采取跨部门的专项治理行动。也可以向资本无序扩张较为严重的领域派驻检察,推动相关部门更早更好地防范资本无序扩张。

在总体国家安全观视域下,资本无序扩张是新时代国家安全领域的重大风险,也是一个风险综合体。资本无序扩张涉及粮食安全、能源安全、经济安全、金融安全、意识形态安全等诸多安全领域,防范不力将造成严重危害后果。防止资本无序扩张应坚持统筹发展和安全,采取风险治理模式。资本无序扩张的具体形态和涉及领域多种多样,但其共同特征是都会严重危害国家利益和社会公共利益。百年变局加速演变背景下,我国发展和安全面临的内外环境日益复杂,国家安全工作在党和国家事业全局中的地位进一步提升。当前,世界粮食和食品危机日益深化,资本无序扩张在其中扮演了重要角色。我国在维护和塑造粮食和食品安全时,应把防止资本无序扩张作为重要任务。检察机构作为"公共利益的代表",应当树立能动司法观念,立足检察本职工作,创新检察惩防机制,积极参与粮食和食品领域资本无序扩张治理,不断提升维护粮食和食品安全的能力。

---

① 〔德〕乌尔里希·贝克:《风险社会:新的现代性之路》,张文杰、何博闻译,译林出版社 2018 年版,第 77 页。

第四篇　教育改革背景下《中华人民共和国教师法》修改中的若干问题研究

周海源

2021年11月29日,教育部发布公告,就《中华人民共和国教师法(修订草案)(征求意见稿)》(以下简称《教师法(修订草案)(征求意见稿)》)面向社会公开征求意见。《教师法》的修订是落实中央关于教师工作的决策布局、推进教育体制深入改革、破解教师队伍建设热点难点问题和提升教师获得感的重大举措,征求意见稿在教师职责、权利、行为规范、履职保障等方面创设了大量新制度,全面提高了教师队伍思想政治素质和师德师风要求,也对教师权益提供了全面保障。这部法的修改将对加强党对教育工作的全面领导、深化教育体制尤其是学校内部管理和教学管理等机制改革、激发教育事业发展生机活力、打造高水平师资队伍、健全立德树人落实机制产生深远意义。当然,《教师法(修订草案)(征求意见稿)》还存在一些亟待解决的问题,教育改革的深化推进,需要在《教师法(修订草案)(征求意见稿)》基础上,进一步优化完善教师管理机制。

一、《教师法(修订草案)(征求意见稿)》的主要内容

《教师法》是教育法领域的基础性立法,涉及的范围非常广泛,要解决的问题很多,难度远非《学前教育法》修改可及。本次《教师法》修改的目标有三:一是适应中央关于教师工作的决策布局。2018年党中央、国务院印发了《关于全面深化新时代教师队伍建设改革的意见》,这个文件对教师管理体制改革提出了诸多新要求,需要通过法律的形式予以落实。二是适应教育改革形势。《教师法》颁布实施已经将近30年,我国的教育和教师面貌发生了巨大变化,无论是教师的数量还是教师的层次结构,都有巨大的变化。目前,全国已经有1700多万名教师,拥有全世界最大的教师队伍。在此期间,我国进行了一系列的改革,比如提高了教师准入的学历门槛,实行了教师师资定期注册制,事实上形成了教师从业禁止制度等。这些改革成果一方面需要在法律上予以确认,同时也需要通过立法加强制度供给,进一步为改革的深入保驾护航。三是依法破解教师队伍建设中的热点难点问题。教师工作的社会关注度高,也是发生矛盾纠纷的重要领域,教师评估体系的建构需要加强顶层设计,需要把实践中成熟的改革经验上升为法律规范,为推动教师高质量发展提供坚实保障。为回应这些问题,十三届全国人大在2021年的一项重点工作就是审议国务院关于教师队伍建设和《教师法》修改的报告。在此基础上,《教师法(修订草案)(征求意见稿)》主要从以下几个方面进行了修改:

(一) 坚持对标导向,着力建设高质量的教师队伍

本次《教师法》的修订,既贯彻落实中央指导文件精神,也贯彻习近平总书记关于加强教师队伍建设一系列的重要指示批示精神。习近平总书记提的"九个坚持",其中一个坚持就是关于教师队伍的定位,即建设高素质、专

业化、创新型教师队伍为基本目标。这次《教师法》修改的重点就是教师队伍建设的质量问题，建设一支高素质专业化创新型的教师队伍，这也是中央文件确立的基本目标。按照这个目标，这次法律草案中，一是加强了党的全面领导，坚持中国共产党对教师队伍建设的全面领导，坚持把教师队伍建设作为基础工作，同时坚持提高教师的政治地位、社会地位、职业地位。

二是明确了新时代教师的职责使命，规定于第3条中。这次修改进一步体现了教师的职责使命，教师承担着为党育人、为国育才、立德树人、培养德智体美劳全面发展的社会主义建设者和接班人，提高民族素质的崇高使命。同时将有理想道德、有理想信念、有道德情操、有扎实学识、有仁爱之心，忠诚于党和人民的教育事业作为教师的根本性要求。

三是突显了尊师重教的导向。即国家要建立教师荣誉表彰制度，健全相应的表彰体系。同时，强调全社会尊重教师。

四是提高对教师专业素质的要求。这次法律草案提高了教师资格的学历学位和专业要求，对教师资格类型作了整合，主要是幼儿园教师的学历门槛提高到了学前教育专业专科或者其他相关专业专科及以上。中小学教师资格统一为师范专业本科或者相关专业本科及以上，并取得相应的学位。现在明确取得教师资格需要参加国家教师资格考试，这是第17条和第18条的规定，强化教师培训和积极教育。

五是强化师德为先，育人为本。把师德要求贯穿了教师的全过程，在教师准入、职务聘用、信息考核、年度考核中，分别强调师德要求，规定于第28、第29、30条。教师奖励表彰要突出师德师风，强化价值引领，也明确了违反师德要有处分，以及相关情景等。

（二）坚持问题导向，着力破解实践中的突出问题

本次草案围绕着教师队伍建设中反映突出，并且需要从法律制度层面解决即顶层设计的问题，着力进行了制度创新，提高立法针对性。大概有如下几方面的问题：

一是针对实践中各学段教师职责任务、从业特点，难以统一规范的问题，按照《关于全面深化新时代教师队伍建设改革的意见》（即四号文件）的要求，明确国家建立相应管理体制，强调坚持分类管理，协调发展，（参见第6

条)。这体现在教师队伍是一个整体概念,教师队伍里面既有中小学教师,又有职业教育教师,职业教育教师又区分专业课和一般知识课的教师,还有高校教师。教师的从业特点和职责不一样,这次专门作了分类管理,比如规定了公办中学教师是国家公职人员,高校教师结合自身的特点,专门设定了权利义务,并且在招聘、岗位聘任、薪酬制度方面作出特别规定。高校教师的薪酬水平要体现以知识为导向的价值,给予高校教师薪酬宽泛的权利,结合高校教师的特点设立了专门的权利义务。

二是针对教育新形态的出现、教师范畴方面的变化,第2条规定本法适用的教师是全覆盖的。原来《教师法》中的教师是指公办学校或者事业单位的人员,现在的教师概念更加专业化,突出专业属性。随着教育业态的变化,教师的范畴也发生变化。凡是承担教育教学任务的人都是教师。对公办学校和民办学校的教师,除了事业单位的聘用、待遇保障个别事项外不作区分,都是统一适用。对校外培训机构从事教育教学的人员和外籍教师,在第55条和56条也作了规定。

三是针对教师结构不合理、资源配置不均衡的问题,现在规定招聘教师应该按社会规范进行,体现兼顾学科、性别,优化教师队伍的结构。笔者认为,中小学教师中女教师的比例偏高,这已经是社会关注的问题,是可以调整的空间。另外教育行政部门负责义务教育教师队伍的统筹,可以定期组织教师交流转岗,合理配置教师资源。

四是针对实践中发生的违背师德问题,明确了教师的履职要求。明确规定教师履行公共职权时应该公平公正。同时也规定了幼儿园和中小学教师有积极保护救助未成年学生的特别义务。第19条规定了教师入职信息的查询制度和从业纪律。另外,对于师德问题增加了一些相对应的条款。

五是针对中小学教师待遇保障不健全的问题,第37条规定,国家分类建立教师工资保障机制,强调中小学教师、幼儿园教师平均工资收入水平应当不低于或高于当地公务员的平均工资水平。绩效分配方面也明确原则,多劳多得。

六是针对教育相对弱化,难以吸引优秀青年从教的问题。这次草案对公费师范生制度在立法上作了确认,规定国家要建立起以师范院校为主体、高水平非师范院校参与的教师培养体系。第32条规定,师范生公费教育制度法定化。希望师范教育能吸引到更多优秀青年,最优秀的人去教最优秀的孩子。

七是针对教师管理中能进不能出,以及临聘教师法律地位的问题。这次草案中明确建立了教师资格证书的定期注册制和教师聘期考核制度。注册条件不合格,不予以注册,不予以续聘。同时,第27条规定,县级人民政府也可以在公办学校临时聘用具备教师资格人员承担教育教学任务,教育部门可以统筹。

(三) 坚持效果导向,着力提升教师获得感

这次草案考虑到《教师法》最重要的目的之一是要保护教师的合法权益,让教师有获得感,鼓舞和激励广大教师从教乐教。

一是健全了教师的荣誉体系,设立了国家教师节,规定各级人民政府有关部门应该健全相应的教师奖励表彰体系,明确各级人民政府都要设立相应的教师表彰体系,健全教师荣誉体系。

二是扩增了教师职业权利。既确认了教师教育惩戒的权利,又专门增加了教师有开展课程研发、科研成果转化,并获得收益的权利。同时规定高校教师可以兼职。

三是扩展了教师发展通道。第22条规定,中小学、幼儿园教师初级和中级职务可以不受岗位限制,根据年限按规定晋升。拓展教师发展通道还有一条,即第25条规定,县和设区的市级教育部门可以设置专门负责中小学、幼儿园教育管理的专业技术岗位,可以优先从教师中调任或者录用,管理的专业化据此可以得以保障。

四是提高教师收入水平,第37条、第38条都作了相应的规定。其中对高校专门作了规定,高校利用专项基金自主设置岗位,可以不受岗位设置标准和总量限制,鼓励高校争取社会基金。

五是完善了教师的待遇保障,第41条、42条、44条作了相关规定。明确规定各级人民政府要建设农村中小学教师的中转宿舍,解决现实问题。

六是突出教师履职保障。第45条专门规定教育部门为教师履职提供必要的保障,其中包括要保障教师尽心教学。

七是强化教师的权益救济。这体现在第49条、50条中。当然也有两

方面问题还需要进一步研讨。一方面关于教师法律地位问题,这次法律规定公办学校的教师属于国家公职人员,这条规定来源于中央文件。其中存在的法律问题在于,没有相关法律法规规定国家公职人员的权利义务,将公办学校的教师作为国家公职人员能否实质落地。另一方面是关于教师的职务制度,中学教师不受岗位限制,这和现行人事制度管理还是有点矛盾的。

二、《教师法(修订草案)(征求意见稿)》的专家意见梳理

在教育部政策法规司召开的数次研讨会中,以及在相关学术期刊和媒体中,学界对《教师法》(修订草案)(征求意见稿)进行了广泛讨论,对诸多条款提出了完善建议。

(一) 关于《教师法》的立法精神、总体要求和立法用语

其一,《教师法》的立法精神。复旦大学熊庆年教授提出,《教师法》总体上对教师提出要求的条款比较多,而对教师权利的保障不足,《教师法》的主要目的和内容应当是保障教师的基本权利。上海市北桥中学校长梅宝红认为,《教师法》应重点关注教师减负问题。华东师范大学姚荣教授认为,《教师法》应体现学术自由与学术义务的统一。

其二,《教师法》制定的总体要求。华东政法大学杨忠孝教授认为,《教师法》的制定要处理好其与《教育法》《高等教育法》等法律规范的关系,处理好教师培养、教师身份、教师管理和教师退出等方面的法律关系,尤其要细化对教师的分类管理规定,在分层分类的基础上对教师权利义务进行精准化界定;同时也要处理好《教师法》制定实施过程中中央与地方、立法权与行政权的关系,为教育行政部门和地方政府提供适度作为空间。复旦大学熊

庆年教授提出,《教师法》作为全国人大制定的法律,对很多问题不宜规定过细,如第 22 条规定的职务制度通过相关实施细则设定即可,不宜规定于法律当中。第 24 条规定高校教师招聘应当坚持兼容并包的原则,高校教师招聘属于高校办学自主权利的范畴,立法没有必要进行过细规定。华东师范大学姚荣教授认为,把《教师法》定位为行政法,可能忽视了教师管理过程中的私法关系和公法关系。

其三,立法用语的准确性。复旦大学熊庆年教授提出,该法第 4 条提出要提高教师的政治地位、社会地位、职位地位,上述三个概念并不是并列的。第 10 条第 3 款规定继承和弘扬中华优秀传统文化、革命文化和社会主义先进文化,革命文化和社会主义先进文化存在包容关系,不宜并列。第 46 条规定的"科学研究"应改为"学术研究"。上海交通大学李学尧提出,"设区的市或者有条件的县应当设立中小学教师发展机构"可改为"县级市必须设立中小学教师发展机构,有条件的县应尽可能设立中小学教师发展机构"。第 4 条第 2 款规定的是政府的职责,不是法律原则,应从法律原则条款中移出。第 9 条第 1 项规定的"自主开展教育教学活动"改为"依法自主开展教育教学活动";第 3 项规定的"教育惩戒"改为"必要的教育惩戒";第 6 项中的"获得相应权益"改为"依法获得相应权益"。

(二) 关于教师的权利义务

上海市教科院高教所所长董秀华教授提出,《教师法》规定的教师权利是作为群体的教师的权利还是作为个体的教师的权利,这需要予以明确。李学尧教授提出,适当兼职是不是权利并不明确,建议从征求意见稿中删除。华东师范大学张惠红教授提出,该法第 10 条第 5 款规定的"批评和抵制有害于学生健康成长的现象"的义务与第 12 条规定的中小学教师特别义务有所重合;第 12 条规定中小学教师的特别义务,忽略了高职教师也应承担同样的义务;第 14 条规定高等学校和职业学校的教师有进行学术探索、技术创新的权利,忽略了其他教师也应享有同样的权利。

(三) 关于教师从业规制

在教师资格取得方面,华东政法大学邹荣教授提出,在教师资格考试环节,相比于会计师考试、律师考试,教师资格考试的体系性相对较差。实践中,教师的类别多样,也需要依不同情况进行分级,《教师法》在教师资格考试环节应适当体现分类分级管理的思路,为实施细则完善分类分级管理制度提供依据。另外,针对申请教师资格证的候选人,学校没有能力对其政治立场、道德素养等背景问题进行调查,除教育主管部门调查外,还应设立第三方调查制度。董秀华教授提出,考虑行业自治的发展趋势,教师资格认定机制也可引入第三方认证制度。

在教师学历方面,董秀华教授指出,将中小学教师的学历提升为本科,这在中西部地区尤其是农村地区难以得到全面执行。上海师范大学马英娟教授提出,《教师法》应体现"破五唯"的要求,硬性规定高等学校教师需要硕士以上学历与这一要求不符。李学尧教授认为,各类教师的学历门槛过高。上海市教委政策法规处李进付副处长提出,《教师法》把学历标准的调整权限赋予教育部,但地方教育行政部门更了解当地师资情况,由省级教育行政部门行使这一权力更为合适。上海市唐镇中学校长柏月萍提出,《教师法》规定取得中小学教师资格必须具备师范专业本科或其他相关专业本科学历,这个专业范围太小,实际上有很多优秀教师并不一定具备师范专业本科或其他相关专业本科学历,且学生课外科学活动的开展更要求具有多学科背景的教师队伍。

在从业限制方面,马英娟教授提出,《教师法》应将师德失范行为划分为不同层次,并按行为的严重性分层次配置批评教育、谈话、责令检查、取消教师资格等限制措施;严重酗酒不宜作为禁止取得教师资格的事由。行使从业禁止认定职权的机关和职权的行使程序等也应当在《教师法》中予以系统设计。李进付提出,该法中的"严重酗酒"缺乏明确的判断标准,不宜作为禁止取得教师资格的事由。另外,该法规定新教师试用期为一年,这与《劳动合同法》相冲突。当然,特别法可以存在与一般法不一样的规定,但一年试用期的设置还需要强化论证。

(四) 关于中小学教师的公职人员身份

邹荣教授提出,《监察法》和《国家公职人员政务处分法》规定的公职人员并不包括普通教师,《教师法》将中小学教师规定为公职人员,这需要跟

《监察法》对接,并需要明确其是否需要承担《监察法》中公职人员的义务。另外,幼儿园教师和高校教师不列入公职人员范围,造成了其与中小学教师身份上的区别,这种区别的立法理由需要予以充分论证和说明。董秀华教授提出,实践中,幼儿园教师的资质和小学教师的资质有打通的需要,将中小学教师界定为公职人员需要兼顾幼儿园教师资质和小学教师资质互通的问题。梅宝红认为,将中小学教师规定为公职人员的目的是促进教师轮岗,长远来看可能影响学校培养本校教师的积极性。

(五)关于外籍人员的教师资格

邹荣教授提出,第56条授权国务院教育行政部门就外籍人员教师资格作出规定,教育行政部门根据具体情况作出具体规定是完全必要的,但该法也应对教育行政部门的规定设置原则性要求。董秀华教授提出,外籍教师规模大、种类多,其聘用可能涉及文化认同的培养、价值观引导等问题,《教师法》应对外籍教师资质、门槛、管理和监督进行原则性规定。

(六)关于教育行业相关人员的身份

邹荣教授提出,职业教育中的实践指导教师要不要纳入教师序列,其权利义务如何界定,需要《教师法》予以明确。董秀华教授提出,在高校专业教师编制受限的情况下,专业教师占用实验和教辅人员编制的现象比较突出,《教师法》对这一问题应有所回应。上海师范大学环建芬教授提出,很多高校都聘请了校外人员作为兼职教师,有些兼职教师的上课时间较长,这些人员在《教师法》中的定位、管理机制都应当予以明确规定。

(七)关于定期注册和考核

李学尧教授认为,教师考核制度应改为考核评估制度,据此对教师的心理健康等进行全面评估。马英娟教授和李进付认为,将考核结果与定期注册对接,考核不合格,就不给注册,实际上意味着考核不合格的教师将丧失教师资格,这导致对考核不合格教师的惩戒过重。东展教育集团董事长张伟提出,《教师法》规定了教师心理健康考核,应进一步明确教师心理健康测评的强制性,且规定学校可依测评结果调整岗位,否则学校无法推进该项制度的落实。

(八) 关于教师职称和编制

《教师法》规定初级、中级教师职务不受比例限制,但在总量控制和高级职称限定比例的情况下,这个规定没有现实意义。柏月萍提出,实践中教师职称的评审要考核英语、论文等情况,这不仅分散教师精力,也制约优秀教师晋升。张伟提出,民办教师职称最高为副高级,没有正高级,《教师法》应解决职务晋升中民办教师的平等对待问题。董秀华教授提出,《教师法》应对教师编制紧张问题有所回应。李进付副处长提出,对于高校利用捐赠资金自主设置岗位的情况,立法可规定其不受岗位设置标准和总量的限制。

(九) 关于法律责任和救济机制

邹荣教授提出,第52条中规定"公开发表违反宪法言论、损害党和国家声誉","违反宪法言论"缺乏判断机制,不宜规定于《教师法》中。教师权利救济的渠道有三,分别为校内申诉、教育行政机关申诉和诉讼,存在的问题在于,校内申诉是不是向教育行政机关申诉的必经程序,以及向教育行政机关申诉是不是起诉的必经程序,这在该法中应予以明确;将中小学教师界定为公职人员后,目前公务员不能就行政机关的人事处理决定提起行政诉讼,中小学教师能不能提起,这也需要明确。李进付提出,第52条规定,教师有严重违法行为,其他教育机构和行政部门可以给予开除处分,或者予以解聘。开除处分和解聘应有先后之分,该法不宜将其并列。马英娟教授认为,针对导致教师身份丧失的行政决定,应允许当事人提起行政诉讼。李学尧教授认为,《教师法》应对教师申诉委员会的组成和运行予以原则性规定,同时应针对师生纠纷引入第三方解决机制。

三、《教师法》的完善建议

（一）关于教师职责和使命

征求意见稿第 3 条规定了教师的职责和使命,主要有对教育事业负责、对教学工作负责等。关于教师职责的规定还应当予以细化,具体可将教师使命与教师职责分两条进行规定,教师职责部分应参考《中华人民共和国法官法》《中华人民共和国检察官法》,作如下规定:

(1) 依法参与教育教学和学生管理活动,引导学生培育和践行社会主义核心价值观,培养社会主义建设者和接班人;

(2) 依法参与科学研究和教育教学方法方式改革;

(3) 遵循教育规律,实施素质教育;

(4) 关心爱护学生,尊重学生人格,平等公正对待学生;

(5) 恪守教师行为规范,严于律己,以身作则;

(6) 崇尚科学精神,树立终身学习理念,拓宽知识视野,更新知识结构。

（二）关于教师权利

征求意见稿第 9 条规定了教师的权利,包括自主开展教育教学活动、从事科学研究、进行学术交流、按时获取工资报酬等权利。

其一,群体性的教师权利与个体性的教师权利应严格区分。教师权利可分为作为教师群体所享有的权利以及作为教师个体所享有的权利。前者的权利主体为教师群体,是这一群体基于其职业身份而享有的权利;后者的权利主体为教师个体,指向的是教师个人能够为或不为一定行为的资格。征求意见稿第 9 条规定的"自主开展教育教学活动"就是典型的群体权利。其缘由在于,教师个人在开展教育教学活动过程中,需要受到教学大纲、教学方案的严格约束,其自主权范围相对较小;只有作为群体的教师方可在教学大纲、教学方案的设计当中发挥积极主动性,享有自主权。据此,征求意见稿一方面应将作为群体的教师权利与作为个体的教师权利分开,在不同条款中进行规定;另一方面也需要在已有的"自主开展教育教学活动"的基础上,进一步拓展教师群体的权利。

其二,权利行使应受到限制。尽管教师享有自主开展教育教学活动、开发课程和教学资源并获得相应权益的权利,但这些权利的行使并不是没有前提和界限的。就自主开展教育教学活动而言,《中华人民共和国宪法》第24条在规定理想教育、道德教育、文化教育、纪律和法制教育之后,进一步规定国家倡导社会主义核心价值观,这意味着自主教育教学活动的开展不能与社会主义核心价值观相悖。就开发课程和教学资源并取得相应权益而言,《中华人民共和国专利法》《中华人民共和国著作权法》《中华人民共和国促进科技成果转化法》等法律规范明确规定了职务科技成果的所有权和转化收益权,这意味着教师需要在已有法律框架内开发课程和教学资源并获得相应权益。因此,征求意见稿应规定教师"依法"开展教育教学活动、"依法"开发课程和教学资源并获得相应权益。

(三) 关于教师义务

《教师法》(征求意见稿)第10条规定了教师的基本义务,主要有遵守宪法和法律法规、贯彻党和国家教育方针、开展科学文化、环境保护、卫生健康教育、更新教育观念、创新教育教学方法等义务。

其一,普通教师难以全面履行开展科学文化、环境保护、卫生健康教育的义务。就大多数中小学、职业院校和高等院校而言,其普通教师一般都有特定的专业方向,这也是其从事专业知识教育的前提。与之相对应,普通教师难以全面具备科学文化、环境保护、卫生健康等方面的专业知识,无法很好履行上述义务。因此,建议征求意见稿删除教师进行科学文化、环境保护、卫生健康教育的义务。

其二,更新教育观念、创新教育教学方法不应作为义务。第10条第7项规定的更新教育观念、创新教育教学方法是对教师的倡导性要求,教师能实现这一目的,自然可能取得更好的教学成果。但教师是否达成了"更新教育观念、创新教育教学方法",这在实践中缺乏明确具体的判断标准,不宜硬性规定为教师承担的基本义务。因此,建议征求意见稿删除第10条第7项的规定。

(四) 关于教师学历要求

征求意见稿第16条将幼儿园、中小学、高校教师学历分别规定为专科、本科和研究生学历,且专业必须是教育专业或相关专业,国务院教育行政部门可以对上述要求进行调整。

其一,学历标准过高。就幼儿园要求专科学历和中小学要求本科学历而言,这在中西部地区尤其是农村地区难以得到全面执行。就高校要求研究生学历而言,这一要求与"破五唯"的改革举措不符,不利于高校师资队伍的多元化发展。因此,征求意见稿在提高幼儿园、中小学和高校教师学历要求的同时,应设置一定的弹性机制,允许不符合上述要求的人员通过严格审批程序取得教师资格。

其二,专业范围过窄。征求意见稿第16条规定,只有取得教育学专业或相关专业学历方可申请教师资格证,这个专业范围过窄。实践中,很多优秀教师并不一定具备师范专业或其他相关专业学历。尤其是就中小学而言,其主课程的专业范围较小,而学生课外科学活动的开展要求多学科背景的教师队伍。因此,建议将"相关专业"的判断权下放至区级教育行政部门。

其三,教师资格报名条件的调整权应下放。《教师法》把学历标准的调整权限赋予教育部,但地方教育行政部门更了解当地师资情况,因此省级教育行政部门也应享有这一权力。建议征求意见稿规定,国务院教育行政部门和省、自治区、直辖市教育行政部门可以根据事业发展需要,对前款规定的资格类型、报名条件作出调整。

(五) 关于中小学教师的公职人员身份

征求意见稿第13条规定,公办中小学教师是国家公职人员,依据规范公职人员的相关法律规定,享有相应权利,履行相应义务。

其一,中小学教师作为公职人员的权利义务不清晰。当前我国相关法律规范中使用"公职人员"这一概念的主要有《中华人民共和国监察法》和

《国家公职人员政务处分法》。但《监察法》和《国家公职人员政务处分法》中的公职人员不包括普通教师。《教师法》将中小学教师规定为公职人员，这需要跟《监察法》对接，并需要明确其是否承担《监察法》中公职人员的义务。因此建议征求意见稿进一步明确中小学教师作为公职人员的权利义务。

其二，造成幼儿园教师与中小学教师身份的不一致并阻碍两者的互通流动。将中小学教师身份界定为公职人员，而将幼儿园教师排除在外，这首先造成了幼儿园教师与中小学教师身份上的质的差别。实践中，幼儿园和中小学教师流动的情况比较普遍，这也是解决幼儿园或中小学教师师资短缺、优化配置教师资源的需要。因此，征求意见稿将中小学教师界定为公职人员，这需要同时为幼儿园师资和中小学师资的互通建构相应制度机制。

（六）关于师德失范及其规制

其一，严重违法行为的惩戒过重。第52条规定了对严重违法行为的惩戒，即给予开除处分或者予以解聘，并由教育行政部门撤销教师资格，5年内或者终身不得申请教师资格。然而，这一惩戒举措针对的违法行为有轻有重。如这一惩戒面向的严重酗酒、品行不良等情形，其危害程度多样且缺乏明确具体的判断标准。因此，在惩戒手段的设置上，应将师德失范行为划分为不同层次，并按行为的严重性分层次配置批评教育、谈话、责令检查、取消教师资格等限制措施。严重酗酒不宜作为禁止取得教师资格的事由。

其二，惩戒的主体和程序有待优化。由于给予开除处分或者予以解聘以及由教育行政部门撤销教师资格的惩戒对教师权利的限制较大，针对对应违法行为进行调查和处理的主体和程序应进一步予以规范。一方面，违法行为的调查和认定可由教育部门负责，据此确保调查认定的权威性；另一方面，在程序上，应由教育行政部门在调查认定的基础上作出撤销教师资格等决定，再由所在单位予以开除处分或解聘。

四、教育与科技双重改革背景下《教师法》应增设的相关制度

（一）高校教师科技伦理治理制度

近年来，我国科技事业获得长足发展，科学技术人员队伍不断壮大，新技术层出不穷，科技创新成为驱动我国经济结构转型升级和社会稳定发展的原动力。当然，在科学技术迅速发展的背景下，各地暴发的科技伦理问题也触目惊心。例如，2018年11月南方科技大学贺建奎对婴儿基因进行编辑，2020年1月判决的中国工程院院士李宁贪污案中高达1017万元的贪污款项为销售实验室淘汰动物和牛奶所得。有鉴于此，推动构建覆盖全面、导向明确、规范有序、协调一致的科技伦理治理体系成为当前科技体制改革的重要任务。当然，伦理作为软性的道德约束，只有借助刚性的法律机制加以保障，伦理规则的约束力量才可能贯穿于科研活动的全部过程。因此，我国科技伦理治理体系建设还应打造确保科技伦理得以遵守的科技伦理审查制度。

一方面，科技伦理是教师伦理的重要组成部分。高校教师多具备教师与科研人员双重身份。科技伦理是科技工作者及科技工作相关人员在从事与科学研究相关工作的过程中应当遵循的价值观念和行为准则。在现代科技发展当中，科技伦理之所以重要，其缘由在于：一方面，科学技术既可以转化为生产力，也可能释放巨大的破坏力。印度博帕尔毒气泄漏事故、切尔诺贝利核事故和福岛核事故等无不展现了现代科学技术对人类社会的巨大破坏力。此种破坏力在晚近以来高速发展的新科技中也同样存在。例如，就人工智能而言，暂且不谈其替代人类的可能性，单是其运行系统本质上就不受人类提前预置的概念、经验法则、传统智慧等因素的限制，因此其有能力

作出人类根本没有考虑过的决策,进而带来不可预知的风险。而病毒编辑、转基因等技术可能存在的风险更使人们谈虎色变。据此,在某种程度上而言,科学技术是人类智慧驯服的巨兽,只有掌握在人类手中才不至于发生吞噬人类的风险,而科技伦理则是贯穿于创意提出、项目设计、研发、成果转化、应用等环节的控制这一巨兽的工具。

另一方面,科研自由是文明社会所尊崇的基本价值,它提倡人所享有的自由探索未知世界的权利,这也是人类文明得以不断推陈出新的动力所在。科研自由同样是我国宪法和法律所保护的公民基本权利。在公民享有科研自由的情况下,针对现代科学技术发展"可能发生"而非"已然暴露"的风险,国家权力需要保持基本的谦抑态度,不宜随意动用强制力加以干预。此时,科技伦理就有必要从幕后走向台前。科技伦理一方面强调科研人员的自律,要求其严守科研活动所应当遵循的基本规则;另一方面也突出行业自律,调动行业力量形成对科研人员的外部制约。在此意义上而言,科技伦理是在国家权力不宜介入的情况下规范科研活动、平衡科研自由保障与科技风险规制的有力工具。

另一方面,科技伦理审查是科技伦理刚性化的基础。应该说,经数十年的发展,我国在实验动物管理、涉及人的生物医学的研究等方面已制定较详尽的法律文件,主要有《实验动物管理条例》《人体器官移植条例》《涉及人的生物医学研究伦理审查办法》等,科技伦理体系的总体架构也已初步形成。

当然,在科技伦理体系基本形成的基础上,如何确保科技伦理真正起到规范科研活动的效果则是我们当前应当予以高度重视的问题。科技伦理是科学共同体在科学技术研究当中所共同遵守的行为规范,它作为一种伦理规则,首先需要内化为科研人员内心的道德准则,并借助同行评价形成外部舆论压力而得到遵守。而科学技术的发展使很多新技术拥有了强大的破坏力,此时,单纯依赖科研人员的内心操守可能难以达成规范科研活动的效果。据此,科技伦理制度即有必要"长出牙齿",对违反伦理的行为人强加负面效果,这即是科技伦理审查应扮演的角色。

科技伦理审查之于科技伦理的保障作用体现于:一方面,科技伦理审查制度能够强化科技伦理实施的行业约束。以《涉及人的生物医学研究伦理审查办法》为例,该办法规定,从事涉及人的生物医学研究的医疗卫生机构应当设立伦理委员会,负责对本机构开展涉及人的生物医学研究项目进行伦理审查,促进生物医学研究规范开展。伦理委员会作为主要由同行业及伦理学、法学、社会学等领域的专家组成的机构,其审查活动本质上是科研共同体对其成员之行为的一种约束。另一方面,科技伦理审查制度能够对接法律上的制裁措施。例如,《实验动物管理条例》规定,对违反该条例规定的单位和个人,由有权机关予以行政处罚或行政处分。行政处罚和行政处分本质上属于法律制裁。通过科技伦理审查实现科技伦理与法律制裁的对接,方能最大限度强化科技伦理之于科研活动的约束力。

科技伦理的刚性化需要借助科技伦理审查对接法律制度,因此,进一步完善科技伦理审查法律制度应是科技伦理治理体系建设的关键。尽管我国在科技伦理审查方面制定了大量法律规范,但相关规定分散于《实验动物管理条例》等单行法律规范当中,这导致了科技伦理审查制度体系不完备、法律依据位阶较低和伦理审查范围过小。有鉴于此,我国科技伦理审查制度还应从以下几个方面加以完善:

其一,考虑在国家层面的综合性科技立法中明确科技伦理审查制度。2020年1月通过的《上海市推进科技创新中心建设条例》规定,科学技术、教育、卫生健康等部门应当依法组织开展对新兴技术领域研发与应用的伦理风险评估,并将科技伦理审查的范围拓展到生命健康之外的其他领域,首创了设立综合性科技伦理审查制度的先例。《上海市推进科技创新中心建设条例》作为综合性立法的优势在于,一方面,该法由上海市人大制定,在法律位阶上高于行政规章和规范性文件,因此赋予了科技伦理审查制度更高的法律效力。另一方面,作为综合性立法,该法可用来规范所有科研活动,而不仅限于医学、实验动物管理等有限领域,能够实现对科技伦理实施的全面保障。借鉴上述经验,我国可考虑在《科学技术进步法》修改时明确科技伦理审查制度。

其二,适当扩大科技伦理所规范的科研活动范围。在当前社会背景下,人工智能、病毒编辑、转基因等领域的研发与成果转化活动可能带来不可预知的社会风险,对此类风险的规制需要通过科技伦理加以实现。为确保科技伦理对全部高风险科研活动的约束效力,《科学技术进步法》应扩大科技伦理所规范的行为范围和行为方式,将人工智能、病毒编辑、转基因等领域中违反知情同意、保护隐私等规定以及违反实验动物伦理规范、从事禁止研究或违反程序从事限制研究的领域和技术的行为等纳入伦理审查和科研不端惩戒的范围。

其三,形成多部门衔接的伦理审查和责任追究机制。依《涉及人的生物医学研究伦理审查办法》的规定,从事涉及人的生物医学研究的医疗卫生机构设立的伦理委员会负责本单位科研活动的伦理审查。然而,在贺建奎基因婴儿编辑事件中,行为人所在医疗卫生机构的伦理审查形同虚设。有鉴于此,我国还应形成多部门衔接的伦理审查和责任追究机制。第一,在组织体系上,应在国家和省市等层级分行业设立科技伦理审查委员会,负责指导医疗卫生和科研单位内设伦理委员会的工作。第二,在工作制度上,医疗卫生和科研单位内设伦理委员会的事前和事后审查需向所属省市伦理审查委员会报备,省市伦理审查委员会不同意其意见的,可作为直接责任主体启动调查;伦理审查委员会的审查结论交由科研人员所在单位及其行业主管部门,由所在单位或行业主管部门作出处理决定。

(二) 高校教师科技成果转化容错机制

1. 科技成果转化免责机制的法律框架

一方面是明确免责的前提。教育部和科技部于 2016 年 8 月 17 日公布实施的《关于加强高等学校科技成果转移转化工作的若干意见》(以下简称《若干意见》)规定,科技成果转化过程中,高校领导在履行勤勉尽职义务、没有牟取非法利益的前提下,免除其在科技成果定价中因科技成果转化后续价值变化产生的决策责任。该意见将"履行勤勉尽职义务"和"未牟取非法利益"规定为免责的前提,这两项前提需要坚持和予以明确化。

就勤勉尽职义务而言,作为一种义务形态,勤勉尽职义务要求科研事业单位工作人员诚信地履行对待单位的职责,在管理单位事务时应当勤勉谨慎,须以一个合理谨慎的人在相似情形下所应表现的谨慎、勤勉和技能履行职责,要采取合理的措施,以防止单位利益遭受损失,为实现单位最大利益努力工作。笔者认为,勤勉尽职义务是比注意义务更为严格的一种义务形态。勤勉尽职义务不仅要求工作人员忠诚和注意经营管理过程中可能发生损失的情形,还要求工作人员具有专业上的判断能力,即对损失的发生具有较一般人更为专业的预判和防范能力。具体到科技成果转化的过程中,勤勉尽职义务的履行要求成果转化负责人既要对成果本身及拟合作企业的转化能力、经营状况具有专业的认识能力,又要对市场发展有作为专业管理人员应具备的判断力。《促进科技成果转化法》或者其他相关法律规范可以从以下两个方面细化科技成果转化过程中的勤勉义务:其一是实体上的勤勉尽职义务。勤勉尽职义务要求负责人对经营管理过程中可能发生的损失有预先的判断,而此种判断建立在充足的信息收集等准备工作的基础之上。对科技成果转化负责人之准备工作的考量可以从以下三个方面进行:(1)科技成果本身的成熟程度。亦即负责人应当对科技成果本身的研发情况有足够的了解,能够认真听取一线科研人员的意见,对实验结果的可重复性有充足把握。(2)成果转化合作对象的经营状况和转化能力。经营状况比较容易把握,通过工商登记查询等即可了解。难点在于合作对象的成果转化能力,合作对象应有一定的技术能力和专业人员队伍方有可能将成果予以转化。成果转化的负责人应对这些方面的内容进行详细考察,并形成考察报告。(3)同类产品的市场状况。负责人对拟转化成果的同类产品在市场中的销量、利润等应有相当程度的了解,并需要将拟转化成果与市场同类产品进行比较,知晓拟转化成果在同类产品中的市场竞争力。其二是程序上的勤勉尽职义务。程序上的勤勉尽职义务要求成果转化的负责人严格按照相关法律法规和内部流程的规定办理成果转化事宜。换言之,免责机制的建构应从程序的角度设置成果转化负责人的勤勉义务。实际上,当前相应的法律规范也设置了此方面的义务。如《事业单位国有资产管理暂行办法》规定了国有资产的处理程序,包括评估、审批、报备等。当然,《促进科技成果转化法》取消了其中的审批程序。据此,科研事业单位成果转化负责人在转化时应当履行评估和报备等程序义务。另外,《促进科技成果转化法》第18条规定,在以协议定价进行的成果转化中,成果转化负责人应当在本单位公示拟交易的价值。因此,公示义务也是成果转化负责人应履行的义务。除此之外,免责机制的建构还需要规定以下程序上的勤勉义务:一是民主决策的义务,即成果转化负责人应当充分听取科研人员和从事市场运作的相关人员的意见,在民主的基础上进行决策;二是公开的义务,在成果转化过程中,除保密需要外,成果转化负责人应当将转化的全部流程在本单位公示,包括成果转化的合作对象、交易价格、技术方案、收益分配等都应当予以公示。

就未牟取非法利益而言,所谓牟取非法利益,即是指在科技成果转化过程中不具有正当理由而获利。虽然《若干意见》将"未牟取非法利益"作为容错免责的前提,但并没有为"牟取非法利益"的判断提供明确具体的标准,这正是后续立法完善科技成果转化免责机制所要解决的核心问题。实际上,"未牟取非法利益"之所以难以界定,其缘由即在于,从法学方法论的角度分析,"牟取非法利益"是法律规范中的一种"类型"而非"概念"。拉伦茨对"概念"与"类型"的区分有经典论述,他提出,如果立法者想要形成一个"概念",那么当且仅当该概念的全部要件在具体事件或案件事实全部重现时,概念始可适用于彼;而类型只能描述却不能定义,为描述类型而提出的各种因素不需要全部出现,它们也可以不同程度出现。因此,相关法律规范试图为作为"类型"的"牟取非法利益"提供明确具体的判断标准时,即需要放弃对其进行定义的做法,而应对其各种表现形式进行描述。《国务院办公厅关于严禁在社会经济活动中牟取非法利益的通知》对"牟取非法利益"也有所描述,主要包括接受任何名义的"酬金"或"馈赠"、以低于市场价格购得对方提供的商品、收取回扣、勒索财物等行为。后续立法可借鉴该通知的做法,尽可能地对牟取非法利益的情形进行详尽描述。当然,后续立法除了需要对牟取非法利益的行为进行详细的描述,还需要从中归纳这些行为的共同特征以作为认定牟取非法利益的辅助性规则,主要有三:其一是主观上的恶意,即行为人对其行为可能造成国有资产流失的后果存在故意或过失;其二是客观上的收益,即行为人获得了物质或精神上的利益;其三是行为上的关联性,即行为人牟取非法收益的行为与科技成果转化过程中造成的国有资产流失存在因果联系。

另一方面是免责的范围。《若干意见》规定,在科技成果转化过程中,只有后续价值变化产生的定价失误方在容错免责的范围内。笔者认为,在科技成果转化过程中,负责人的决策不仅包括定价决策,还包括其他方面的决策,其他方面的决策失误也应纳入免责范围内。科技成果转化能否成功,实际上受到两个因素的影响,即科技因素和市场因素。在成果转化过程中,这两个因素都具有相当的不可预测性,因此,因这两个因素造成的成果转化失败或定位失误皆应当纳入免责的范围内。

其一是科技因素造成的损失。科技成果转化能否获得成功,首先取决于成果本身是否成熟,只有成熟的科技成果方有转化成功的可能。例如,在湖北健康(集团)股份有限公司与武汉大学化学化工研究所联营合同纠纷抗诉案中,成果转化失败的根源在于成果不成熟,不具有可操作性。因此,科技因素是决定成果转化能否成功的首要因素。而科技因素本身又相当复杂,一项成果被研发出来之后,或许在实验环境下具有可操作性,但要将其转化为能够在工厂环境下复制出来的生产设备或产品,则需要更为严谨的实验和论证。科技成果转化绝不仅仅只对知识产品进行交易和转让,而是对知识产品的应用性研发和再创新,这就决定了这一过程具有相当大的不可预测性。也正因为如此,一项成果的价值在未转化前实际上也不能准确地进行评估,技术的成熟程度和转化的难易程度都是影响科技成果价值的重要因素。简言之,科技成果转化的过程实际上也具有不亚于科技研发过程的不可预知性和不确定性。既然科技研发的过程可以容忍失败,同样具有不可预知性和不确定性的成果转化过程当然也应当容忍失败。在此意义上而言,因科技因素导致的成果转化失败或者定价失误都应当纳入免责的范围内。

其二是市场因素造成的损失。与科技因素相比,市场因素的复杂程度更甚。具体而言,科技成果转化本身即是一种市场行为,是将科技转化为生产力或者产品的活动。在此过程中,科技成果需要接受市场的评判,只有能够经受市场检验,相对于其他技术或产品而言具有市场竞争力的成果方有可能得以成功转化。尤其是在以技术入股方式实施的科技成果转化中,成果提供方同时作为入股项目或企业的股东而存在,这种情况下,科技成果并非转化为生产力或产品即表明成果转化获得成功,成果转化为生产力或产品,但却无市场竞争力,也会使得该转化项目失败和国有资产减损。而市场本身同样具有不可预测性,一是市场因素的变动可能造成转化后的科技成果的价值变动;二是市场中同类产品技术水平的提升也可能造成转化的产品或设备无销路。总而言之,市场因素同样是影响科技成果转化能否成功的重要因素,此种因素的不确定性与科学规律和市场规律相关,非事前的技术可行性方案和市场调研报告所能够准确预测,因此,因市场因素造成的成果转化失败或定价失误也应当纳入免责的范围内。

2. 科技成果转化免责机制的运行规则

在科技成果转化免责机制的法律框架建构起来后,免责机制的运行尤其是勤勉尽职和未牟取私利等问题的认定更需要具体的程序性规则予以规定。

一方面是程序规则。在程序设置上,笔者认为,科技成果转化的免责程序可以设置为责任追究程序的抗辩程序。所谓抗辩程序,即是指在相关责任人受到责任追究时,请求有权机关认定其具有法律上的免责事由的程序机制。科技成果转化的免责机制作为程序机制而存在,这表明成果转化负责人并不是完全不承担责任,也不受问责机制的约束。相反,成果转化负责人在转化过程中因定价失误或转化失败造成损失的,有权机关还是应当依《事业单位工作人员处分暂行规定》等法律规范的规定启动追责程序,在追责程序的运行过程中,成果转化负责人提出免责抗辩,这种情况下方可启动免责程序。将免责程序定位为责任追究程序的抗辩程序的缘由在于:其一,"容错免责"以"可能存在责任"为前提,换言之,"免责"与"责任追究"本来就是二位一体的概念组合,将免责程序融入责任追究责任中,表明免责机制不能成为造成损失的成果转化负责人凌驾于法律之上的缘由,免责机制并不能架空责任追究机制,造成损失的成果转化负责人只有在追责过程中进行了免责认定才能免于或减轻承担责任。其二,将免责程序设置为责任追究程序的抗辩程序,才能使得有权机关在认定成果转化负责人是否具有免责必要的同时,全面审查其实施的各类行为及因此造成的全部损失,亦即除了审查其是否履行了勤勉义务等免责机制上的义务,还需要审查其在成果转化过程中展现的科学素养、专业技能、经营管理知识及其实施转化的其他行为,此种情况下方有可能对成果转化负责人的责任进行更为全面的认定。其三,免责机制的存在并不表明成果转化负责人完全不用承担责任,"容错免责"除了有免除责任之意,实际上也包含了减轻责任这一内涵,因此,将免责机制纳入责任追究机制中也能够对成果转化负责人的责任进行更为公正的认定。

据此,在具体的程序规则上,可将免责机制设置于问责程序的调查环节。亦即在行政处分的追究过程中,有权机关宣布启动对成果转化负责人进行问责时,该负责人即可提出免责抗辩。作为调查程序的一环,免责抗辩可包括以下步骤:其一是提出申请,即被问责的负责人在问责调查程序启动后的一定时间内,应向问责机关提出免责认定申请;其二是核实,问责机关收到申请后,应要求被问责的负责人提供相应材料,问责机关同时也需要调查取证;其三是认定,在取证的基础上,问责机关对负责人是否具备免责情节以及在多大程度内免责进行认定。在此基础上,问责机关方可作出最终的行政处分决定。

另一方面是证据规则。证据是影响法律实施的核心要素,法律规定的事实要件只有被证据证明为客观事实,该法律条文追求的法律效果才得以实现。就科技成果转化免责而言,成果转化负责人想要获得"免责",就需要有证据证明其行为属于免责的事由和范围。此时,举证责任的分配和证据的认定即成为影响责任认定的关键。证据规则需要依免责事由分述。

就勤勉尽职义务的证据规则而言,履行勤勉尽职义务的举证责任应由被问责人承担,其缘由在于:其一,如上所述,免责机制是作为抗辩程序而存在的,在抗辩程序当中,被问责人提出了免责的主张,该主张的证明责任当然由被问责人承担。"若被告提出了独立的抗辩主张,应承担完整意义上的证明责任。"否则其抗辩即不成立。其二,履行勤勉尽职义务是一种作为义务,作为义务表明成果转化负责人应实施特定的行为。此种作为义务实际上隐含了提出证据的责任,亦即义务主体不仅应当"作为",还应当证明其已经实施了法律要求的行为,否则法律将推定其未履行该作为义务。其三,被问责人作为成果转化的负责人,其在成果转化过程中考察了哪些因素、经历了哪些决策环节,都应当有材料予以证明,亦即负责人应当在有充分的技术可行性方案和市场推广方案的情况下方可作出转化决策,要求成果转化负责人在此方面承担举证责任,实际上也可以倒逼其在获取充分信息的基础上实施转化。其四,举证责任同时意味着对举证不能之不利后果的承担,如果由问责机关承担举证责任的,成果转化负责人由于不须承担举证不能导致的不利后果,有可能销毁掌握的不利证据以逃避追责。

至于证据的具体形式,则需要结合勤勉尽职义务的具体内容分析。如上所述，勤勉尽职义务包括实体和程序两方面内容，在实体上，成果转化负责人应当证明其转化和定价决策的作出具有充足的材料，其材料起码包括科技成果转化的可行性方案、成果转化合作对象经营状况、转化能力的考察报告和同类产品市场状况的调查报告。只有具备这些材料方可认为成果转化负责人已本着认真负责的态度对待成果转化项目，因此也才有可能给予免除或部分免除成果转化失败或定价失误的责任。在程序上，成果转化负责人则应当提供民主决策、公开公示等方面的材料，证明其严格遵循了成果转化的处理程序。

当然，并不是成果转化负责人只要提供了上述证据即可认定其符合免责规定。如上所述，由于只有因科技因素和市场因素造成的损失方在免责的范围内，因此，在证据认定的过程中，科技成果转化负责人应就其证据承担说服责任，即应当提出具有说服力的事由说明就已有证据即可合理地形成转化和定价的决策，或者应当说明在当时尽其所能所掌握的材料的基础上，可以合理地得出转化和定价的决策结论。只要能够说明在当时的条件下基于已有材料所实施的转化和定价决策的合理性，对于后续出现的、不可预测的科技因素和市场因素造成的损失，即可不承担责任。当然，科技成果转化负责人所提供的材料是否已经是当时的条件下"尽可能取得"的最为完备的材料，或者说后续出现的造成损失的科技因素和市场因素是否真正具有不可预测性，还需要专业的认知能力。而勤勉尽职义务是比注意义务更为严格的一种义务形态，要求工作人员具有专业上的判断能力，即对损失的发生具有较一般人更为专业的预判和防范能力。成果转化负责人是否具有这一能力，即需要引入同行评价的方法，由具有专业技能的人员对证据材料进行认定。

在此基础上，围绕勤勉义务这一因素，成果转化负责人的责任即可分三种情况认定：其一，成果转化负责人既掌握了充足的材料，对科技因素和市场因素又具有相对专业判断能力，只是由于确实不可预测的科技因素或市场因素造成了损失，此时可免除全部责任；其二，成果转化负责人掌握了充足的材料，但不具备专业人员应有的判断能力，此时可免除其失职或渎职责任，但由于不具有专业判断能力，应将其调离负责成果转化的工作岗位；其三，不掌握充足材料即实施转化，则应认定负责人未履行勤勉义务，进而追究其失职或渎职责任。

　　就未牟取非法利益的证据规则而言，未牟取非法利益的举证责任应当由问责机关承担，或者说，问责机关应当提出证据证明成果转化负责人从成果转化过程中获取了非法利益，这样才能认定成果转化负责人应承担责任。未牟取非法利益的举证责任不由成果转化的负责人承担，其缘由即在于，该项义务是一项不作为义务，只有针对特定时空下的行为（如某时某地发生的特定杀人、盗窃等行为）所进行的指控且被指控人恰好有不在场证据的情况下，被指控人方有可能证明其未实施该项行为，履行了不作为义务。而科技成果转化过程中的牟取非法利益行为可以在转化前、转化中和转化后的任何时间实施，也可以在任何场合实施，利益的形式更具有多样性，科技成果转化负责人在客观上根本没有办法证明其未在此过程中的任何时间节点获取任何非法利益，因此该事项的举证责任不应由负责人承担；相反，追责机关认为负责人需承担责任的，则应当提出证明其牟取非法利益的证据。

第五篇 网络犯罪立法前置化问题研究

马寅翔

一、网络犯罪立法前置化的表现

(一) 法律及相关规范梳理

从1997年《中华人民共和国刑法》(以下简称"1997年《刑法》")修订出台后,历经十一次修正,其间对网络犯罪的规制经历了一系列变革。在历次《刑法》修订及相关法律规范出台过程中,网络犯罪立法前置化的发展逻辑逐渐显现。现将相关立法规范按照时间先后顺序梳理如下:

1. 1997年《刑法》

1997年《刑法》是我国第一部对计算机犯罪作出系统规定的法律,就此而言,可将其视为我国计算机及网络犯罪规制的起点。1997年《刑法》主要是对计算机犯罪的具体规制,具体包括两种类型:其一是以计算机为对象的犯罪,具体条文体现为第285、286条的非法侵入计算机信息系统罪、破坏计算机信息系统罪;其二是以计算机为工具的犯罪,具体条文体现为第287条,规定对利用计算机实施金融诈骗、盗窃、贪污、挪用公款、窃取国家秘密或者其他犯罪的,依照刑法有关规定处罚。针对1997年《刑法》规定的计算机犯罪的罪名体系,有学者将其概括为"两点一面"①,即在规定了两个具体计算机犯罪罪名的基础上,又进一步规定了计算机犯罪如何在传统罪名上进行延伸适用。在当时的社会和法律情境下,1997年《刑法》初步探索出了适应于社会环境的计算机犯罪的制裁思路,具有相当的实践超前性和预测性,为我国的计算机犯罪和网络犯罪奠定了罪名和相关体系基础,对于我国刑法中网络犯罪的发展具有重要的里程碑意义,也为我国顺利进入信息化和网络化时代提供了有力的刑法规范保障。

2. 2000年全国人大常委会《关于维护互联网安全的决定》

2000年12月28日,九届全国人大常委会第十九次会议通过了《关于维护互联网安全的决定》。该决定进一步明确了网络犯罪的规制方法和思路,承继1997年《刑法》的观念,在传统犯罪的基础之上规制网络犯罪,对以网络为"犯罪工具"实施的犯罪进行了定性和解释,对网络犯罪作了进一步的界定。从这个层面来看,该文件扩大了网络犯罪的打击半径,将保护对象从1997年《刑法》规定的计算机系统本身扩大至整个互联网的运行安全和信息安全,至此利用计算机犯罪和利用网络犯罪都被包含于网络犯罪的打击范围之中。

3. 2004年与2010年两高的相关司法解释

2004年9月,最高人民法院、最高人民检察院联合颁布实施了《关于办理利用互联网、移动通讯终端、声讯台制作、复制、出版、贩卖、传播淫秽电子信息刑事案件具体应用法律若干问题的解释》(以下简称《淫秽信息解释》),此后又联合发布了《关于办理利用互联网、移动通讯终端、声讯台制作、复制、出版、贩卖、传播淫秽电子信息刑事案件具体应用法律若干问题的解释(二)》(以下简称《淫秽信息解释(二)》),自2010年2月4日起施行。2004年出台的《淫秽信息解释》,确立了网络犯罪中片面共犯的成立空间,其首次承认了网络帮助行为能以"单向明知"的形式成立,打破了我国传统刑法理论界不承认片面共犯的惯例,为网络犯罪中共犯及特殊共犯的定性问题提

---

① 于冲:《网络犯罪罪名体系的立法完善与发展思路——从97年刑法到〈刑法修正案(九)草案〉》,载《中国政法大学学报》2015年第4期。

供了解决路径。在此基础上,2010年出台的《淫秽信息解释(二)》进一步确认了共犯正犯化现象的存在,为《中华人民共和国刑法修正案(九)》(以下简称《刑法修正案(九)》)的出台奠定重要思想基础。

4. 2009年《刑法修正案(七)》

2009年出台的《中华人民共和国刑法修正案(七)》(以下简称《刑法修正案(七)》)是网络犯罪规制的节点性文件,在该节点之后,网络犯罪规制即呈现出与之前完全不同的特征。《刑法修正案(七)》正式拓展了对计算机信息系统的保护范围,计算机犯罪的罪名得到扩充,罪名体系初步建立。它在原有第285条的基础上增设了第二款、第三款的规定,即"非法获取计算机信息系统数据、非法控制计算机信息系统罪"和"提供侵入、非法控制计算机信息系统程序、工具罪",确立了对于个人计算机数据的保护,将保护范围从之前的特殊计算机系统拓展到普通信息系统。同时,"提供侵入、非法控制计算机信息系统程序、工具罪"实现了对危害计算机系统的帮助行为的独立性评价,表明我国法律开始关注到网络犯罪领域帮助犯的巨大危害性,开创了网络犯罪领域"帮助犯正犯化"的先河。有学者将《刑法修正案(七)》的出台概括为"三个转向"[①],即从单纯保护特殊领域计算机信息系统转向保护所有计算机信息系统,从单纯保护计算机信息系统安全转向同时保护计算机数据安全,从单纯制裁直接侵害计算机信息系统安全犯罪转向同时制裁为非法侵入、控制计算机信息系统非法提供程序、工具犯罪。"三个转向"是我国法律随着网络社会的发展及时作出的调整,体现了我国法律对于网络犯罪规制的重视,对于后续的网络犯罪规制来说也是一个新的方向标。

5. 2011年两高《关于办理危害计算机信息系统安全刑事案件应用法律若干问题的解释》

该解释主要解决了网络犯罪领域的定量问题,从三个方面对之前的四个计算机犯罪罪名进行了不同程度的细化,从技术上确立了一系列的犯罪衡量标准,如明确了"计算机系统""身份认证信息""计算机病毒等破坏性程序"等概念,同时给出了相对具体的量化标准,从而结束了我国计算机犯罪

---

① 于冲:《网络犯罪罪名体系的立法完善与发展思路——从97年刑法到〈刑法修正案(九)草案〉》,载《中国政法大学学报》2015年第4期。

罪名无量化标准的历史。该解释也承继了前面几份文件的观点,继续肯定网络犯罪领域可以存在片面共犯的主张。

6. 2015年《刑法修正案(九)》

《刑法修正案(九)》是距今最近的一部对网络相关犯罪作出补充性规定的刑法修正案,其规制的具体内容基本上实现了与当前网络社会的发展情况保持同步,因而可以说是网络犯罪的规制法中最具代表性的一部。随着社会进入深度网络化和信息化时代,网络犯罪衍生出更加复杂和多样的情形,《刑法修正案(九)》就是对这些发展变化的法律回应。具体而言,该修正案增设了非法利用信息网络罪与帮助信息网络犯罪活动罪。从刑法法理上来看,前者将预备行为实行化,后者则将帮助行为正犯化,二者显然都是传统犯罪中的前端行为。《刑法修正案(九)》正是从这两个维度上扩大了网络犯罪的前端打击范围,体现出传统犯罪保护法益前置化的明显倾向。同时,《刑法修正案(九)》还增设了拒不履行信息网络安全管理义务罪,明确强化了网络服务者的刑事责任,第285条还增加了单位犯罪的相关规定,充分体现出该修正案在网络犯罪保护范围上的积极扩张。

7. 2017年两高《关于办理侵犯公民个人信息刑事案件适用法律若干问题的解释》

针对网络犯罪中的"公民个人信息"这一重要概念,2017年两高联合颁布实施了《关于办理侵犯公民个人信息刑事案件适用法律若干问题的解释》。该解释扩大了公民个人信息的内涵和外延,彰显了对公民个人信息重要性的重视,体现出我国法律对于公民个人信息保护的逐渐严密化。这实际上也意味着,该解释同样扩大了网络犯罪的打击范围,扩张了网络犯罪的犯罪圈。

8. 2021年最高检《人民检察院办理网络犯罪案件规定》

2021年最高检出台的《人民检察院办理网络犯罪案件规定》指出,"网络犯罪是指针对信息网络实施的犯罪,利用信息网络实施的犯罪,以及其他上下游关联犯罪",从实务角度表达了对于网络犯罪应包含范围的看法。根据该规定,网络犯罪主要包括三种类型:第一类是针对信息网络实施的犯罪,即以信息网络为犯罪对象的网络犯罪,这也是最早出现和最早受到规制的网络犯罪的种类。第二类是利用信息网络实施的犯罪,即以信息网络为犯罪工具的网络犯罪。在我国进入信息网络时代的后期,这种犯罪类型开始变得极为普遍,与此相适应,对此类犯罪所作的法律规制也正在变得越来越严密。第三类则是信息网络的上下游犯罪,该规定在强调指出了要规制信息网络犯罪的同时,也提出了要注意消减甚至杜绝网络犯罪的链条化和产业化,不仅要规制网络核心犯罪行为,对于前端和后端的违法犯罪行为同样也要进行打击。

(二) 网络犯罪立法前置化具体表现

通过对上述网络犯罪的相关法律文件及规范的发展过程所作的梳理,我们可以看出,就现行涉网络犯罪法律规制的发展趋势而言,在整体上呈现为对传统犯罪的保护法益逐步提供前置化保护。在保护范围和处罚的程度上,这种前置化保护都体现出一种明显的扩张态势,具体可以分为"法益保护的前置化"和"刑罚处罚的前置化"两种表现方式,其中后者可进一步细分为"预备行为的实行化"和"帮助行为的正犯化"两种情形。

1. 法益保护的前置化——法益保护范围的扩张

刑法中的法益并不是变动不居的,过去重要的法益现在可能变得不重要,进而被移除出法律的保护范围,过去并不重要的法益现在也可能被视为重要的法益,进而被法律化,最终出现在法律条文中,成为重要的保护对象。在网络犯罪的规制中,法益保护范围一直在发生变化。通过前述网络犯罪相关法律文件的梳理,我们可以看出,为了预防网络犯罪,通过扩容旧罪、扩大解释的构成要件等多种方式,刑法及相关法律规范逐步增添了网络犯罪保护的"新法益",以有效应对网络社会中出现的各种犯罪的新变化和新情境。[①] 具体而言,法益保护范围的扩大可以概括为以下几个方面:

(1) 犯罪空间的扩大

我国网络犯罪并不是在产生伊始就成为网络犯罪的,其最开始被称为计算机犯罪、电脑犯罪等,不同的表述形式其实表明了不同阶段的网络犯罪

[①] 夏伟:《网络时代刑法理念转型:从积极预防走向消极预防》,载《比较法研究》2022年第2期。

存在的空间范围,因而其名称之下涵括的犯罪类型也是不同的。总体而言,我国网络相关犯罪经历了从计算机犯罪到网络犯罪的发展演变过程。这一演变是由网络社会自身的发展变化引发的。计算机网络社会的演变自身存在着一个过程,这一演变过程可以被分为三段,即 Web1.0、Web2.0、Web3.0 时代。① 在 Web.1.0 时代,人与网络的关系表现为"网络→人"的模式,网络作为一种媒介单向地向人们传递信息。在 Web.2.0 时代,人与网络的关系表现为"人→网络→人"的模式,区别于 Web.1.0 时代单向传递信息,Web.2.0 时代已经可以进行信息互动,互动性是这一阶段网络的重要特征。在 Web.3.0 时代,人与网络的关系表现为"人⇆网"的模式,即人与网络之间的双向信息互动,这也就意味着网络空间的情形变得更加多样和复杂,其所带来的风险也就具有更大的不确定性。

由于计算机网络社会的演变,计算机网络犯罪也相对应地存在三个演变阶段。第一阶段是对应着 Web1.0 时代的网络犯罪。在此阶段,犯罪空间仅限于计算机系统本身,即只存在计算机犯罪而没有网络犯罪的概念,同时这里的计算机犯罪指的是针对计算机系统本身的犯罪,如计算机的数据程序等。第二阶段是对应着 Web2.0 时代的网络犯罪。在此阶段,计算机犯罪和网络犯罪属于并存的两个概念。二者之间存在些许区分和差异,前者指利用计算机犯罪的情形,后者则指利用互联网实施的传统犯罪。第三阶段则是对应着 Web3.0 时代的网络犯罪。在该阶段,计算机犯罪成为网络犯罪的下位概念,网络犯罪也不再仅仅局限于传统犯罪的范围内。在这三个演变过程之后,网络犯罪的空间实现了极大的拓展,网络和计算机不再仅仅只是犯罪的工具,而是成为犯罪目的本身。在此过程中,其情形之复杂多样不可胜数,网络犯罪也就自然而然地实现了犯罪行为方式和罪名体系的扩张。

(2) 犯罪主体范围的扩大

前述网络犯罪相关法律梳理中展示的《刑法修正案(九)》的一个修订亮点在于,其增加了网络服务提供者和单位犯罪的相关条文,从主体上实现了保护范围的扩大化,将网络犯罪的规制由之前的"国家—行为人"二元关系变为"国家—网络服务提供者—行为人"的三元关系。这实现了犯罪主体的

---

① 齐文远:《"少捕慎诉慎押"背景下打早打小刑事政策之适用与反思——以网络犯罪治理为视角》,载《政法论坛》2022 年第 2 期。

范围扩大化,通过对网络服务提供者科以明确的网络安全管理义务,实际上改变了国家公权力"自上而下"的传统单一治理格局,有利于调动作为社会主体力量的网络服务提供商的管理能力,实现网络安全管理的"公私共治",形成多元主体协同共治的新型治理格局[1],从而进一步提高网络犯罪治理的效率,更利于提前遏制网络犯罪的发生以及快速准确地打击网络犯罪。

(3) 犯罪对象内容的扩大

在网络犯罪的发展演变过程中,犯罪对象的内容一直在持续不断地扩大,从一开始的以计算机本身为犯罪对象,逐步发展成以数据、公民信息、程序等各类网络新事物为犯罪对象。可以说,每一次的刑法修订或者相关规范性文件的出台,几乎都及时地将当时出现的一些新的犯罪对象囊括在内。显然,对于网络犯罪的打击范围和打击力度而言,直接对犯罪对象进行扩容的做法,对其带来的影响必然是最为直接的。

2. 刑罚处罚的前置化

除了上述法益保护的前置化,网络犯罪立法前置化的另一个突出表现是刑罚处罚的前置化。这也是我国近些年来关于网络犯罪刑事立法的重要特点。在实现路径上,网络犯罪刑罚处罚的前置化主要表现为两种类型:预备行为的实行化和帮助行为的正犯化。

(1) 预备行为的实行化

在网络犯罪立法中,预备行为实行化的典型立法是《刑法修正案(九)》增设的非法利用信息网络罪。该罪的增设是为了解决信息网络犯罪中带有预备性质的行为如何处理的问题,通过将刑法规制的环节前移,对尚处于预备阶段的网络犯罪行为独立入罪处罚,实现惩治信息网络犯罪的需要。[2] 从传统古典自由主义刑法观的视角来看,这一立法或许仍需考量,因为预备行为实行化有扩大犯罪惩罚范围的嫌疑,这似乎与刑法的谦抑原则相矛盾。然而,在网络犯罪领域,这一规定却不能不说是极具合理性和前瞻性的。在传统犯罪领域,犯罪行为从预备到实行,存在一个线性的递进过程,对于犯

---

[1] 时延安等:《2021 年生活服务电子商务平台反欺诈研究报告》,载《犯罪研究》2022 年第 5 期。

[2] 时延安等:《中华人民共和国刑法修正案(九)释解与适用》,人民法院出版社 2015 年版,第 157—158 页。

罪最终的危害程度是可以预见的,无须将犯罪预备的行为独立出来进行评价。与此不同,在利用网络实施传统犯罪或新型犯罪的情形下,预备到后续的实行不再是简单的线性关系,而可能是"一对多"(多个主体、多个法益)的关系。在此种情形下,犯罪危险的发生既是现实的、紧迫的,同时其变现可能性也是极高的。正因如此,对于此类预备行为加以提前介入规制就十分必要。通过这种打击节点的前移,来实现对于法益的事前保护,而不必等到法益真的受到实质威胁或者危害结果时才采取行动。从效果上来说,这种预备行为的实行化产生的效果主要有两个方面:一方面是对于预备行为处罚的独立化进行,这一点和帮助行为的正犯化是一致的;另一方面是上文提及的刑法打击时点的前移,以期在更早的时点更加有效地保护某种法益。①

(2) 帮助行为的正犯化

法益保护前置化的另一路径就是帮助行为的正犯化。和预备行为一样,帮助行为同样也不是实行行为。在传统刑法中,其刑罚处罚与其他正犯息息相关。在其他正犯不构成犯罪的情形下,对帮助犯不能追究刑事责任,即传统的帮助犯具有正犯从属性,是按照被帮助的正犯的行为性质来定罪处罚的。然而,在网络犯罪的语境下,传统犯罪被异化,网络空间的虚拟性使得正犯和帮助犯之间的物理联结变弱,原本面对面共同实施的犯罪现在开始以一种背靠背的形式实施。这种新型共同犯罪现象的出现,使得刑法在追责时,如果按照传统共同犯罪治理的方式,帮助犯的处罚以正犯的犯罪事实被查明为前提,则当正犯的犯罪事实因各种原因而无法被查明,或者即便被查明却达不到入罪标准时,帮助犯就同样无法被定罪处罚,同时也无法依据别的事实和法律对其定罪处罚。然而,网络犯罪中"一帮多"现象的大量涌现使得帮助犯尤其是技术帮助犯的地位大幅跃升,其在实质评价上具有同主犯、正犯相当的社会危害性。在此种情境下,将帮助行为独立于正犯的行为就十分有必要。这意味着在网络犯罪中,不需要查明帮助犯和正犯的意思联络或者行为的因果性,只要存在相应的帮助行为,就可以对帮助犯实施的帮助行为单独进行定罪处罚。该立法具有极大的实践意义,在"一帮多"的网络犯罪中,这种独立提前打击帮助犯行为的做法,可以更加及时、有

---

① 夏伟:《网络时代刑法理念转型:从积极预防走向消极预防》,载《比较法研究》2022年第2期。

效地打击网络犯罪,保护公民的人身、财产安全,维护网络社会的正常运行秩序。

作为预防性刑法的重要方法,预备行为实行化和帮助行为正犯化的立法使得原本处于边缘性、辅助性地位的行为,在形式上一举跃升至实行行为的地位,这与传统刑法以及古典自由主义刑法的理论设定都是相背离的,因而受到许多学者的质疑。但实际上,在掌握好边界设定的情况下,这种预防性刑法或许是刑法参与社会治理的有效途径,对于刑法自身的长足发展和包括网络社会在内的多元化社会的发展都是大有裨益的。

二、 网络犯罪立法前置化的成因

目前,网络犯罪立法呈现明显的前置化态势,这在各类法律文件中也有明显的显现。网络犯罪中出现的这种主动干预、早期干预的立法倾向并不是独立存在的,其实际上是我国刑法整体上的一种转变态势。我国刑事法网目前呈现出一种扩张的局面,扩大的犯罪圈实际上展示出我国刑法从侧重报应功能向预防功能的转变。从宏观上看,这种立法观念的转型是我国社会情势的急剧变化所致,而固有的刑法立法则不适合于新的社会情境。从微观上看,这种转型是克服传统刑事法律观念自身局限、一改以往消极主义刑法观的立法尝试,有利于实现刑罚在社会调节中所具有的积极的一般预防功能。就此而言,刑法的前置化立法具有实践和理论上的正当性,更适宜各类新型犯罪的规制。以网络犯罪立法为例,这种刑事立法前置化的具体成因主要包括以下几个方面:

(一) 社会发展成因

信息网络技术的发展催化着网络刑事立法,这也意味着网络刑事立法必须要伴随信息网络技术的发展而发展,其立法特征必然镌刻着深深的时代烙印。就此而言，立法的脉络亦是网络社会演变的脉络，并充分体现着网络犯罪的特殊之处。

(1) 网络社会的演变

如前文所述，我国信息网络的发展存在着一个演变过程。

在 Web1.0 时代，人与网络呈现为一种单向的关系，以大数据为核心的互联网技术尚未成型，网络犯罪表现为单纯的以计算机系统为犯罪对象的网络犯罪，此时的网络犯罪严格来说应该称为计算机犯罪。在此情况下，由于犯罪对象的单一性，针对网络犯罪的立法只需聚焦于网络犯罪的核心行为即可，即刑法只需提供对于计算机信息系统及其安全的保护即可。

在 Web2.0 时代，网络已经开始显现互联网的特征，开始从之前的"孤岛""闭环"走向"互联互通"，人与计算机开始形成一种互动关系，网络开始由单向的信息输送媒介转向多元化的社会生活平台。在此阶段，网络空间开始形成，网络犯罪呈现出一种计算机犯罪和网络犯罪共存的局面，即既存在针对或者利用计算机的犯罪，也存在针对网络空间的犯罪。但受制于计算机网络技术，网络犯罪仍呈现为较为单一的情形，需要刑事立法主要规制和打击的仍然是以网络为犯罪对象的犯罪。此种犯罪的构成要件仍是比较明确的，因而运用传统犯罪的打击方法依然是可行的。

到了 Web3.0 时代，"网络空间"这一特殊的互联网概念开始显现并变得日渐重要起来，互联网领域开始形成以"双层空间、虚实同构、算法生态、数字主导"等为典型的智能互联网"双层社会"。[①] 在此网络社会语境下，互联网空间信息处理突破了传统行为方式的成本和效率限制，大量的传统犯罪从现实空间转向网络空间，有学者将之称为传统犯罪的网络异化。[②] 网络空间开始出现传统犯罪和新型网络犯罪的掺杂，网络犯罪实现手段开始不受时空局限，可以对更大范围的、不确定的对象造成损害。而犯罪行为也开始更少受到上游犯罪的限制，一个行为能够为众多下游犯罪提供技术帮助和支持，同时也在自身行为中牟取不菲的利益，这使得该行为不同于传统犯罪中的行为，其社会危害性已经远超单个正犯本身的危害性。这就要求刑法

---

① 阎二鹏：《我国网络犯罪立法前置化：规范构造、体系检讨与路径选择》，载《法治研究》2020年第6期。

② 陈兴良：《网络犯罪的刑法应对》，载《中国法律评论》2020年第1期。

采取必要的预防手段,实现保护阶段的前置化,以谋求损害的最小化和对前端行为的及时管制。正是在这种打击网络新型帮助犯罪的巨大实践需求促使下,网络犯罪立法规制转型路径由此开始。

(2) 网络犯罪的特殊之处

除了网络社会的演变过程,网络犯罪自身具有的特殊之处也是导致网络犯罪特殊立法产生的重要原因。如前所述,网络犯罪不仅局限于计算机信息系统,而是在网络空间这个双层社会中进行的。信息网络的"电子化、信息性、高技术性"特征势必会使网络犯罪产生不同于传统犯罪的特点。具体而言,网络犯罪的特殊之处主要有以下几个方面:

首先,网络犯罪呈现出犯罪的链条化和族群化的趋势。传统犯罪和各类新型网络犯罪在犯罪发展的势头上呈现出一种共生共存的特征,这些犯罪行为既相互独立又互相支持。针对该特征,刑事立法必须要将规制治理网络犯罪的生存环境、打击关联犯罪作为重要目标,以期从源头上斩断网络犯罪族群化、链条化的可能性。此即为很多学者所主张的网络犯罪需要"打早打小",将可能具有严重社会危害性的网络犯罪扼杀在萌芽阶段。[①]《刑法修正案(九)》就充分体现了这一刑法应对观念,其中规定了非法利用信息网络罪,其底层逻辑就是对于网络犯罪的"打早打小",希望从前端阻断其他违法犯罪行为对于网络犯罪的支持和帮助,以防止网络犯罪产生重大的社会危害性。

其次,网络犯罪尤其是新型网络犯罪呈现出低门槛、高风险的趋势。有学者将该趋势总结为"积量构罪"[②],即行为人利用互联网的广泛性和低成本性,对处于互联网中的不特定人的权利进行侵害。在这种情况下,虽然单个行为大多只能造成微量或者较少损害,甚至在传统犯罪观中,这种行为只能构成轻微违法而不能构成犯罪,但是由于此类行为整体基数很大,在行为和这种大基数一起作用下,实施此类行为的社会危害性会被数倍放大,累积达到极其严重的程度。对于此种现象,刑法绝不可能坐视不理,必然需要通过

[①] 参见孙国祥:《反思刑法谦抑主义》,载《法商研究》2022 年第 1 期;喻海松:《网络犯罪形态的碎片化与刑事治理的体系化》,载《法律科学》2022 年第 3 期。

[②] 阎二鹏:《我国网络犯罪立法前置化:规范构造、体系检讨与路径选择》,载《法治研究》2020 年第 6 期。

某种正当途径将此类行为纳入打击范围。正是在这种思路的指导下,基于大量网络犯罪行为的低门槛、广范围的特性,立法者通过增设轻罪罪名,将相应犯罪调整至较宽的处罚范围和较低的入罪门槛,以规制相关的新型网络犯罪。为了实现该目的,刑法打击时点的提前成为此一过程中的重要方法。

再次,在犯罪形态上,新型网络犯罪表现出相当的独立性。与传统的网络犯罪不同,尽管新型网络犯罪可以为其他犯罪提供支持、创造条件,但却并不依附于后续犯罪或者违法行为,其存在并非仅具有辅助性和边缘性,其自身就是犯罪链条中不可或缺的关键一环。针对该特点,部分新型网络犯罪被刑事立法赋予独立犯罪的地位,即其不再附属于传统犯罪或者其他网络犯罪而存在,而是独立成为刑法打击的一个节点行为。

最后,网络犯罪还具有跨时间性、跨地域性的显著特点,这是和网络自身特点紧密关联的一个特征。互联网的发展造就了不受时空限制的网络社会,在此种空间存在的犯罪行为同样也体现出这一重特征。网络犯罪的跨地域性和跨时间性给网络犯罪的法律适用带来了极大的困难,不仅造成了案件数量的剧增,办案力量的不足,同时也造成了专业理论和法律规定的缺位与审理效果的不佳。为了应对这种时空上的不可控性、犯罪行为的强传播性和高危害性,网络犯罪立法同样需要将犯罪的打击时点予以提前,将惩罚的范围和力度予以适度提升。

总而言之,网络既创设自由空间,又聚拢犯罪风险,其演变使得网络犯罪呈现出各种不同于传统犯罪的新特点,以传统犯罪理论和古典自由主义刑法为指导的立法和司法原则无法适用于这些网络犯罪的新情境。针对网络犯罪的演变过程和网络犯罪呈现出的新特点,刑事立法给予的回应显示了我国刑事立法的前置性和扩张性思维。这奠定了我国网络犯罪刑事规制的底层逻辑,对于后续网络犯罪领域刑事立法是颇具理论和实践意义的。

(二) 立法与理论成因

网络犯罪立法前置化亦有立法与理论这两个方面的成因:一方面是由于我国网络立法体系本身的不完备,另一方面是因为预防性刑法观的影响。在这双重影响之下,我国网络犯罪立法呈现出立法上的前置化和打击范围的扩大化的趋势。

首先是我国网络立法体系本身具有不完备性。从本文第一部分针对网络立法的相关梳理中可以看出,我国的网络犯罪立法经历了一个漫长的过程,这与网络社会自身的发展过程是分不开的。这同时也预示着我国刑法在网络犯罪治理上的缓慢起步。既然是起步,则其在起步伊始自然不能做到面面俱到。严格来说,我国关于网络犯罪的刑法条文直到1997年《刑法》才正式开始出现,在此之前并无相关刑法规定来规制网络犯罪。由于当时社会计算机并未普及,专门针对计算机的犯罪现象并不多见,因此缺乏实践案例的助推。在此背景下,1997年《刑法》的相关规定实际上是较为超前的,这也注定了其规定的内容较为概括和粗疏,即主要是原则性的规定,可操作性并不强。虽然后续通过几个刑法修正案,我国刑法实现了条文数量的大幅扩充,但涉及网络犯罪表述的刑法条文仍然只有个位数。其中针对上文所说的网络犯罪的条文更是少之又少。与刑法立法发展进程的缓慢不同,网络及其衍生而出的犯罪则发展得十分迅疾。进入信息网络社会后,各种各样情形或简单或复杂的网络犯罪随处可见,上到最高人民法院,下到基层人民法院,网络犯罪都成为其所处理案件的重要来源。在此种实践倒逼之下,我国网络犯罪罪名体系的不完善和立法的明显欠缺逐步显现。在这种情况下,网络犯罪立法的扩张变得十分必要。加之网络犯罪的特殊情形,网络犯罪的规制应在考虑这类犯罪的特殊性的基础上作出,应具有充分的实践操作性和前瞻性,刑法介入的节点、与传统犯罪观的矛盾与平衡都应成为该领域立法必须考量的因素。正因如此,在这种情境下产生的网络犯罪的立法具有相当的前置性和预防性也就不难理解了。

其次是预防性刑法观念的兴起。其中,通过法益保护前置化等技术手段是实现刑事立法能动性的重要路径。网络犯罪领域同样也受到预防性刑法观的影响,加之网络犯罪存在的"积量构罪"等特殊性的存在,预防性刑法观与网络犯罪的规制在观念上可以说是不谋而合。立法的前置化、扩张化使得许多传统上无法打击的网络犯罪得到规制。在对网络犯罪的特殊之处进行的分析中可以看出,网络社会所存在的风险和传统社会的自然风险并不相同,这种风险的"不确定性"和"不可控性",让我们不能放松警惕。因为这种风险一旦变现,其危害后果往往会超出人们的预测和控制能力,进而导致社会秩序的失控。刑法作为众法之盾,在这种场合必须要能够发挥其既有的社会治理和控制功能。"刑法是一种社会治理和社会控制的机制,它也就只能谋求社会的目标",百多年前黑格尔提出的"犯罪圈划定与社会本身稳定性的对应关联"命题在当下仍然值得我们思考。①

总而言之,在网络犯罪的规制领域,一味坚持和推崇古典自由主义刑法以及谦抑原则并不可行。由于新型网络犯罪和传统犯罪并存,前置性立法等预防性刑法手段或许更能发挥刑法的作用,后续更应该做的则是探索如何实现这些刑法新观念和传统刑法观的平衡,探索其适用边界。

三、网络犯罪立法前置化存在的问题

网络技术的迅速发展催生了大量极具社会危害性的网络犯罪,为我国刑法采用网络犯罪立法前置化(即预备行为实行化与帮助行为正犯化)的方式提供了较为直接的实践依据。近年的司法实践表明,网络犯罪立法的前置化确实在很大程度上发挥了对于网络犯罪的预防与惩罚作用,但与此同时,这种立法也暴露了其自身的一些内在缺陷,主要包括定罪量刑标准不合理、处罚范围过于宽泛、刑法体系内部不协调等问题。

(一)定罪量刑标准不合理

确定某种犯罪定罪量刑的标准应当主要考虑其本质特征即社会危害性,同时兼顾考虑其他相关因素,如刑法内部的体系性与协调性,在此考量基础之上设定的定罪量刑标准应是相对合理的。从该角度出发,反观我国网络犯罪立法前置化的相关罪名,可以发现其定罪量刑标准并不合适。

---

① 赵靓:《论信息网络犯罪发展态势与刑事政策完善》,载《中国应用法学》2022年第1期。

1. 入罪标准高

在入罪标准方面,我国以网络犯罪立法前置化方式所设定的相关罪名的入罪标准相对较高。

从刑法体系与具体的罪名罪状上看,"情节严重"是其入罪标准较高的最直接体现。纵观我国刑法中以网络犯罪立法前置化方式设定的三个典型罪名,即提供侵入、非法控制计算机信息系统程序、工具罪以及非法利用信息网络罪与帮助信息网络犯罪活动罪,可以发现这三个罪名均将"情节严重"作为必备的构成要件。这意味着,在这三个罪名中,犯罪行为人仅有网络犯罪的预备行为与帮助行为尚不足以入罪,此外还必须具有较为严重的情节方能入罪。这种规定方式容易导致的问题是,较之于成立网络犯罪的预备犯或从犯(帮助犯),成立以网络犯罪立法前置化方式所设定的相关罪名更加困难。以提供侵入、非法控制计算机信息系统程序、工具罪为例,其实质是将非法侵入计算机信息系统罪与非法控制计算机信息系统罪的预备行为予以实行化处理。虽然三罪在刑罚幅度上实现了一致,但是在构成要件上,前罪却比后两罪多了"情节严重"的限定。这表明,单独成立提供侵入、非法控制计算机信息系统程序、工具罪比成立非法侵入计算机信息系统罪与非法控制计算机信息系统罪的预备犯的要求更为严格。此种以"情节严重"的限定来提高入罪标准的方式确实限缩了相关犯罪的处罚范围,在一定程度上体现了刑法的谦抑性,但却促使大量网络犯罪的预备行为与帮助行为依旧只能通过网络犯罪的预备犯或者从犯来进行处罚,大大减弱了前置化的网络犯罪立法对网络犯罪的预防与惩罚功能。在此种背景之下,以网络犯罪立法前置化方式设立的罪名很可能被架空,或者处于长期虚置状态,而这显然背离了立法的初衷。

从社会危害性角度来看,入罪标准的高低一般应与犯罪行为的社会危害性相关联,对于社会危害性越高的犯罪行为理应设定越低的入罪标准;反之,则设定更高的入罪标准。对于网络犯罪的实行与既遂而言,网络犯罪中多数预备行为与帮助行为因其较强的技术性而具有关键性意义,本身即具有较大的社会危害性,这就决定了应对其设定较低的入罪标准,以期有效地阻止网络犯罪对国家法益、公共法益与个人法益的侵害。而反观我国刑法不难发现,现有规定对网络犯罪立法前置化相关罪名设立的较高入罪标准与其社会危害性是不相符合的,这在相当程度上妨碍了刑法法益保护功能的发挥,因而存在改进的空间。

2. 法定刑幅度过低

在法定刑幅度方面,与网络犯罪立法前置化的预备行为与帮助行为的社会危害性相比,现有配套的法定刑幅度过低,有违罪责刑相适应原则。以非法利用信息网络罪与帮助信息网络犯罪活动罪两个罪名为例,从其罪状中可发现,其法定刑幅度皆为三年以下有期徒刑,这属于刑罚中相对较轻的法定刑幅度。而根据刑法的相关法理,犯罪的法定刑幅度应主要其由社会危害性决定,社会危害性越高,法定刑幅度应越高;反之,法定刑幅度应越低。立法者在制定非法利用信息网络罪与帮助信息网络犯罪活动罪时,应该是认为网络犯罪中的预备行为与帮助行为的社会危害性是较小的。但事实上是,网络犯罪中的预备行为与帮助行为具有较大的社会危害性。

具体而言,网络犯罪预备行为与帮助行为社会危害性主要体现在两个方面。一方面,随着网络技术的高速发展,网络技术已成为网络犯罪的关键,其直接决定着网络犯罪的成功与否。在事前研发完成网络犯罪技术或者为他人提供用于网络犯罪的技术,已经成为网络犯罪中至关重要、不可缺少的一个环节。缺乏网络技术的支持,网络犯罪就像无源之水、无本之木,根本无法实施,无从入手;反之,网络犯罪行为人则能够十分轻易且顺利地实现犯罪,甚至迅速达到犯罪既遂的状态。因为网络犯罪成败的关键往往即在于网络技术的强弱,只要突破了网络技术的障碍,犯罪目的在一般情况下都是可以实现的。

例如,对于非法获取计算机信息系统数据罪,在着手实施犯罪行为之前,只要犯罪行为人研发出了或者在他人的帮助下获得了相关的计算机系统网络破解技术,获取计算机数据将轻而易举。这表明,网络犯罪的预备行为与帮助行为已成为整个网络犯罪链条中最为关键的一环,预备行为与帮助行为的完成往往能直接促成犯罪实行行为的实行与实现犯罪既遂的状态[①],这足以体现其具有不同于传统犯罪的预备行为与帮助行为的较大社会

---

① 苏青:《认识网络犯罪:基于类型思维的二元视角》,载《法学评论》2022年第2期。

危害性。另一方面，网络犯罪的预备行为与帮助行为往往采取的是"一对多"的模式，即一个预备行为或者帮助行为往往能同时作用于多个网络犯罪中，为多种网络犯罪提供技术支持或其他帮助。此种"一举多得"的模式更是显著地扩大了网络犯罪预备行为与帮助行为的社会危害性，促使网络犯罪的规模得到了较大程度的扩大。基于以上论述，无论是在质的层面还是在量的层面，网络犯罪的预备行为与帮助行为都具有较大的社会危害性，对其设定较低的法定刑幅度并不符合罪责刑相适应原则。立法者应对网络犯罪立法前置化的相关罪名设置较高的法定刑幅度，以更好地发挥相关罪名对网络犯罪的预防与惩戒功能。

（二）处罚范围过于宽泛

我国以网络犯罪立法前置化方式增设的相关罪名确实在一定程度上发挥了对网络犯罪的预防与惩戒功能，具有较大的积极意义。但由于相关立法技术缺乏明确性，相关罪名的罪状存在过于开放、过于模糊的描述，致使其刑法处罚的边界过于宽泛，这不仅容易导致相关罪名沦为"口袋罪"，更会影响司法实践中法律适用的统一性。

1. 对于一般违法犯罪行为刑法打击过宽

在前置化的网络犯罪立法中，可以发现立法者在某些罪名的罪状中采用了"违法犯罪"的用语。以非法利用信息网络罪为例，其罪状中就含有"违法犯罪"的描述。如果单纯从罪状的文义对此罪进行解释，只要某人具有设立用于违法犯罪活动的网站、通讯群组或发布有关违法犯罪信息的犯罪行为，情形严重时，即可构成此罪。此罪的处罚范围基本上可以囊括所有的非法利用信息网络实施的违法与犯罪活动，确实可以充分发挥其对网络犯罪的预防与打击功能，这或许也是立法者的立法初衷。然而，不可否认的是，这种扩张式的立法模式同时也存在着较大的弊端。随着司法实践对此罪的不断适用，其弊端逐渐暴露。基于罪状中"违法犯罪"的描述，非法利用信息网络罪不仅很可能在司法实践中沦为"口袋罪"，还易对公民的合法权利与自由造成不合理的限制。为抑制此罪的无限扩张，相关司法解释对非法利用信息网络罪中的"违法犯罪"作出了具体的规定，即限定"违法犯罪"仅包括犯罪行为和属于刑法分则规定的行为类型但尚未构成犯罪的违法行为。此举虽然在一定程度上限制了本罪的无限扩张,但依旧存在"违法犯罪"行为打击过宽的问题。具体而言,刑法分则规定的尚未构成犯罪的违法行为类型所涵盖的范畴仍然十分广泛,其与前置的法律法规极有可能存在重叠,此种情形下仍然存在将单纯的违反前置法律规范的预备行为入罪的可能性,在行政犯的场合下尤其如此。① 结合本罪中"违法犯罪"的司法解释,以行政犯为例,可以推知,凡是为违反相关行政法的不法行为设立网站平台、通讯群组或者发布信息的行为,都可能构成非法利用信息网络罪。可想而知,尽管相关司法解释对非法利用信息网络罪的"违法犯罪"进行了一定限缩,却未能从根本上抑制此罪向外扩张的趋势,大量的尚未构成犯罪的违法行为类型仍为此罪不断向外扩张提供了较大的空间,从而造成了该罪打击面过宽的缺陷。

2. 帮助行为缺乏类型化、定型化

以帮助信息网络犯罪活动罪为例,其所惩罚的犯罪行为包括为他人犯罪提供互联网接入、服务器托管、网络存储、通讯传输等技术支持,与提供广告推广、支付结算等帮助,其构成要件采用的是"等技术支持""等帮助"这样的开放性描述。从概念角度来看,"技术支持"属于相对具体的一类概念,司法实践中可以采用同类解释的解释方法对"等技术支持"的范围进行合理界定与具体化。而"帮助"的主要内核则为使被帮助者易于实现构成要件,包括对实行行为的实施予以促进、易化、强化、加速、保障等行为,其不仅包括物理性帮助与心理性帮助,还包括有形的帮助与无形的帮助。"帮助"相对来说属于比较抽象的概念,这导致我们无法直接从概念出发对罪状中的"等帮助"进行同类解释。从对帮助行为(不含技术支持类)所列举的罪状描述上来看,提供广告推广与提供支付结算帮助两者似乎并无较为明显的同类特征。尽管有学者主张可将二者归为"商业性帮助"②,但是此概念仍然较为庞大、抽象,缺乏明确性,其自身就已包括多种具体的帮助类型,如经济帮

---

① 陈洪兵:《帮助信息网络犯罪活动罪的"口袋化"纠偏》,载《湖南大学学报(社会科学版)》2022年第2期。

② 王华伟:《网络语境中帮助行为正犯化的批判解读》,载《法学评论》2019年第4期。

助、宣传帮助等,因而不适宜作为"等帮助"的类概念。这表明,寄希望于从罪状的角度将"等帮助"的范围进行明确化与具体化的做法,实际上是不现实的。在这种缺乏具体标准的背景下,司法实践很可能对此罪中的"帮助行为"作最为广义的解释,将所有在明知的前提下对网络犯罪行为人提供技术支持或者是任何其他帮助的行为均纳入帮助信息网络犯罪活动罪的规制范围。这种开放性的立法模式无限地拓宽了此罪的处罚范围,极易使其在司法实践中逐渐沦为"口袋罪"。

此外,基于对"帮助"的广义理解,帮助信息网络犯罪活动罪事实上会与大量的其他犯罪构成想象竞合犯,如拒不履行网络安全管理义务罪、非法利用信息网络罪以及提供侵入、非法控制计算机信息系统程序、工具罪等,这实际上也不利于司法实践对法律的准确适用。下文对此将展开专门讨论。

(三) 刑法体系内部不协调

在我国刑法对网络犯罪立法进行前置化处理时,囿于当时立法技术的局限性,网络犯罪立法前置化的相关罪名之间并未形成有序的体系。恰恰相反,较多相关罪名的罪状之间存在交叉与重合的情形,相关罪名之间的适用界限较为模糊,这直接影响着司法实践对法条的准确理解与统一适用。

首先,在网络犯罪立法前置化的相关罪名中,最为典型的存在想象竞合情形的两个罪名是帮助信息网络犯罪活动罪与提供侵入、非法控制计算机信息系统程序、工具罪。实际上,为相关网络犯罪提供程序与工具的行为完全可以被帮助信息网络犯罪活动罪中的帮助行为所涵盖,两罪所规制的犯罪行为具有较大程度的重合性,在大部分情况下都可构成想象竞合。其次,帮助信息网络犯罪活动罪与非法利用信息网络罪也存在想象竞合的情况。例如,受他人雇佣,为他人将要实施的网络犯罪设立网络平台或发布信息的行为就可同时构成这两个罪名。再次,帮助信息网络犯罪活动罪与拒不履行网络安全管理义务罪也存在重合的可能。后罪中网络服务提供者不履行法律、行政法规规定的信息网络安全管理义务的行为,实质上是为行为人实施网络犯罪提供了客观上的犯罪便利,减少了技术障碍,降低了其犯罪难度,提高了其犯罪成功概率,属于一种不作为的帮助,同样可以归属于前罪的帮助行为,由此两罪也可构成想象竞合。最后,帮助信息网络犯罪活动罪与其他网络犯罪的共犯形成了较大面积的竞合,这是由于就共犯对网络犯罪的帮助行为而言,实际上是可以被帮助信息网络犯罪活动罪中的帮助行为所涵盖的。

当两罪或者数罪之间构成想象竞合时,法律规定的是择一重罪处罚,而择一重罪处罚的前提是两罪的法定刑幅度不一致。然而,如果同一行为所触犯的两个罪名的法定刑幅度一致,则无法适用择一重罪处罚的规则,这就意味着在法律无其他相关规定的前提下,法官对于判定为此罪或是彼罪具有较大的主观能动性,其可以选择任一罪名进行适用。反观以上四个存在想象竞合的犯罪罪名(帮助信息网络犯罪活动罪,提供侵入、非法控制计算机信息系统程序、工具罪,非法利用信息网络罪,拒不履行网络安全管理义务罪),可发现其法定刑幅度均为三年以下有期徒刑,这表明当前罪与后三罪发生想象竞合时,法官可以根据自己的判断选择适用何罪。对于帮助信息网络活动罪与其他三罪的判定,在缺乏客观标准指导的情况下,当法官的判断具有较强的个人主观性时,有的法官可能偏向于定前罪,有的法官可能偏向于定后罪,这就易导致"同案不同判"现象的出现,不利于司法实践对法律适用的统一;当法官的判断更加重视法律适用的统一性时,法官可能普遍都判前罪或后罪,此种情形虽然维持了法律适用的统一性,却容易导致其他未被适用的相关罪名实质上被架空,而长期处于虚置状态。

当帮助信息网络犯罪活动罪与其他网络犯罪的共犯存在大面积的竞合时,根据特别法优于一般法的法律适用原则,易导致个别案件虽然符合其他重罪的共犯构成条件,但却会按照相对轻缓的帮助信息网络犯罪活动罪来定罪处罚。① 此举不仅背离了该罪的立法初衷,也不利于维护法律的公平正义。

基于上述缺陷,我国在网络犯罪立法前置化过程中应提高对刑法体系的重视,这既有利于在刑法解释层面贯彻体系解释的无矛盾原则,也有利于在规制各类网络犯罪的法条之间实现协调。② 就此而言,应当尽量避免数罪之间产生常规性的想象竞合关系,保障法条适用的妥当性与统一性。

---

① 参见喻海松:《网络犯罪形态的碎片化与刑事治理的体系化》,载《法律科学》2022年第3期。
② 参见车浩:《法教义学与体系解释》,载《中国法律评论》2022年第4期。

四、网络犯罪立法前置化的完善路径

正如上文所述,我国在网络犯罪立法前置化的过程中尚存一些明显的缺陷,包括定罪量刑标准不合理、处罚范围过于宽泛、刑法体系内部不协调等各种突出问题。这就要求我们必须采取合理的方式,对前置化的网络犯罪立法进行调整与完善,从而使其在最大程度上发挥对网络犯罪的预防与惩戒功能的同时,不致影响民众从事网络生产经营等各类活动,阻碍各类网络创新行为的实现,妨害我国互联网经济规模的发展壮大。

(一) 合理降低入罪标准与提高法定刑幅度

1. 合理降低入罪标准

入罪标准的高低直接影响着某罪的处罚范围,两者呈反比关系。由于我国网络犯罪立法前置化的相关罪名入罪标准相对较高,容易导致其规制的犯罪范围不当缩小,从而使部分犯罪行为人只能按照网络犯罪的预备犯或者帮助犯被判处较轻的处罚,甚至是逍遥法外。为了解决该问题,我国立法机关或者司法机关必须采取切实有效的应对措施,适当地降低相关罪名的入罪标准。

通过对网络犯罪立法前置化的相关罪名的法条进行分析不难发现,"情节严重"的限定是相关罪名入罪标准偏高的根源。该成罪条件意味着,那些情节不严重的网络犯罪的预备行为与帮助行为,将无法构成网络犯罪立法前置化的相关犯罪。司法实践中,被告人往往以"犯罪情节并不构成情节严重"为由进行脱罪。为应对这一局面,应当对"情节严重"进行具体的解释工作,将其作为降低相关罪名入罪标准的重点。

具体而言,对于网络犯罪预备行为与帮助行为成立实行犯所要求的"情节严重"的入罪标准,可以主要从两方面进行规定:(1)原则上寻求自己的独特定量标准,不再依赖后续可能的实行行为的情况。① 在网络预备行为与帮助行为独立实行化后,刑法应当依据犯罪行为与犯罪结果独立评价其社会危害性,尤其是在其对多种网络犯罪进行预备与帮助时更应如此。以帮助信息网络犯罪活动罪为例,其中提供技术支持的次数、人数、持续的时间、提供广告推广的次数以及提供支付结算的次数等,都可独立作为"情节严重"的判断标准,并不一定要依赖于后续实行行为的具体情节。(2)对于需要联系后续行为进行预备行为与帮助行为的限定的情形,应当尽量统一相关标准,以更好地发挥前置化的网络犯罪立法的预防与惩罚功能。当某种网络犯罪的实行行为的"情节严重"的标准高于其预备行为或帮助行为时,预备行为人与帮助行为人很可能无法单独构成前置化犯罪,只能构成网络犯罪的预备犯或从犯。在这种情况下,前置化的网络犯罪立法根本无法起到其较强的预防功能。与此相反,当实行行为的"情节严重"标准低于预备行为与帮助行为时,则显然不符合罪责刑相适应原则的要求。为避免此类情况的出现,我国刑法或相关司法解释应当尽量统一网络犯罪实行行为、预备行为与帮助行为对于"情节严重"的标准,以更好地发挥前置化的网络犯罪立法的处罚与预防作用。

2. 适当提高法定刑幅度

上文已述,从罪责刑相适应原则与"轻罪轻罚"的理念出发,在对网络犯罪立法前置化的相关罪名设定法定刑时,我国立法机关基本上为其配备了三年以下有期徒刑,这在我国刑法中属于较轻的法定刑幅度。立法机关为其设立较低的法定刑的根本依据在于其依旧秉持着较为传统的观念,认为网络犯罪行为的预备行为与帮助行为的社会危险性相对较小。但是,值得我们关注的是,随着网络技术的高速发展,网络技术已经成为网络犯罪的核心要素,事前研发网络技术的预备行为或者为他人提供网络技术的帮助行为已成为网络犯罪的关键步骤。网络犯罪的预备行为与帮助行为直接决定着网络犯罪的成败,一旦其进入网络犯罪的实行阶段,实行完成、既遂基本

---

① 黄现清:《正犯化的帮助信息网络犯罪活动罪问题研究》,载《法律适用》2022 年第 7 期。

上就成为常态。此外,此类技术研发行为对网络犯罪采取"一对多"的模式,其社会危害性早已在网络技术的发展中与网络犯罪的实践中得到了实质性提升,因而不应再将其等同于传统犯罪中的预备行为与帮助行为。从某种程度上来说,网络犯罪的预备行为与帮助行为的社会危害性是可以等同于网络犯罪实行行为的社会危害性的,因为其对网络犯罪的实行与犯罪既遂发挥着决定性与支配性的作用。① 基于此,从罪责刑相适应的原则与社会危害性的角度来看,我国立法机关可以参照网络犯罪实行行为的法定刑幅度标准,适当地提高网络犯罪预备行为与帮助行为的法定刑幅度,以更好地发挥前置化的网络犯罪立法对犯罪行为人的威慑与警示作用,进而减少网络犯罪的产生。

(二) 限缩犯罪构成中的"违法犯罪"

在非法利用信息网络罪中,经司法解释后的"违法犯罪"行为仍然存在较大的外延,这直接导致了该罪的惩罚范围过宽的问题,从而为此罪沦为实质的"口袋罪"埋下了深深的隐患,不合理地限制公民的合法权利和自由。不仅如此,在非法利用信息网络罪中,作为实行行为的尚未构成犯罪的违法行为很可能不会受到刑法的处罚,但作为其犯罪预备的行为却必然会受到刑法的处罚,这显然是不符合治理逻辑的。因为就已然着手实施但尚未构成犯罪的违法行为的社会危害性而言,一般是大于尚未进入着手阶段的预备行为的社会危害性的。此种"重罪轻罚"或"轻罪重罚"的处罚方式在本质上违反了罪责刑相适应原则的要求。此外,本罪中我国立法机关概括性地将所有刑法分则中尚未构成犯罪的违法行为的预备行为都纳入刑法规制范围内,存在越俎代庖的嫌疑,容易导致刑法与其他部门法的规制边界变得模糊不清,进而导致刑罚的不当适用。

上述情况表明,我国立法机关或者司法机关有必要采取进一步的措施来限缩此罪名中"违法犯罪"的范围。为实现该目标,建议采用以下两种限缩方式:其一,建议立法机关将非法利用信息网络罪中"违法犯罪"的表述直

---

① 皮勇:《论新型网络犯罪立法及其适用》,载《中国社会科学》2018年第10期。

接修改为"犯罪",以此增强此罪名处罚范围的明确性;其二,建议司法机关对非法利用信息网络中"违法犯罪"作出限缩性司法解释,将其范围限定为"犯罪"。这两种方法在本质上其实是一致的,均是将刑法分则中不构成犯罪的违法行为的预备行为排除在非法利用信息网络罪的行为范围外,将"违法犯罪"行为的范围限缩至"犯罪行为",以此限制该罪的不当扩张适用。这两种做法满足了刑法谦抑性原则的要求,不仅能够增强前置化的网络犯罪立法的明确性,防止相关罪名沦为"口袋罪",更能有效地保障公民应有的人权,避免刑法的过度扩张侵害公民的合法权益,这对于网络犯罪前置化的立法来说无疑是一种明显的进步。

(三) 重塑"帮助行为"的范围

某些严重的网络犯罪的预备行为与帮助行为对网络犯罪发挥着越来越重要的作用,甚至可以说是关键性或决定性的作用,其社会危害性已经得到了实质性的提升,不再等同于传统犯罪中的预备行为与帮助行为,需要刑法对此作出回应,这是我国将网络犯罪立法前置化的重要依据之所在。也正因如此,我国网络犯罪立法前置化的处罚范围应仅限于那些社会危害性较大的预备行为与帮助行为,而不应包括所有网络犯罪的预备行为与帮助行为。对于社会危害性较小的网络犯罪的预备与帮助行为,刑法依旧可以按照网络犯罪的预备犯或共犯对其进行处罚。只有对于那些社会危害性较大的网络犯罪预备或帮助行为,才需采取预备行为或帮助行为实行化的路径对其单独定罪处罚。反观我国现行刑法规定的帮助信息网络犯罪活动罪,其罪状采用"等帮助"这样的开放性描述,完全不考虑行为社会危害性的大小,将几乎所有对信息网络犯罪提供帮助的行为都囊括在内,无限地放大了此罪的处罚范围,进而导致了此罪与提供侵入、非法控制计算机信息系统程序、工具罪以及拒不履行网络安全管理义务罪、其他网络犯罪的共犯存在大面积的交叉与重合。此种做法不仅不符合罪刑法定原则对刑法立法提出的明确性要求,更不利于司法实践中法律适用的统一。

为解决上述问题,可以考虑采取两种方法限缩帮助信息网络犯罪活动罪中"帮助行为"的类型,具体包括:

其一,从帮助行为数量的角度出发,通过对帮助行为进行类型化与定型化的方式,将帮助信息网络犯罪活动罪的处罚范围限缩至合理范围。根据刑法立法"类型化"与"定型化"的要求,只有具有某种较为明显的同类特征的犯罪行为,才可被归为同一类行为。在帮助信息网络犯罪活动罪的罪状中,"提供互联网接入、服务器托管、网络存储、通讯传输等技术"的行为可归属于技术类帮助,具有一定的类型性与明确性,司法实践中尚有作出同类解释的可能;而"提供广告推广、支付结算"等帮助行为似乎并无同类规律可言,只是单纯地罗列在一起而已。对此,建议立法机关可采取"先定型,后列举"的方式将帮助行为类型化。具体来说,立法机关可先对现有的司法实践中常见且社会危害性较大的网络犯罪帮助行为进行分析,然后再找出同类特征,以此明确此罪中"帮助行为"的类型,如技术帮助、资金帮助、宣传帮助等。在确定帮助类型的基础上,基于刑法具有一定前瞻性的特征以及秉持着同类列举的行为具有相当性的原则,可适用同类解释的方法对帮助行为进行具体的列举与归类,以此实现实质的类型化与定型化。

其二,从帮助行为的实质出发,依据客观归责的相关规则,对"帮助行为"本身进行实质判断,以确定其是否实际促进或提升了网络犯罪的风险。[①] 我国刑法对帮助犯进行处罚的法理依据在于,帮助犯的帮助行为对犯罪的实行行为起到了实质的促进作用,提升了被害人的风险与犯罪既遂的概率。这表明,刑法并不处罚仅对犯罪实施发挥了轻微作用的帮助行为。依据帮助信息网络犯罪活动罪中的帮助行为与网络犯罪中的帮助行为在本质上是一致的原理,可以推知,对于网络犯罪的实行行为所发挥的作用较为轻微或贡献较小(即社会危害性较小)的帮助行为,也不应单独构成帮助信息网络犯罪活动罪。基于上述分析,为较好地限缩此罪中帮助行为的规制范围,司法实践中可对帮助行为进行实质上的限缩解释。具体而言,可以依照客观归责的基本规则,结合网络犯罪中具体帮助行为的表现形式与形态,根据其对网络犯罪实施发挥的作用,具体判断其是否构成帮

---

① 董璞玉:《我国网络犯罪刑事立法扩张之反思》,载《刑法论丛》2019年第2期。

助信息网络犯罪活动罪。若帮助行为对网络犯罪发挥的是实质性促进作用,则构成此罪;反之,则不构成此罪。对帮助行为进行实质判断,不仅有利于合理抑制该罪的无限扩张,同时也能使此罪更加符合罪责刑相适应原则。

此两种合理限制"帮助行为"的范围的做法,不仅有利于帮助信息网络犯罪活动罪本身符合罪刑法定原则,而且有利于尽量减少该罪与其他罪产生想象竞合关系,进而促进司法实践对相关法条的准确适用。

除上述针对网络犯罪构成要件所作的分析以外,在法定刑配置方面同样值得注意的是,尽管规制网络犯罪的罪名数量不断膨胀,但与之相对应的刑事制裁体系却基本保留了原有框架,始终采用"主刑+附加刑"的模式,具体的刑罚种类也从未发生大的变革,而只是对刑期、适用范围、执行方式等作了局部调整。在以往的研究中,对于新罪的刑罚设置,研究者们往往将罪刑均衡问题作为关注重心,希求保障犯罪人能够受到公平的处罚。然而,由于现有刑种只是通过剥夺犯罪人的权益使其承担抽象的刑事责任,却在很大程度上忽视了对遭受犯罪侵害的具体被害人的权益进行修复,因此实际上是一种以报应观念而非修复理念为主导的刑事制裁体系。事实证明,当被害人的权益未获得修复时,社会秩序的稳定、人际关系的和谐就不可能真正实现,这显然与立法机关对于刑罚的积极一般预防功能的目标设定不相契合。这意味着,目前我国的刑事制裁体系难以满足社会发展之于刑法的功能诉求。为改变这种状况,在未来对网络犯罪的规定进行修订时,除了罪名的合理增修外,刑罚的设置也应当与社会需求保持一致,针对某些危害较轻的网络犯罪增设行为罚、社区服务罚等新的刑种,以求充分发挥刑罚在预防犯罪方面的作用。

此外,伴随一系列网络犯罪的轻罪设置,必然会导致职业禁止、前科报告等刑罚附随效果的扩张。轻罪犯罪人同样会因背负"犯罪标签"而难以重塑自身的社会形象,这将为他们复归社会增加障碍,不利于社会团结。这显然也与追求积极一般预防效果的立法目的相悖。据此,我国应当建立一套轻重有别的刑罚制裁体系,实现轻罪与重罪的区别化处理。例如,取消对过失犯罪、故意轻罪等特定犯罪的职业限制,消解犯罪标签效应。[①] 可见,在网络犯罪治理方面,相较于广受重视的罪名增修问题,刑事制裁体系种类单一、脱离实际需求的短板长期未受重视。在积极的一般预防目的的统辖下,建议针对网络犯罪的刑事制裁体系展开专门研究,以保证刑事制裁的有效性。

[①] 储陈城、刘睿:《我国刑法立法观的选择与协调——以对刑法及相关规范的实证分析为视角》,载《安徽大学学报(哲学社会科学版)》2020年第5期。

第六篇　污染环境犯罪因果关系证明实证研究

杨继文

　　以污染环境犯罪一审判决书为样本,对该罪因果关系证明进行实证分析,发现这种证明往往依赖于环保行政机构的监测报告和数据以及行政鉴定机构的鉴定等证据材料。法官往往通过将污染环境的排放、倾倒、处置等污染原因行为与最新司法解释规定的污染损害后果相结合,进而对污染物质运作的因果关系进行判定和确认。通过实证研究分析得出的具体难题主要表现为:污染环境犯罪因果关系证明的证据空缺,证明责任的分配不合理与推定制度不完善,证明方法单一,对环保监测数据、行政鉴定意见和专家辅助人在刑事诉讼中的应用不合理,以及法官的专业司法应对能力不足等。产生上述问题的原因主要包括三个方面:污染环境犯罪之因果关系证明和认定的错综复杂性,相关刑事法规范中涉及因果关系证明及其认定规定阙如,以及刑事司法具体应对措施缺少等。这种证明难题的应对方案包括:合理使用行政执法证据资源,对污染环境因果关系链条运行进行对照分析来完善证据收集制度,改进和完善相关鉴定证据及环保监测报告在刑事诉讼中的使用,以及强调对逻辑推理、经验法则、心证等证明方法的综合应用。

一、问题提出与研究方法

一般认为,研究的设计方法与研究样本的选择,在不同的社会科学具体学科中侧重点不同,但是一些基本的研究方法却有着相同的原理和技术支持。如刑事司法中的实证研究、实验模型等,均和其他社会科学学科一样要求具备基本的科学统计方法、研究者基本职业伦理、数据抽样选择技术以及现场访谈方法等。[1] 正如我国著名社会学家费孝通所言,实证研究与调查并不是凭空推论,而是根据现实的状况和资料等事实说话,实事求是。一个村一个村地调查,是调查不完的,因而需要建立类型。通过类型来发现它的特点和具体对象内容,通过这些有独特性的定性分析,就可以揭示出问题的所在了。[2] 回归到污染环境犯罪的刑事诉讼程序当中,通过采用社科法学的实证技术方法[3]和法解释学的学理阐释路径,我们能够发现具体案例中该罪因果关系证明和判定之问题所在,实现社科刑事法学指导下的从问题出发并解释实务问题。[4] 对污染环境犯罪之因果关系认定和证明的现实难题和案例问题分析,需要做到尽量全面和系统的实证研究,注重科学运用统计学乃至社会学的理论模型和调查方法来进行研究。

据有关司法实务部门权威统计,在我国,从 2013 年 7 月到 2015 年 12

---

[1] Frank E. Hagan,*Research Methods in Criminal Justice and Criminology*,Macmillan Publishing Company,1993,p.61.

[2] 费孝通:《社会学的探索》,天津人民出版社 1984 年版,第 77—78 页。

[3] 对于刑事诉讼程序中出现的新问题进行实证研究是有意义的,但是我们也应当看到这种研究方式的局限性。如过于强调技术性,而忽视制度的学理构造;再如,怎样保证这种实证研究的规范性和独立性等。参见龙宗智:《观察、分析法治实践的学术立场和方法》,载《法学研究》2011 年第 6 期。

[4] 杨继文:《污染环境犯罪因果关系的证明》,载《政治与法律》2017 年第 12 期。

月,全国法院接收的包括污染环境犯罪①在内的环境污染刑事案件共 3000 余件,其中审结 2800 余件,依法作出生效判决涉及的人数为 4100 余人。2015 年新收的涉及污染环境罪案件共有 2900 余件,其中审结了 2700 余件,依法作出生效判决涉及的人数约 4100 人。从这些污染环境罪的司法实践来看,污染环境犯罪的治理已经从过去的相关刑事判决阙如的现象逐步发展到过罪化现象,突出地表现为对污染环境者正当权利的侵犯和刑罚的不适当适用。② 究其原因,一方面与污染环境犯罪的主观方面、犯罪种类理论争议有关;另一方面,也同法院及法官对于污染环境犯罪行为的司法复杂性考虑不周全有关。污染环境犯罪行为的司法认定,需要在犯罪构成的理论背景下考量污染物的相关情况、污染行为的类型特征、污染结果的量化指标以及因果关系的梳理认定等基本事实要素,否则难以公正地应用法律条款和正确地量刑。③

(一) 研究主题与设计

本研究的主题主要集中在我国污染环境犯罪这一特殊环境刑事案件,其中最为重要的关注点为该罪的因果关系证明问题和实践认定状况。一方面,本研究的考察和访谈视角主要集中在该罪的审判阶段,以该罪的一审判决书和相关卷宗材料为第一手资料,辅之以对相关公诉人和法官的访谈资料,以及相关污染环境犯罪的新闻报道材料等,以便最终能够较为全面地分析和判断我国现阶段污染环境犯罪因果关系证明的难题和问题所在。另一方面,为了揭示问题的所在,本研究采用了前述费孝通教授所言的类型化分析方法和设计,用以发现该罪因果关系证明的实践特点和对象内容,揭示出其独特性并进行定性分析。

---

① 本文基于司法实践的重要性和论题的集中性,将污染型环境犯罪主要限定在污染环境罪。当然在我国,污染型环境犯罪还包括擅自进口固体废物罪和非法处置进口的固体废物罪等罪名。

② 石珍:《污染环境罪的微观透视——以 296 例裁判文书为分析对象》,载《人民司法》2015 年第 9 期。

③ 在此需要特别说明的是,基于本文所讨论的对象、范围、论域的集中性和完整性,将污染环境犯罪因果关系的证明对象严格限定在"定罪"的范围内,而对于有些学者讨论的量刑因果关系的证明及其运作,本文主体内容原则上不作讨论和分析。

（二）研究焦点与对象

污染环境犯罪因果关系的认定和证明与其他犯罪构成要件的证明一样，都需要从刑事证据法的证明等内容来着手进行分析。主要关注的对象和焦点有以下几个方面：第一，涉及污染环境犯罪因果关系认定和证明的证据及其使用情况；第二，该罪因果关系认定和证明的标准或曰证明度与其他犯罪是否存在区别；第三，该罪因果关系的证明责任分配是否存在特殊情形，推定在证明责任和证明标准中如何运作，及其原因；第四，该罪因果关系证明的方法和技术操作，有哪些特殊方法值得推广；第五，尤其是在2013年第15号司法解释[①]和2016年第29号司法解释[②]出台后，司法实践中的案例证明和运作究竟是怎样的，能否为未来的制度完善提供实践样本和解决方案。

（三）研究样本与方法

基于前述的研究主题和研究设计，本研究采取类型化的样本研究方法，并兼顾定性与定量相结合。这是因为，一方面，污染环境犯罪等刑事案件有着一定的区域性。一般认为，在我国西部地区等自然资源丰富的区域，涉及破坏环境的犯罪较多，而在我国东部等经济较为发达的区域，涉及工业污染的污染环境犯罪增长则较为明显。另一方面，进行污染环境犯罪因果关系证明的实证研究，要竭尽所能地实地调查和观察司法中的实际活动，勇于抛弃一切学院式的装腔作势[③]，正确地把观察到的事物记录下来，要定性，又要

[①] 2013年6月17日，最高法和最高检联合公布法释〔2013〕15号司法解释，即《关于办理环境污染刑事案件适用法律若干问题的解释》。

[②] 2016年12月23日，最高法和最高检联合公布了法释〔2016〕29号司法解释，即《关于办理环境污染刑事案件适用法律若干问题的解释》，对环境污染刑事案件的法律适用和司法实践进行了权威的解释。它主要针对污染环境犯罪中新近发生的新问题，对2013年第15号司法解释进行了全面的修改和完善。具体请参见《"两高"发布办理环境污染刑事案件司法解释》，http://www.court.gov.cn/zixun-xiangqing-33681.html，2016年12月28日访问。

[③] 费孝通：《江村经济——中国农民的生活》，江苏人民出版社1986年版，布·马林诺斯基序。

定量。① 具体来看,本研究采用全样本调查和随机抽样调查②相结合的类型化样本方法。从 2014 年到 2017 年,涉及污染环境犯罪案件的一审判决共有 3412 件③,其中本文随机抽样了 244 件具体污染环境罪案件,分别为 2014 年 18 件、2015 年 146 件、2016 年 79 件、2017 年 1 件。④ 需要注意的是,随着 2013 年第 15 号司法解释和 2016 年第 29 号司法解释的颁布实施,对污染环境犯罪因果关系的认定和证明影响较为显著,因此需要在抽样调查时突出这两部司法解释对于司法实践的影响,以期能够较为合理和准确地通过抽样样本反映司法实践中的证明问题和状况,如表 6-1。

表 6-1 污染环境犯罪案件调查抽样表

序号	时间	全样本调查	抽样调查	备注
一	2014	927	18	2013 年第 15 号司法解释颁布
二	2015	1339	146	
三	2016	1152	79	2016 年第 29 号司法解释颁布
四	2017	3	1	
合计	4(年)	3421(件)	244(件)	

在本研究的随机抽样调查中,为了能够较为全面地反映前述所讲的区域性类型化特征,随机抽样涉及全国 11 个省、自治区和直辖市的第一审法院关于污染环境犯罪案件的刑事判决书,约占全国全样本案件数的 7.13%,其中包括较为发达地区如北京市、上海市、天津市、浙江省、福建省、江苏省和广东省等,共有 220 件,约占所有抽样案件的 90.1%,具体见表 6-2。

---

① 费孝通:《从事社会学五十年》,天津人民出版社 1983 年版,第 93 页。
② 本研究主要是采用随机数字表法,即先把全国的全样本从 1 到 N 进行编号,然后再根据 N 的位数在乱码表中选择数字的位数,采用连续或者间隔抽样,直到满足预定样本容量为止。具体的方法操作请参见白建军:《法律实证研究方法(第二版)》,北京大学出版社 2014 年版,第 62 页。
③ 本研究的一审判决书样本,主要来自于中国裁判文书网和无讼案例库的案件收集和整理。
④ 本研究所随机抽取的污染环境罪案件,全部来自于我国各地法院的一审公开判决书,在中国裁判法律文书网和无讼案例库中都可以搜索和下载,这使得本文的实证研究具有一定的代表性、规范性和指导性。

表 6-2　污染环境犯罪案件发达地区调查抽样表

序号	时间	北京市	上海市	天津市	浙江省	福建省	江苏省	广东省	合计
一	2014				1	5	4	5	15
二	2015		3		49	34	32	19	137
三	2016			4	29	9	17	8	67
四	2017	1							1
合计	4(年)	1	3	4	79	48	53	32	220(件)

还有就是中西部地区的河北省、山东省、河南省及内蒙古自治区等,共有 24 件,约占所有抽样案件的 9.9%,具体见图 6-1。从时间上来看,在抽样调查的案例库中,2014 年的案例约占 7.3%,2015 的案例约占 59.8%,2016 年的案例约占 32.4%,2017 年的案例约占 0.4%。这表明,随着 2013 年第 15 号司法解释的颁布实施,各地的污染环境犯罪刑事案件在逐步增多,2013 年司法解释对于污染环境犯罪中污染行为、污染结果及其因果关系认定的规定有利于司法实践中该罪难点的具体操作,具有很强的指导意义和现实意义。而为了体现本研究的时效性和鲜活性,特别选取了 2017 年发生的污染环境犯罪案件 1 件,以期能够在一定程度上反映 2016 年年底颁布的第 29 号司法解释的适用和更新情况。

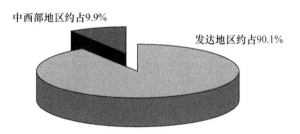

图 6-1　污染环境犯罪抽样案件中较为发达地区与中西部地区的分布

二、现状考察与问题分析

（一）总体情况

据有关权威机构统计，在 2001 年到 2008 年的《全国环境统计公报》中，全国范围内法院系统共审结的环境犯罪案件只有 23 起。其中，2001 年 5 起、2002 年 4 起、2003 年 1 起、2004 年 2 起、2005 年 2 起、2006 年 4 起、2007 年 3 起、2008 年 2 起。从 1997 年到 2008 年，在全国范围内来看，对污染环境犯罪进行刑事追究并审结的案件只有 29 起左右。而随着 2013 年第 15 号司法解释的颁布实施，根据公安部在 2014 年第一季度的统计数据，全国范围内的污染环境类犯罪案件就超过了 300 余件，审结的仅为 87 件。① 从 2014 年到 2017 年，涉及污染环境犯罪案件的一审判决共有 3412 件。在刑事司法实践中，污染环境犯罪因果关系的认定往往是一个需要考量很多因素和证据，进而逐步达到法律规定标准要求的过程，而法官仅仅严重依赖于鉴定意见等科学证据，可能会由于技术性缺陷或鉴定失误产生所谓的"事实认定错误"。在司法案件中，法官们支持公诉方的意见和事实的比例约占 89%，改变公诉事实的仅为 11% 左右。从本研究收集到的司法判决书的内容来看，司法实践中法官们重点关注的是检察院提交的公诉证据材料和相关事实判断内容，而忽略了在具体案件中因果关系判定时法律逻辑推理方法的应用和综合证明方法的使用。②

从污染环境犯罪因果关系认定和证明的主体来看，法官们的司法能力

---

① 鄢祖海、闫海超:《湖北公布十大环境资源案——案件类型呈多元化趋势，新类型案件不断涌现》，载《中国环境报》2014 年 2 月 26 日第 5 版。
② 吕忠梅、张忠民、熊晓青:《中国环境司法现状调查——以千份环境裁判文书为样本》，载《法学》2011 年第 4 期。

和环境专业能力被日益突出和强调,正如德国著名学者魏特林曾言:"法官这一职位最好是由品德上无可指责的老人来担任"①。从前述污染环境犯罪因果关系证明和认定的总体情况来看,法院等司法部门在认定相关主体的证明时,特别在污染环境刑事案件的罪与非罪等事实认定时,应当对具体案件的因果关系存在与否给出一个唯一的答案,或者是通过前述的环境监测数据②,或者是通过专业的鉴定机构③,或者是通过环保专家④进行认定等。在污染环境犯罪的具体个案中,辩护方的主要抗辩理由是没有直接的因果关系,污染环境的损害后果是由于"当地自然环境的本身自净力差"或者"当地的地质自然结构影响"等。而在我国污染环境犯罪案件的具体判决中,并没有对这种因果关系的存在与否进行理论性或者技术性的分析和论证。公诉部门提交证据材料中的环保监测数据以及专业性的鉴定意见等,大多数未对该案中的因果关系进行论证和判断,最终导致因果关系的证明和认定成为污染环境犯罪中事实争议的焦点问题之一。

(二) 证明特点

在本研究的案例实证考察和分析过程中,笔者对处于我国中部的 C 法院的法官们⑤进行调查访谈得知,法官们大多数认为污染环境犯罪案件与一般刑事案件并没有什么本质的不同,都存在一定的社会危害性,需要通过刑

---

① 〔德〕威廉·魏特林:《现实的人类和理想的人类:一个贫苦罪人的福音》,胡文建、顾家庆译,商务印书馆 2008 年版,第 39 页。

② 具体请参见上海市宝山区人民法院(2015)宝刑初字第 1958 号刑事判决书;天津市东丽区人民法院(2016)津 0110 刑初 270 号刑事判决书;河南省新乡县人民法院(2016)豫 0721 刑初 24 号刑事判决书;河北省定兴县人民法院(2016)冀 0626 刑初 6 号刑事判决书;福建省惠安县人民法院(2015)惠刑初字第 617 号刑事判决书;北京市门头沟区人民法院(2017)门刑初字第 1 号刑事判决书;等等。

③ 具体请参见内蒙古阿拉善左旗人民法院(2015)阿左刑一初字第 142 号刑事判决书;山东省巨野县人民法院(2015)巨刑初字第 273 号刑事判决书;广东省中山市第二人民法院(2015)中二法刑一初字第 1094 号刑事判决书;等等。

④ 具体请参见河南省南乐县人民法院(2015)南刑初字第 186 号刑事判决书;潍坊市坊子区人民法院(2015)坊刑初字第 245 号刑事判决书;河北省鸡泽县人民法院(2015)鸡刑初字第 00066 号刑事判决书;江苏省徐州市云龙区人民法院(2014)云环刑初字第 0002 号刑事附带民事判决书;浙江省海宁市人民法院(2014)嘉海刑初字第 1100 号刑事判决书;等等。

⑤ C 法院是地处我国中部中等城市的一个市区基层人民法院。本研究对该院中主审过污染环境犯罪案件的 4 位法官进行了调研和访谈,其中包括审判庭副庭长 1 人、审判员(助理审判员)3 人。

事手段对犯罪嫌疑人进行惩治和制裁。可能存在差别的主要在于具体的犯罪构成要件,如污染行为的表现,作为损害后果的污染结果认定,以及因果关系证明和确认等。而据有关学者的实证资料统计,污染环境罪中的污染行为、因果关系及污染结果确实具有不同于一般刑事案件的特殊性,主要体现为非法排放、倾倒或者生产废水,而且这种行为所导致的污染结果及其因果关系,往往在一次法上都欠缺环境行政部门的规制和监管。①

具体来说,对作为统计对象的一审判决书分析得知,污染环境犯罪因果关系证明的特点主要包括以下几个方面的内容:

第一,污染环境犯罪因果关系的认定和证明往往严重依赖于环保行政机构的监测报告和数据。

这已经成为污染环境罪因果关系证明和认定的常态,在笔者分析和调研的 200 余个具体案件中几乎都鲜明地体现了这一特点。在涉及污染环境的非法倾倒的犯罪行为发生后,这种污染物质及其对于污染损害结果的因果关系,往往通过本地区的环保监测站对污染的物质和废物进行抽样监测,并进行专业性的技术分析,从而来进行综合性的专业认定。而在有些污染环境犯罪的案件中,往往也是通过环保机构的监测数据和相关报告,来证明和认定污染者的污染物质性质以及对当地环境是否会产生因果关系性质上的污染损害后果。在判决书中,则明显地体现为对污染物质含量和标准的比对认定,来判断是否属于"严重污染环境"的具体情形,进而对污染环境犯罪因果关系进行判定。②

第二,实践中的污染环境犯罪因果关系的认定和证明,并不是从刑法理论或者证据学理上对因果关系及其链条单独进行考量和确认,而是通过将污染环境的主要原因力排放、倾倒、处置等污染行为与 2013 年和 2016 年司法解释规定的污染损害之后果要素相结合,对它们所构成和影响的因果关系进行全面的考量和整合确认。

---

① 晋海、王颖芳:《污染环境罪实证研究——以中国裁判文书网 198 份污染环境罪裁判文书为样本》,载《吉首大学学报(社会科学版)》2015 年第 4 期。
② 畑颐、晓敏:《打击污染环境犯罪 助力"美丽天津"建设》,载《天津日报》2014 年 9 月 18 日第 19 版。

在抽样的案件样本中,绝大部分案件都将排放①、倾倒②或者处置③的污染行为与严重污染环境的司法解释规定结合起来进行考察,其中涉及因果关系原因力的污染行为与污染损害结果之间的因果链条或者因果流程的认定和证明,则严格采用排污当时的环保行政机构的监测报告和数据,或者是公安机关的鉴定材料和认定材料。

第三,污染环境犯罪因果关系认定的证明责任和证明标准与一般刑事案件并没有明显区别,案件中的基本要件事实即污染行为和污染结果都是由公诉方进行举证证明的。

经过笔者对 D 检察院检察官们④的访谈和调研得知,公诉部门的检察官们首先适用的是刑事诉讼法等基本法律的证明标准规定,污染环境罪与其他犯罪并没有区别,但是像 2013 年和 2016 年司法解释明确规定的污染因果链条和污染结果认定情形的除外。样本案例中体现的唯一区别在于涉及具体因果关系中的因果链条及其流程运行之证明和认定。由于有环保行政机构的监测介入,因此具体案件中的因果链条及其流程认定需要重点考查一次法上环保行政法的"污染取样""环保行政处罚"等因果关系的认定模式和规范性问题。例如,在陕西商洛首例污染环境罪案中,法院重点考察的就是环保行政机构及其鉴定中心的因果关系证明和认定,从而对该案进行事实认定并对相关嫌疑人进行了定罪处罚。犯罪嫌疑人将废弃的矿渣倾倒于当地的一个后山坡地。而经过国土资源部西北矿产资源监督检测中心检测鉴定,认为被告人倾倒的矿渣中含有氰化钠成分(CN^-),它是一种会对当地环境和人们健康产生损害的有毒物质,且符合刑事法律和司法解释中规定的数量要求,倾倒的污染行为与污染环境的严重后果之间存在因果关系。⑤

---

① 具体请参见浙江省温岭市人民法院(2016)浙 1081 刑初 292 号刑事判决书。
② 具体请参见浙江省永康市人民法院(2016)浙 0784 刑初 442 号刑事判决书。
③ 具体请参见浙江省海宁市人民法院(2014)嘉海刑初字第 1100 号刑事判决书。
④ D 检察院位于我国西部经济较为发达的中心城市,是一个县级市的检察院。本次访谈的对象主要是该检察院公诉科的两位办理过污染环境犯罪案件的公诉人。
⑤ 普毛毛、肖颖:《挖金矿排毒水被判十年——陕西商洛依法公诉、审判首例污染环境犯罪案件》,载《中国环境报》2015 年 9 月 23 日第 8 版。

(三) 证明说理

污染环境犯罪因果关系之证明和判定,需要法官对相关证据进行说理并明确为什么作出相应的裁决。法官的证明说理情况直接反映了该罪因果关系证明的充分性和确定性程度,有利于充分保障双方诉讼当事人的平等权利。这正如法国著名思想家孟德斯鸠所主张的"平等解释哲学"。一方面想用因果关系来解释实在法的多样性,另一方面还想把握普遍有效的标准,对所研究的各种政治制度作出评价。孟德斯鸠所提出的标准极端抽象,最后都可以归纳为平等或对等这两个概念。① 而在污染环境罪的刑事审判过程中,对法官们解决污染环境等专业技术问题的司法能力提出了新要求。例如,在对该罪之因果关系判定时,需要注意一般刑事案件的证据调查和审查机制,更加需要重视的是污染环境刑事案件中的污染指标和技术标准。再如,当我国现有的法律体系和司法程序规定等法律依据不足时,需要在环境伦理和环境保护背景下进行解释和适用,以符合保护环境和惩罚犯罪、保障人权的最终目的。也就是说,在具体污染环境罪刑事案件裁决过程中,重点需要的是法官的法律专业能力和环境技术知识能力。②

在本研究对我国各地刑事一审判决的实证分析中,在全部抽样244件案件中,仅有1件刑事案件③作了无罪判决。因此,分析该案的因果关系证明认定和说理情况具有十分重要的典型意义。例如,法官通过公诉方和辩护方的举证和证明活动,对该案中的因果关系证明和认定进行了审查和认定。其中,重要的涉及因果关系证明和认定的证据及其材料,主要包括以下几个方面:第一,被告人赵某某的供述,称"生产所产生的废水都在烘缸中蒸发了";第二,证人刘某某、闫某甲、闫某乙、周某某、张某某、任某某、宁某某和史某某的证人证言,证实"生产时没有见过废水""废水都可能蒸发了""厂子也没有多少废水"等;第三,当地环保局的监测报告,证实"赵某某加工点水样结果为存在有毒污染物 3.98 mg/L",同时该监测数据得到了河北省环保

---

① 〔法〕雷蒙·阿隆:《社会学主要思潮》,葛智强、胡秉诚、王沪宁译,上海译文出版社2005年版,第30页。
② 张璐:《我国环境司法的障碍及其克服》,载《中州学刊》2015年第3期。
③ 河北省石家庄市栾城区人民法院刑事判决书,文书编号:(2015)栾刑初字第90号。

厅的"冀环测函〔2014〕1640号文件"证实;第四,有照片证实环保局的相关工作人员从土坑内采集水样。从本案的现有证据材料来看,法院认为本案的污染行为与污染损害结果之间并不必然存在因果关系,具体污染物质的因果锁链运行存在难以克服的断裂,能够证明该案件中的具体因果关系的证据锁链很不完善,"本案不能排除渗坑所在的土地已经被污染的事实"。

(四) 证明难题

正如美国著名学者庞德所认为的,关于因果关系的认定和证明在司法实践以及诉讼实务中是一个难以克服的困境和问题,到目前为止,并没有相关的因果关系证明理论和检测依据,能够把这种直接性展示出来让学者和实务工作人员满意,进而可以在司法实践中得到推广和应用。[①] 污染环境犯罪因果关系的证明和认定,在我国的司法实践中也存在同样的困境和难题。

1. 证据空缺难题

从收集的案例来看,对该罪因果关系之证明和判定主要依据的是2016年第29号司法解释中"严重污染环境"的各种情形规定。在我国的刑事司法实践中,尤其是涉及一些复杂的污染环境犯罪案件中,涉及因果关系判定的环保专业鉴定意见或者环保监测数据是很难获得的,突出地表现为英美法系国家专家所谓的因果关系证明之"证据的空缺"现象。在英美法系国家,Stapleton教授把因果关系难以通过证据进行证明的难题,称为"证据空缺",亦即对于被证明的行为与结果之间的因果关系无法进行判断,其中涉及的它们之间的相互作用之自然规律也无法从科学和客观意义上进行理解。[②] 这种由于科学性不足而导致因果关系证明和认定的"证据空缺",导致了因果关系的不确定性,尤其体现在污染环境侵权和犯罪案件当中,被称为某类案件的系统性不确定因果关系。[③] 例如,在刑事司法的具体案例中,这种证据空缺在我国突出地体现在污染环境犯罪因果关系证明的取证难问题上。

---

① Roscoe Pound, Causation, *The Yale Law Review*, Vol. 67, No. 1, 1957.
② Richard Goldberg, *Causation and Risk in the Law of Torts: Scientific Evidence and Medicinal Product Liability*, Hart Publishing, 1999, p. 8.
③ Ariel Porat and Alex Stein, Liability for Future Harm, edited by Richard Goldberg, *Perspectives on Causation*, Hart Publishing, 2011, pp. 228-230.

沧州市中院的法官们认为,在具体审判的案例中,难以对犯罪嫌疑人污染环境行为与污染损害结果之间的因果关系进行证据收集和整理。①

这种证据收集和"证据空缺"的难题还具体体现在以下几个方面:其一,如前述污染环境犯罪案件中表现出来的一样,一些环境污染行为和违法犯罪活动难以查证,具有很强的隐蔽性。其二,当地群众的法律意识尤其是证据意识不足,难以在涉及污染环境犯罪及其因果关系的证据收集中发挥证人作用。其三,还表现在环境行政执法证据与刑事司法证据之间的衔接和使用转化方面。在刑事诉讼程序中怎样合理地界定和妥善地使用这些行政执法证据,也将会显著地影响后续刑事司法中案件的证据质量和事实证明的过程。

2. 证明责任分配不合理和推定适用难题

这里主要涉及的是检察官的证明责任是否完全包含犯罪中的"阻却违法"或者"阻却责任"事由。不同学者有着不同的见解,如陈朴生教授主张被告应当承担此项证明责任②,王兆鹏教授则基于英美法系的证明责任之提供证据责任与说服责任两分而持相反的意见。③ 从另一方面来看,污染环境犯罪因果关系的证明责任问题,还涉及刑事司法中的政策考量和利益维度分析,其中包括政府的环保政策,涉及环境保护法律法规体系的运行和实施,以及当前的刑事司法系统的运行状况,政治环境中法院的角色和影响等。④ 而在环境侵权民事诉讼中,有学者统计和分析了 600 余份判决书并得出结论,认为在司法实践中,污染侵权诉讼中的原告仍然需要进行因果关系是否存在的证明,承担的是证明责任,与我国立法规定的"举证责任倒置"相去甚远。也就是说,污染环境侵权因果关系的证明与一般侵权行为的认定和构

---

① 周迎久:《沧州公开宣判 9 起污染案件——非法排污污染河流,10 人被判有期徒刑》,载《中国环境报》2015 年 1 月 21 日第 8 版。
② 陈朴生:《刑事证据法》,三民书局 1995 年版,第 159 页。
③ 王兆鹏:《刑事诉讼讲义》,元照出版有限公司 2006 年版,第 559 页。
④ Richard J. Richardson and Kenneth N. Vines, The Politics of Federal Court Development, edited by Henry R. Glick, *Courts in American Politics*: *Reading and Introductory Essay*, McGraw-Hill Publishing Company, 1990, p. 21.

成并无区别。①

从目前的判决书内容和司法实践来看,我国污染环境犯罪因果关系证明责任制度的履行现状和问题,在审判阶段主要表现在以下方面:其一,证明责任主体承担责任缺乏主动性。由于没有设立专门的环境污染检测部门,公安机关履行证明责任须环保部门移送需要追究责任的案件。因此,公安机关履行证明责任的成效在一定程度上取决于环保部门的配合,即将涉嫌污染环境犯罪的案件进行移送;检察院则重点对严重污染环境的犯罪提起诉讼,而我国法律规定对"严重"的界定并不明确,环境污染是否达到"严重"的标准一方面依赖公安机关移送,另一方面取决于检察院自身的判断,在利益权衡时,很可能无法有效打击污染环境犯罪。虽然近年来公安机关、检察院打击环境犯罪的力度加大、主动性提高,但仍然无法遏制环境犯罪案件频发的现象。其二,证明方式具有局限性。无论是公安机关还是检察院,在追究污染环境犯罪和认定因果关系时,本质上的举证责任的履行更多地依赖环保部门,未寻求到突破取证难、证明难窘境的具体方法,无法有效承担证明责任。其三,证明责任的履行不充分。从近几年污染环境犯罪案件的惩处分析,证明主体在处理环境犯罪案件时,或多或少要权衡各方利益。例如,经济发展与环境污染之间的关系,加之环境犯罪的特性对证明主体也提出更高的要求,而且刑事责任对证明标准的要求比民事、行政责任高,证明责任主体在获取证据方面有较大难度,导致其未能充分履行证明责任。

在污染环境犯罪因果关系认定和证明过程中,相关主体的证明责任存在分配困难,而学界讨论较多的推定制度和方法之适用缺乏法理上的充分支持。一般认为,对于犯罪构成要件之一的因果关系进行证明,需要重点考察的是"刑法规范调整与证明法则之间的交互作用和适当调适②"。在该罪因果关系之证明和判定过程中,这种犯罪的因果关系之要素调整,即作为污染原因力的行为或者其他、具体案例中的因果链条,以及污染物质导致的污染损害结果等,会影响到刑事司法实践中各个主体的证明责任的承担和分配。因此,为了准确地认定污染环境犯罪因果关系是否存在,需要公诉方尽

---

① 张挺:《环境污染侵权因果关系证明责任之再构成——基于619份相关民事判决书的实证分析》,载《法学》2016年第7期。
② 周长军:《犯罪论体系的程序向度:研究误区与理论反思》,载《清华法学》2008年第3期。

量对这种因果关系尤其是因果链条运作提出证据并进行说理,可以通过证人、鉴定意见、书证等证据形式进行说明,对因果关系的基本事实进行举证。否则,当被告人及其辩护人提出不存在因果关系的抗辩,有时会提出具体的反证时,该罪因果关系的证明责任分配即告完成,除非被害一方基于自然理性人的保护目的提出新的证据进行举证。在这时,关于该罪因果关系的证明责任分配可能存在模糊和困难的情形。也就是说,涉及该罪因果关系证明和认定的三方主体——公诉方、辩护方以及裁判方,究竟怎样才能既合理又有效地对证明责任进行分配,从而能够达到刑事诉讼法明确规定的"证据确实、充分"的证明标准要求,将时刻考验着司法者和学者们的司法智慧和司法能力。

3. 证明方法单一问题

一般认为,污染环境犯罪因果关系判定和证明过程中,如果只是使用一般意义上的传统的如逻辑推理、经验法则等证明方法,将难以应对如此复杂多变的因果关系变化尤其是因果链条运行问题。一方面,检察官对被告之犯罪负有提出证据之责任和说服之责任。对于前者来说,如果检察官未尽到提出证据的责任则会产生对其不利的判断;而对于后者,他们需要担负的是毋庸置疑的高度说服责任。另一方面,法院需要对检察官们的证明方法进行审查,进而与前述内容相结合才能作出有罪判决。① 在污染环境犯罪因果关系的证明过程中,工业化的影响显而易见,尤其是在新型化学物质所导致的污染环境、污染损害以及因果链条和流程运行方面,也许连环境科学领域以及自然科学界的专家学者都无法判定,更别提可能只懂法律规范和法律逻辑的法律家了。如此,如果不能拓宽证明路径和更新证明方法,那么这种单一守旧的证明方法根本不能应对和解决这种因果关系的证明难题,后果将难以想象。传统证明方法显然难以解决难度极大的污染型环境犯罪因果关系证明问题,在很多情况下唯有运用具有针对性且不同于一般刑事案件的独特的证明方法方能解决。进而,对该罪因果关系之认定和证明的相关研究,必须重视相关理论和操作的完善必要性,更新证据理论和应付技术路径,具体可以包括一些较为特殊的方法,如疫学因果关系的推定方法、反

---

① 王兆鹏:《刑事诉讼讲义》,元照出版有限公司2006年版,第549页。

证法中的间接方法等。

4. 其他难题

污染环境犯罪因果关系证明其他问题还包括证明标准或曰证明度的把握和认定。这不仅关涉法官对法律意义上的共同意识和可能性认定的培养,还涉及法律程序中其他参与主体的数理统计支持和对抗性的竞争关系。① 虽然前述的具体判决书中显示,在污染环境犯罪因果关系认定和证明过程中,证明标准要求与一般刑事案件无异,但是从理论上看,适用普通案件的证明标准来认定因果关系尤其是因果链条的实际运行往往难以奏效。具体来说存在以下难题:完整的证据链条形成难、达到与普通犯罪同样的证明标准难、传统因果关系理论的适用难等。② 如果要适用污染环境犯罪因果关系推定等特殊证明方法,也存在证明责任转移和证明标准降低的问题。我国的刑事诉讼法明确规定了"证据确实、充分"的证明标准。它作为污染环境犯罪因果关系证明的总要求和总标准,在涉及客观自然世界的原因分析中能否直接应用,应当来说存在一定的困难。具体体现在,在现有的科学技术水平条件下,很难从科学意义上完全确认作为原因力的污染行为、污染损害结果以及它们之间的因果链条及其因果关系的必然联系,法官作为"人"可能存在一定的认识偏见和主观性,这将会更加难以达到"确实、充分"的程度。在日本的相关判例中,在污染环境犯罪中是否适用普通犯罪之因果关系的证明标准来进行认定存在争议,在证明标准的程度方面司法实践中存在不同的理解。这主要体现在千叶伤寒杆菌案中。日本千叶的医院有60余人患有伤寒或痢疾,经过对此事件进行的疫学调查,对其医师进行访问、治疗后,伤寒大量发生等事实便不再那么明显了。检察院于是对其医师以伤害罪起诉,第一审法院以"罪疑惟轻"之原则,宣告被告无罪。第二审法院则认为,"疫学的证明乃至于因果关系,即是在要求严格证明之形式裁判,应将其最为有力的情况证据加以活用。经疫学证明之因果关系,依刑事裁判上种种客观事实、证据或情况证据证实,基于经验法则认为合理时,当认

---

① Paul Roberts & Adrian Zuckerman, *Criminal Evidence*, Oxford University Press, 2010, p.148.
② 姚贝:《论污染型环境犯罪的因果关系》,载《中国刑事法杂志》2015年第5期。

为已有刑事裁判上的证明,即成立法的因果关系。"第二审法院即宣告被告有罪。第一审法院与第二审法院立于基本相同的事实,但各自判决不同。因此,以这种证明来认定刑法上的因果关系时,须以何种程度之证明标准较佳,在具体的适用上便产生疑问。

此外,在前述样本案例的审查判断过程中,还包括对涉及该罪因果关系证明和认定的环保专家辅助人适用难题、环保监测数据和鉴定意见在刑事诉讼中的合理适用问题,以及法官等对这种环保监测数据审查的专业司法应对能力不足等问题。例如,在前述判决书中体现出来的监测报告在刑事诉讼中作为证据的问题,突出地表现在监测报告有时并没有明确的委托主体,导致这种文书类型的出具主体和委托监测主体不明确,直接影响这种证据材料的证据能力判断,以及其在刑事诉讼程序中的正常适用。此外,有的监测报告只是一组具体的环保数据,并没有指明监测的具体污染物质和影响因子,有时还没有科学的、具体的结论意见,导致其用作刑事证据时遇到证明相关性和同一性问题的质疑。还有一个需要强调的问题是,有的地方如浙江省的法院遇到的案例表明,监测数据的取得程序和主体程序不合法,监测站使用的是污染企业的瓶子而非本站的瓶子,最终导致败诉的诉讼结果。

三、因果特性与原因阐释

(一) 因果特性所凸显的证明错综复杂性

从该罪之因果关系证明和判定的前述现实案例来看,它具有美国著名学者波斯纳所言的司法"错综复杂性"。这种复杂性表现在司法实践和运行中的内部复杂性和外部复杂性。这种内部复杂性虽然随着我国环保法庭及其法官的专业化改革和建设有所缓解,但是仍然在污染环境犯罪因果关系的认定和证明问题上显得不足。文科知识背景下的法官难以应对该罪因果关系的技术性和间接性等复杂问题,也就是说中国法官在面对这种因果关系证明和认定等科学技术和社会复杂问题时,他们的知识构成问题变得更尖锐了,突出地体现为法官等司法人员的环保司法能力严重不足。

而外部复杂性则体现为污染环境犯罪因果关系认定和证明之相关法律和制度适用错综复杂,表现为社会政策的应对影响、技术性的进步与发展、科技的不确定性或者非确定性等。例如,该罪因果关系证明中的推论是建立在这样的基础之上,也就是每个推论要立足于紧接其下的推论,而这种下一步的推论却是建立在对因果关系认定的科技证据之上,这种鉴定意见或者监测数据性质的科技证据使得证明链条中的另一个证据只能确定有着某种程度的可能性[①],最终使得污染环境犯罪因果关系的证明显得不确定或者相对不确定。具体来说,这种错综复杂性还表现在前述我国污染环境犯罪因果关系证明制度的履行现状和实践问题,如污染环境犯罪因果关系证明的"证据空缺"问题等。

(二) 刑事法上因果关系认定和证明等规定阙如

一般认为,污染环境犯罪的成立与否,主要涉及作为刑法核心内容的犯罪成立及其各种要素的条件体系。不论是苏联的四要件犯罪构成论,还是英美法系的实体—程序交互适用的双层次犯罪成立模式,以及德日的三阶层犯罪论体系,都要求对污染环境犯罪的各个要素以及条件和体系进行充分的司法认定,从而才能确认污染环境犯罪是否符合各国的通说性理论体系和法律规定,进而裁决是否构成犯罪。从我国污染环境犯罪的法律规定角度来看,主要体现在《中华人民共和国刑法》(以下简称《刑法》)第338条中的"污染环境罪"中。从我国《刑法》的历次修改来看,从重大环境污染事故罪到现行的污染环境罪,变动和修订的部分较多。[②] 一般认为,污染环境犯罪所侵犯的法益主要是环境本身。而根据环境的范围内容和我国刑法以及相关司法解释的规定,"严重污染环境"可以被解释和理解为,既是对"放射性、传染性、毒害性"的结果程度和范围的界定,也是对刑法规范中"排放、倾

---

① 〔英〕克里斯托弗·艾伦:《英国证据法实务指南》(第四版),王进喜译,中国法制出版社2012年版,第4页。
② 刘艳红:《环境犯罪刑事治理早期化之反对》,载《政治与法律》2015年第7期。

倒、处置"等污染行为本身的结果限定。① 而在 2013 年第 15 号司法解释中,为了对污染环境犯罪行为进行有效和及时的惩治,在"严重污染环境"的相关解释内容中,对重大环境污染事故罪的合理成分进行了保留,当然也创造性地增加了一些特殊行为,使得污染环境犯罪的实体法内容既保守又激进,需要相关技术解释和证明制度才能在司法实践中合理适用。综合来看,我国污染环境犯罪的实体法判定标准主要包括两大方面的内容。一方面,《刑法》第 338 条确立了这一罪名的实体法判定依据,主要包括必要条件和行为一结果条件两个相互关联、缺一不可的要素;另一方面,在 2013 年第 15 号司法解释和 2016 年第 29 号司法解释中,又明确了其行为标准和结果标准,从而有利于司法机关及其工作人员对污染环境罪进行实体意义上的实质判定。

从上面的论述来看,在我国刑事法的规范和司法解释中,对污染环境犯罪因果关系的判断认定并没有专门的明确规定,出现最多的涉及因果关系的词语即是"致使"或者"造成"。在司法实践中,实务界对因果关系的认定和判断,并不能有效地借鉴和使用客观归责等概念和理论,从而将因果关系中的结果原因和结果归责混为一谈。而司法机关及其工作人员如果在污染环境犯罪案件的具体判定过程中,对污染行为与污染损害结果之间的因果关系不甚了解,便无法正确地进行定罪和量刑。② 因此,应当从污染环境犯罪的本身特殊性出发,引入和借鉴环保科技的最新成果,通过刑事法律及其司法解释将环保刑事政策纳入具体证明问题的解决路径中。也就是说,通过调整污染环境犯罪案件的证明方法、证明方式以及证明的具体内容来应对这一突出难题,进而提高我国环境刑事司法的整体功能和价值。③

（三）刑事司法应对措施的缺失

一般认为,刑事诉讼是根据犯罪论体系的指导对犯罪行为进行认定的过程。因此,犯罪论体系与刑事诉讼存在着紧密的联系。犯罪论体系除了具有实体法性质外,还代表着刑事诉讼中犯罪认定活动的先后顺序和方式、方法。比较德日、英美、中国三种犯罪论体系的程序性特征,其中的犯罪论

---

① 陈洪兵:《解释论视野下的污染环境罪》,载《政治与法律》2015 年第 7 期。
② 杜岫石:《事物的因果关系》,辽宁人民出版社 1956 年版,第 19 页。
③ 焦艳鹏:《污染环境罪因果关系的证明路径》,载《法学》2014 年第 8 期。

体系都蕴含着犯罪认定思维模式,从而展现犯罪论体系对刑事诉讼的影响。这种实体法与程序法相结合的分析,对加深刑事诉讼程序涉及实体法环境的认识以及对犯罪论体系建构中的程序法思考都具有启发意义。① 例如,有关污染环境犯罪刑事政策需要通过一定的程序机制来实现。具体有:增强程序柔性,通过协商性司法实现宽严相济;通过刑事和解程序降低轻微刑事犯罪处置的负面效果;通过增强程序的独立性保证司法机关能够有效贯彻刑事政策,等等。②

我国传统的犯罪刑事司法规制路径也许难以应对具有技术性和复杂性等特性的污染环境犯罪及其因果关系证明问题。一方面,这主要体现为,刑事诉讼中对因果关系的证明需要达到法律上的客观事实前提或者基础,而对污染环境犯罪因果关系的证明,需要查证的是污染行为与污染损害结果之间的"引起或者被引起"的因果链条及其运行,而这种条件关系意义上的污染物质因果链条转化和扩散在具体的司法实践中有多种、多重表现形态,单纯依赖于刑事实体法的定罪量刑规范内容,将难以解决对犯罪嫌疑人的司法归责问题。另一方面,这一应对难题还表现在,刑事司法在面对现实生活和刑法规范中的多样性和复杂性时,也许并没有构建相应的应对措施和技术方法来穿过这些错综复杂的证明难题。例如,在美国的刑事司法实践中,法官在面对如此复杂的因果关系时,通过把许多复杂的因果关系要素简化为"最近因",从而通过刑事司法的这种应对措施来避免外部复杂性。但是,这种努力也许将导致司法的内部复杂性而难以成功。③

---

① 塔娜:《论刑事诉讼视野下的犯罪论体系》,载《内蒙古社会科学(汉文版)》2012 年第 5 期。
② 龙宗智主编:《宽严相济刑事政策的程序保障机制研究》,法律出版社 2011 年版,第 20—24 页。
③ 美国法官事实上使用"最近因"概念,其实相当合乎情理。即只要求给出一个理由,为什么你单单挑了某个具体后果(原告受伤了)的某个在先条件(被告的行为),并以这个在先条件作为法律责任的基础。这个"最近因"教义排除了那些不应引出法律责任的原因,因为那样做不会带来社会可欲的后果,比方说震慑。(因此,如果把这个教义称为"最远因",就会更容易理解"最近因"背后的考量了。)这一教义的杂乱用法包括,保护过错行为的主要受害人能够获得赔偿;简化诉讼;有限震慑(无法预期某人行为的后果,这不影响其决定严格服从法律对这些行为的禁令);不得以一些很小的伤害原因——即便其实在或可能——作为法律责任的根据;避免过度震慑(因枪伤起诉枪支制造商的诉讼中,这就是争点)。换言之,有很多理由来确定在什么情况下,什么影响因素不应当引出法律义务。这些理由很多样,也很多,将之都归在"最近因"这个术语的麾下,对法官和律师无所助益,这个术语甚至无法界定,因此应当避免使用。具体请参见〔美〕理查德·波斯纳:《波斯纳法官司法反思录》,苏力译,北京大学出版社 2014 年版,第 79 页。

四、应对方案与制度完善

(一) 证据收集制度完善

1. 合理使用行政执法证据资源

对于污染环境犯罪因果关系中的污染物质问题如各种废物或者有害物质,需要从具体的污染环境犯罪因果链条的运作和扩散来进行审视。其证据收集分析具有二次法意义上行政刑法原理的理论支持和转化普遍性特点。本来因果关系应当是一种纯粹的事实问题,而立法以及司法实践中的混乱导致了对这一问题的证明日益复杂化。应当回归到污染环境犯罪因果关系的特殊性要素——因果关系链条及其污染物质的影响上,通过对这一事实问题的证据收集制度和证据分析来探究污染环境犯罪惩治中的因果关系。

如同美国学者 Prosser 认为,证据对于因果关系链条的判断和查证具有重要作用。而与那些力求证明这一原因比那一原因更具有原因力的因果关系链条判定思路不同,多数美国法院尤其是加州法院在处理这种事实上的因果关系问题时,都转向了追求证据分析上的证据充分性,通过这种是否充分的证据要求来证明因果关系是否存在。[1] 例如,这种因果关系链条上的事实原因问题要么是非法律知识,要么是程序规则。所谓的"法律原因问题"则是一个实体法问题,直到案件的事实被确定以后才会被提出来。如果一个证据提出了法律原因的问题,那么再多的证据也无法解决这个问题。用于解决法律原因问题的都是实体法规则,或者是社会环境知识,这些知识通常是被用来决定实体法内容的。简言之,一个实际原因问题是问"发生了什

---

[1] William L. Prosser, Proximate Cause in California, *California Law Review*, Vol. 38, No. 3, 1950, p. 381.

么",而一个法律原因问题则是在问"对于所发生的事情如何处理"。关于实际原因问题,比如原告诉被告的化工厂将其树木毒死,那么就需要证明是化工厂排出的毒物还是其他物质将原告的树木毒死的。这不是一个法律问题,而是一个历史问题。如果对此有争议,律师将请专家作证。

污染环境犯罪的典型行政犯属性,使得它有充足的法理依据能够在一次法也就是环保法律法规中寻求法律上或者证据收集上的支持。在作为这种证据分析的一次法法律体系中,德国侵权法的实践则采用简化的监测模式来应对因果关系链条中的组合和要素。在简化的监测中,确定可重复性限于如下两个因果组(Kausalreihe):从第一组中抽出责任成立的要件,而在另一组中则保留了这一事件或者要素。在假设的抽去了责任成立事件的链条运行中,如果不会导致不利的后果,那么该事件即为条件(Bsdingung)。结合这两个因果关系链条上的组并且追问,是否该行为或侵害被忽略时,结果就不会发生(conditio sine qua non)。如果人们能够忽略某一行为或侵害,而损害同样发生,那么该行为或侵害就不是损害的原因。[1] 在美国侵权法中,关于这种因果关系链条及其原因物质的认定,需要理解的最重要的问题可以被简单归纳为:首先,这种因果关系链条的出现在于涉及原告接触危险物质的案件,而且一般性因果关系对于原告在这种环境之下受影响的概率非常重要。其次,美国的法院已经开始仔细研究技术专家的证词,多数证词都与一般意义上的因果链条运作相关。再次,即使原告关于一般性因果关系的技术证据非常确凿而且具有说服力,还必须证明特定性因果关系链条——接触有毒物质是否造成了原告的伤害。最后,关于特定性因果关系链条问题,法院要求技术证据证明原告接触有毒物质的事实造成他受到伤害的概率提高了一倍以上——即在科学证据的基础上,原告受到伤害更有可能是由于他接触了被告需负责任的物质。[2] 在日本,涉及污染环境犯罪的因果关系证据收集及其证明主要由相关公害法律进行调整,公害的因果关系是否能够成立,不仅需要在刑法等法律上进行分析,而且更加

---

[1] 〔德〕埃尔温·多伊奇、汉斯-于尔根·阿伦斯:《德国侵权法——侵权行为、损害赔偿及痛苦抚慰金》(第五版),叶名怡、温大军译,刘志阳校,中国人民大学出版社2016年版,第22—23页。

[2] 〔美〕小詹姆斯·A. 亨德森、理查德·N. 皮尔森、道格拉斯·A. 凯萨、约翰·A. 西里西艾诺:《美国侵权法:实体与程序》,王竹等译,王竹审校,北京大学出版社2014年版,第113—114页。

需要从涉及公害因果链条及其原因物质问题的其他法律学本身来进行审视。其中需要重点论述和分析的是这种科学意义上的证明,必须要立基于对污染因果关系链条各种因素或者污染物质的发展和影响进行科学而严格的把握和认定,并根据不同的情况进行具体而详尽的比较叙述。①

具体来说,需要在污染环境犯罪因果关系证明过程中合理使用环保等一次法上的行政执法证据,促使法际关系之间在证据收集和使用上达到良好的衔接。污染环境犯罪的证明处于动态发展的过程中,只有污染环境的行为达到犯罪标准,证明主体的证明责任才能履行。如果污染程度只是一般违法行为,未达到犯罪标准,那么刑事诉讼中的证明责任无须履行。一般情况下,立案后,侦查机关应当开始着手取证,但证明责任的开始需要污染环境达到犯罪的标准,那也就意味着证明责任具有追溯性,因果关系证明需要的证据应向前追溯。就我国目前环境案件处理的情况分析,因果关系证明的证据收集制度履行亟待构建部门间相互协调的衔接机制。环保部门、公安机关以及检察院之间应相互协调和信息互通,在以证据的收集和证明事实为中心的基础上,不同部门根据不同的证明机制承担不同的证据收集责任和方式。一方面,环保部门与公安机关、检察院之间,其衔接体现在案件的处理上,即环保部门应尽最大努力克服困难,严格执法,收集一切涉及污染环境行为的证据材料,当企业的行为达到刑事法上的"严重污染环境"时,应对案件及其相关证据材料进行移送,而不能只通过行政处罚解决。另一方面,在公安机关和检察院之间,其衔接体现在需要获取的证据材料上,即检察院需要审查公安机关收集和获得证据材料的真实性、合法性和可采性。

2. 通过污染环境因果关系链条运行的对照分析来收集证据

对于该罪之因果关系链条的证据收集分析,需要回归到刑法以及相关环保法律"对这种污染情况和事件将会怎么处理"的问题上。这时不仅需要关注环保专家证人证言的证据种类转化问题,而且需要对其他的相关证据如书证、鉴定意见等综合应用,进而需要明确的前提条件是在污染行为与污染结果之间运行的因果关系链条的原因力和作用力是怎样的,那些有毒有

---

① 〔日〕淡路刚久:《因果关系》,载〔日〕加藤一郎编:《公害法的生成和展开》,岩波书店1970年版,第416页。

害其至带有放射性的污染物质是怎样转化为证据收集意义上的法律种类形式，或者在逻辑上是怎样进行推导的。法律上的推导和转化属于一次法上的证据收集分析；而这种逻辑上的判断和转化，就涉及社会常识和经验法则的证据收集分析问题，需要借鉴环境科学等自然科学学科方面的成果和知识，使得因果关系链条要素以及污染物质能够最终地或者在底线意义上被认识和了解，如图 6-2。而且，这也是由污染事件重复性的特征决定的，这是一种基于同一认定的自然法则。因而，上述这种环境侵权法上的因果关系链条中各种因素和物质的比较假设法，即通过污染环境因果关系链条中的具体因素和物质及其实际发生过程，与其他的假想情况和外在条件相同的因果关系链条进行比对来实现，这对于证据的收集以及原因性分析具有重要的参考意义。① 这种因果关系链条的证据收集及其对照分析之经验标准，或者是以法官的社会责任感或公平正义感，或者是以具体社会政策来判定是否存在相当性。因而，需要通过污染环境因果关系链条运行的法律规范与经验法则之对照分析来收集相关证据。

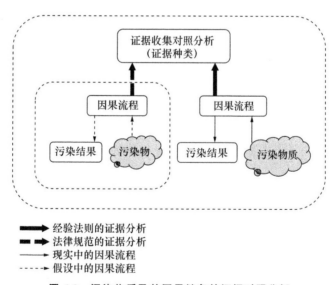

图 6-2　污染物质及其因果链条的证据对照分析

---

① 何家弘:《司法证明同一论》，载《中国刑事法杂志》2001 年第 1 期。

（二）鉴定证据及环保监测报告的应用改进

1. 鉴定证据的应用和完善

在环境污染的预防和治理过程中，最重要的就是引入和应用良性的技术导向和发展方向，使得汽车的单位能耗更低、生产的能源效率更高、资源的循环利用更为彻底等。例如，自20世纪中期以来，国外发达国家的空气质量大幅度改善，包括其美观性的提高，主要是依靠先进的太阳能等技术，减少煤炭燃烧所产生的烟雾和二氧化硫等。① 正如环境污染和生态危机需要技术进行解决和治理一样，污染环境犯罪因果关系的证明和认定同样需要相关技术和方法的支持。这种技术性特征体现了证明方法的研究和综合应用。如前所述，污染环境犯罪行为之所以屡见不鲜，除了因为我国环境刑事立法的非精细化以外，重要的原因就在于污染环境犯罪进入刑事司法程序后，该罪之因果关系的事实认定和证明机制存在技术上的难题。而且，法律为事实认定活动所规定的技术和方法明显不同于社会生活中的一般性事实调查技术和方法。这种明显的差异性和复杂性，不仅体现在拒绝采纳一些可以证明案件事实的信息和在法庭上选择信息资料的特殊方法，还体现在日常社会生活中的经验法则在没有专业人士的帮助下根本难以在司法实践和证明活动中运用。因此，现代化的科学技术能够为该罪因果关系的认定和证明插上翅膀，使得这种事实的发现能够"观之有形、听之有声、查之有据"。

具体来说，污染环境犯罪因果关系证明中行政鉴定制度及其证据的完善，可以从两个方面的路径来进行理解和操作。一方面，如前所述，正是因为因果关系证明的难题，刑事司法和具体的程序运作都不得不依赖于科学技术的手段。例如，通过科学鉴定的手段来确认污染环境行为与损害结果之间的因果关系是否存在，这显著地体现在2013年第15号司法解释第11条和2016年第29号司法解释第14条的相关规定。另一方面，相对于科技的"翅膀"作用，污染环境犯罪因果关系证明的刑事司法程序则为一种智能

---

① 〔美〕约翰·贝拉米·福斯特：《生态危机与资本主义》，耿建新、宋兴无译，上海译文出版社2006年版，第86页。

和认知程序。为了证明因果关系存在与否,刑事法院及其法官需要对这种科学技术性进行辨识和认知,形成刑事司法的科学领域。这种科学并不等同于纯粹意义上的科学,而是一种侧重于理解性的科学,理解不仅仅包括科学性的理性思考,还包括经验法则、心证技术乃至主体的直觉思维等。例如,在污染环境犯罪因果关系证明中,合理应用经验法则技术可以使得证明的专业性与结果的大众性达到和谐的统一,有利于社会公众理解和认识污染环境犯罪及其因果关系的证明机制,使得相关裁决既保障当事人的知情权,又能达到刑事政策意义上的教育功能。

同时,需要注意的是,这种证明中的行政鉴定制度及其证据完善,也存在科学意义上的不确定性和科技方法的不当使用问题。前者体现在,有的污染环境犯罪因果关系通过先进的技术手段和设备也有可能达不到法庭所要求的明确答案。这时就需要刑事诉讼程序中的证明机制和证明制度来进行解释、适用和分配,以支持其基本立场。后者主要表现为技术性也可能存在"垃圾科学"或者"半吊子科学"。有些污染环境犯罪因果关系的环保鉴定可能是根本无科学证据支持的,或者是在进行荒谬的科学数据解释。例如,法庭上需要明确的是何种条件的科学或者技术才具有法律上的有效性,能够作为认定事实的依据。也许这种司法复杂性意义上的科学或者技术需要时间的检验,才能具备"有效性"。而现实情况是,科学和技术是日积月累的,并且在很大限度上需要进行自我修正。[①]科学家不断地收集新的资料和数据,提出新的理论和技术模式,但是这些都需要时间进行不断的检验,有的能成功,有的则不能。因此,这就需要法院及其法官作为事实认定者,既要依靠科学和技术来证明因果关系是否存在,又不能完全和放任地依赖;需要法律适用者做的也许更多,不仅包括科学问题和法律问题的审查和裁决,还包括理解和掌握专业人士与非专业人士的思维和需求。

---

① 科学不是关于言语的,但它必须以言语来解释——它从来不是令人完全满意的。几百年来,最基本的科学命题被贴上各种标签。"永恒的真理"和"自明的命题"是一些较为古老的名字,现在受到冷遇。在19世纪,人们大量谈论科学"定律"(Laws)。在20世纪L变成了小写,其中暗含着变化。但是这不能令数学家、物理学家E. T. 惠特克满意。他以为,科学的真正基本要素应当给予其强有力的名称:"无效能的假设"。他指出,这样一个假设,"不是某个实验的直接结果",更确切地说,"这是思想信念的断言,即所有打算做某件事的尝试,无论怎样做都必定要失败"。参见〔美〕加勒特·哈丁:《生活在极限之内——生态学、经济学和人口禁忌》,戴星翼、张真译,上海译文出版社2007年版,第55页。

2. 环保监测报告等公文书证的应用和完善

第一，由于污染环境犯罪因果关系的证明和实践认定，主要依赖的是在环保行政机构执法阶段出具的各种检测报告和数据，以及各种行政执法现场笔录和其他相关行政文书等。这些证据材料由于公安部门和最高检的司法解释而能够直接在后续的刑事诉讼中作为证据使用，因此需要公诉部门和审判机关对这些证据材料的真实性和合法性进行重点审查。

第二，对污染环境执法行为所收集的证据材料，其可采性需要被重点审查，重点体现在涉及这些行政执法证据的收集主体、具体手段以及收集程序等方面。例如，对于犯罪证据的调查收集和事实的证明，需要通过案件发展的物理线索来探求，进而期望能够在犯罪现场被发现。但这可能是血液或皮肤中的小细胞，而无论其大小，这种样品必须被小心地处理，否则证明的合法性、准确性和确定性会随着证据规则的排除而价值难以实现。[①] 在污染环境犯罪因果关系的判定和证明过程中，要合理使用环保监测数据等公文书证证据，需要在具体的环保执法取证主体上进行审查。如果是因主体"越权"而收集到这种环保监测数据，那所收集的证据即不具有可采性，不能在刑事庭审中使用。另外，对于环保监测报告数据的具体收集过程及其合法性和真实性的评价，需要重点考量的是对行政相对人的权益保护原则和行政执法的比例原则。如果对环保行政相对人的权益产生损害，或者不符合行政执法中的适度比例原则，那么这些环保监测报告数据可能因欠缺合法性和可采性而不能直接用于刑事诉讼程序中。

第三，在环保行政主体执法过程中，对污染环境行为及其因果关系的环保监测报告往往与环保行政鉴定存在交叉，通常需要区别环保监测报告和环保鉴定意见两种类型。对于前者，需要明确的是环保监测报告中的鉴定事项是否属于环保专业性事项，判断的主要依据包括是否由环保主管部门及其所属的专业机构和技术人员作出，以及被检测的材料是否具有可靠性。涉及对污染物质及其因果关系链条的监测数据和报告这种公文书证在刑事诉讼中的合理适用问题，具体来说需要从以下三个方面进行制度改进和完善：

[①] Colin Evans, *Criminal Justice：Evidence*, Chelsea House Publishers, 2010, p. 28.

首先，在环保监测数据及其报告中，需要明确具体的委托机构或者单位。也就是说，必须要有相关的环保机构以及执法单位委托监测站进行监测，委托书中必须载明谁委托监测站进行监测、为什么进行监测以及对哪些污染物质和因果链条进行监测。其次，监测站的监测数据和报告不能只是对数据的表述和说明，而应当对具体的监测对象及其影响因子进行说明并说理，具体超标的数量是多少、结论的具体意见要明确。最后，监测站的取证活动要规范化，比如有的案子中请临时工去取样，这样导致的取样过程和监测结果是不规范的，影响的是环保监测数据和报告的证据能力和证明力。因此，环保监测站的取样只能由本站的监测人员去完成，而且要符合取样的流程和规定，使用规范的取样瓶和试剂，达到刑事诉讼程序中对于这类证据的证据能力要求。如果符合这些基本条件，那么这些环保监测报告符合2016年第29号司法解释第12条规定，可以在刑事诉讼中作为证据使用。而对于后者，需要重点审查的是作出这种环保行政鉴定的主体及其专业范围。具体来看，需要考量是否属于专业司法鉴定事项，是否由生态、环境部或者公安机关指定的机构作出鉴定意见。如果是，那么也需同其他证据材料进行综合比对，进而才能在刑事诉讼中作为判定因果关系是否存在的依据。

（三）证明方法的应用方案

1. 以逻辑推理为基本证明方法

在认定证据和证明过程中，最常用的逻辑推理是演绎推理，如假言推理、选言推理、联言推理等；有时也用到非演绎推理，如类比推理、归纳推理、回溯推理；有时是几种推理联合使用。每个案件都是最先使用回溯推理，因为只有发现了案情，才会产生侦查、审判等一系列问题。发现案情后组织侦破工作，当然是从回溯推理开始。从发现案情到结案的过程中，其间无处不贯穿逻辑推理，当然认定证据所运用的都是演绎推理的正确形式并要求对证据的证明和反驳等也要遵守逻辑规则，这样得出的结论才具有必然性。例如，充分条件假言推理要遵守肯定前件式和肯定后件式，必要条件假言推理要遵守否定前件式和肯定后件式，选言推理要遵守否定肯定式。诉讼是一件严肃的事,如果运用了错误的推理形式,后果不堪设想,不是放纵了坏人,就是打击了好人。

而在污染环境犯罪之因果关系的证明和判定过程中,尤其是涉及复杂的、技术性的污染物质及其因果链条流程的作用和影响时,逻辑推理方法的采用可能会产生清晰的、不可替代的分析标准和测试形式。在污染环境犯罪的因果关系证明过程中,Wright 教授的逻辑推理和分析方法值得学习和借鉴。在污染环境犯罪的案件中,NESS 测试[①]肯定了案件中的被告污染行为与结果之间存在因果链条及其流程的相互关联,虽然每一名被告并没有达到充分条件或者必要条件。例如,如果 5 个单位的污染是污染结果发生的必要和充分条件,也就是说存在因果链条及其流程即污染环境犯罪原因力行为与污染损害结果要素能够被完全证明。然而,每一名被告却充分地认定,其每一单位的污染对于污染损害结果要素的发生既不具有充分性,也不具有必要性。这时,每一名被告的一个单位的污染是这样一组先行事实条件集合具有充分性的必要因素,这组先行条件的集合仅仅包含了 4 个单位的其他污染,并且这组先行条件集合的充分性并不因为其他两个重叠之污染单位的存在而受到影响。当然,这种因果关系的证明和确认,也可能存在于第一名被告的 5 个单位污染和第二名被告的 2 个单位污染等的情形当中。[②]也就是说,污染环境犯罪因果关系的证明离不开逻辑认定和形式推理。当然它也存在一定的局限性。如在某些情形中,人们由于掌握的普通污染环境常识性认识和知识不同,无法了解在这一特殊领域中一个行为对另一结果的作用力和原因力,此时这种因果关系的一般逻辑推理和判断可能因自然科学知识的缺失而失效。污染环境犯罪因果关系的证明和判定需要有专业知识的人士通过科学技术专业手段来反映污染原因力行为要素、污染损害结果要素、污染物质及其因果链条流程等因果关系判断要素,从而探求它们之间的相互影响之客观规律。

---

① NESS 测试及其标准在 1985 年由 Wright 教授首先提出。其核心观点为:在具体的以下或者并列情况下,某种特定的行为或者情况才能构成这一特定的结果(即行为对结果具有贡献或曰存在因果关系),即它是一种引起这种特定结果发生的必要因素,而这种必要因素可能是前述事实行为或者情况的一个集合或数个集合。

② Richard W. Wright, Causation in Tort Law, *California Law Review*, Vol. 73, No. 6, 1985, p. 1973.

2. 以经验法则为基本判定方法

具体来说,依据经验法则的标准化类型,可以采用不同的救济方式来限制其在污染环境犯罪因果关系证明中的应用范围。其一,若法官采用的经验法则属于经验定律,误认为较高盖然性之经验原则,以致未再要求其他间接事实来辅助证明污染环境犯罪因果关系的存在,而直接认定待证主要事实的,此乃间接证明的违法适用,在此后的法律审等救济途径中属于可审查范围。其二,若法官适用经验法则时,将52%盖然性经验定律误认为75%之高盖然性经验定律的,虽然其尚未要求其他间接事实来辅助证明,但配合该等间接事实辅助证明后,依一般理性、良知及富有经验法官之评价尚不能认为足以使法院形成确信(90%的盖然性),而个案中法院却认为已形成确信的,于此情形,除非有恣意裁判或证明度违法之问题,否则似不应再以经验法则介入事实审查之事实认定权限。其三,法官将高盖然性经验原则误以为仅属经验定律,而认为污染环境犯罪因果关系这一待证主要事实不能获得证明,此情形亦属不适用间接证明之违法。其四,法官将经验定律误以为仅属经验,而未适用该经验定律,以致认为污染环境犯罪因果关系的主要事实不能获得证明,此情形亦属不适用经验法则之违法。其五,法官将高盖然性经验原则误以为仅属经验定律,但已审查其他足够的间接事实予以佐证,而在证明度上应可使法官形成心证的,因其对于判决结果已无影响,在救济性质的法律审查环节中应尽量不予介入。其六,若法官对污染环境犯罪因果关系事实的认定虽然违反经验定律,但已经别无其他可资利用的间接事实或者证据,而这时法官也没有违反职权调查或证据遗漏等情形的,那么这种法官未适用经验法则的情形,属于认定事实的自由谦抑效果,似乎没有进行救济的必要。①

3. 适当运用心证方法

如前所述,以证据法学为主要内容的证据学,具有一些共同性和通用性

---

① 对于在污染环境犯罪因果关系证明中,应用经验法则方法和技术进行判断时,需要注意的是对于法官自由心证的司法信赖和职业期望,以及经验法则的不同类型对于法官心证的作用和影响。即若对于经验法则定律之盖然性51%到84%之间之高低评价,除非有恣意裁判或另有违法证明度问题之情形,似应尽量尊重事实审查认定结果,成全自由心证原则之于事实审查的存活空间。参见姜世明:《论经验法则》,载《政大法学评论》2009年第107期。

的证明方法,其中最为典型的就是心证方法。这种心证方法的理论主要包括:一是证明渠道的由外到内;二是证明方式的内省性;三是心证过程达到的目的状态是事实判断者的"自认为真"或"视其为真";四是作为证明过程的前提与条件的"普遍理性人"假设。而现代意义上的心证,要求法官自由评价证据证明案件事实。因此,在判断和认定作为行为犯的污染环境犯罪之客观构成要件的合致性时,需要检验的是该污染环境行为是否符合我国《刑法》第388条所描述的构成要件以及2016年第29号司法解释所规定的要素。对污染行为及其污染物质、污染结果等进行严格证明,需要在公诉方承担证明责任的基础上达到刑事诉讼法所要求的证明标准。而对于因果关系中的因果流程及其链条则需要在开放性刑事政策的考量基础上,采取谨慎的自由证明来实现被告人承担一定证明责任事项的技术要求。①

而在判断作为结果犯的这种犯罪构成要件合致性时,Roxin并没有提出自己的理论,而是倾向于采用Engisch修正条件理论所提出来的合于法则的因果关系理论。即在许多的条件中,只有合于法则的条件,才是结果的原因。不过,Roxin也承认所谓的"合法则的条件"是空洞的。因果关系单纯尚可,在因果关系复杂或者模糊的情形下,什么判断方式都是无用的,只能透过自然科学的实验方法予以证明,如果连自然科学的方法也证明不了的,不可由法官自由心证决定有因果关系。在日本,关于污染环境犯罪因果关系的证明,除了适用公害法中的推定方法之外,有些学者还基于环境侵权法的理论和背景提出了所谓的概率心证方法,认为适当运用心证方法是有益的。仓田卓次提出从心证的方法和程度来审视因果关系,从而根据因果关系认定的盖然性来判断其是否存在。野村好弘则在概率心证方法的基础上,提出了比例因果关系说,即在因果关系的肯定性证据与否定性证据并存的情况下,将它们综合起来进行比较和考虑,根据心证的比例程度来确定因果关系的存在与否。而新美教授持相反的观点,认为这种心证上的概率因果关系认定方法应当受到一定的限制,主要将这种证明方法适用于药害、公害等特定领域和范围。②

---

① 杨继文:《污染环境犯罪因果关系的证明》,载《政治与法律》2017年第12期。
② 〔日〕圆谷峻:《判例形成的日本新侵权行为法》,赵莉译,法律出版社2008年版,第220—225页。

第七篇 国家生物安全风险防控和治理体系的问题研究

杨继文

一、引言：生物安全与基因风险

　　生物安全是指与生物有关的因素对国家社会、经济、公共健康与生态环境所产生的危害或潜在危害。① 基因技术的产生和发展，是新时代生命科学领域的核心议题之一。虽然我们可以享受基因技术带来的生命延续、精准医疗的好处，但是在其应用过程中同样存在着负面效应、风险难题和现实挑战。基因编辑是运用生物手段对基因进行修改，人为进行自然选择的一种技术。② 将 CRISPR/Cas9 基因编辑技术运用于人体基因编辑有较大的技术安全隐患。滥用人体生殖细胞基因编辑技术可能会加剧社会分化和不平等，并引发人类

---

　　① 常纪文：《加快构建国家生物安全法律法规体系》，载《学习时报》2020 年 2 月 17 日第 1 版。
　　② Vera Lúcia Raposo, Are Wrongful Life Actions Threatening the Value of Human Life?, *Journal of Bioethical Inquiry*, Vol. 14, No. 3, 2017, pp. 339-345.

基本伦理道德间的冲突,危及人类尊严。①

一些科学实验表明,基因科技的发展有利于环境污染的治理。美国科学家在《美国科学院院刊》上发表的研究成果指出,改变树或草木等植物的基因后,这些绿色植物能够吸收或降解土壤、地下水或大气中的各种污染物,实现绿色环境治理。② 但当出现摆在一起凑成数字"8"形状的连体桃子、一朵被自己的茎穿透的蘑菇、体形硕大的包菜、长成五根手指状的萝卜时,不要以为这是大自然的鬼斧神工,它们只是一些由于环境污染发生基因突变的植物。是谁让它们桃子不像桃子,萝卜不像萝卜,是谁动了它们的基因?③ 生物安全和环境安全是人类生存和发展的基础,关系到公民的切身利益、国家的安全和社会的稳定。现代基因生物技术的效益与风险并存,因此必须采取谨慎的规制政策和治理模式,④在构建国家生物安全风险防控和治理体系中,强调在回应型法治⑤的基础上防止转基因生物技术对环境造成的污染⑥和对人类的威胁。⑦

二、 风险与问题:基因科技的负效应与治理难题

从1988年美国国家科学研究委员会撰写题为《人类基因组的作图与测

---

① 杨建军、李姝卉:《CRISPR／Cas9 人体基因编辑技术运用的法律规制——以基因编辑婴儿事件为例》,载《河北法学》2019 年第 9 期。

② 聂翠蓉:《植物卫士悄然现身——转基因树木能有效清除环境污染》,载《今日科苑》2008 年第 1 期。

③ 曾申申:《环境污染下的基因突变》,载《世界环境》2015 年第 1 期。

④ 李晓明、韩文辉、曹利军:《转基因农业与可持续发展》,载《中国人口·资源与环境》2002 年第 3 期。

⑤ 王凌皞:《基因改造、人性与人类价值——辩护一种自然主义的"人类改进"概念》,载《华东政法大学学报》2019 年第 5 期。

⑥ 刘旭霞、田庚:《转基因生物环境污染监管制度的和谐建构》,载《科学与社会的影响》2008 年第 1 期。

⑦ 杨继文:《环境、伦理与诉讼——从技术到制度的环境司法学》,中国政法大学出版社 2015 年版,第 1 页。

序》的专题报告,到20世纪90年代美国"人体阿波罗"计划的实施,再到我国的"炎黄""神农""轩辕"基因组学研究计划的启动,基因科技已经得到了全面发展。但是,近年来发生的"基因滥用"事件警告我们:基因科技的科研实践活动可能会导致具有社会性和全球性的污染产生。

(一) 基因科技导致的风险与问题

基于德国著名社会学家乌尔里希·贝克的风险社会理论,基因科技的环境风险是指,在基因科学技术的驱动和发展过程中,由于人类的基因研究实践所造成的局域性或者全球性基因环境污染、基因秩序破坏、生物发展灾害等风险治理事件,并由政府机关和占据主导地位的社会公众对这样的基因失序和环境生态危机进行风险治理和威胁消除的活动。基因污染在法律上应被视为危险行为,在损害形态上表现为生态损害与传统损害的典型复合,同时体现了损害危险、损害风险的意义。我国现行侵权法规范只能在解释论的基础上有限地回应基因污染损害的救济,但存在固有的障碍。① 这种基因科技导致的风险,主要体现在以下几个方面。

第一,基因资源破坏和基因环境污染。

基因科技的实验研究和应用实践可能会导致"基因资源"被破坏以及发生"基因污染"事件,产生人与自然生态的新矛盾。基因科技的不当应用,可能会对生物多样性造成威胁,甚至会产生由"基因堆叠"导致的"基因污染"性质的超级物种,这种超级物种本身可能就是环境污染的来源。虽然基因科技的应用使得农业产量大幅增加,但也可能提高病症的发病率。② 例如,对转基因食品的安全性问题需要始终保持警惕。2002 年,国际组织有意向遭受饥荒侵蚀的国家提供基因改造物种,但因可能直接或者间接污染当地作物和自然生态环境而被拒绝。再如,1996 年出生的克隆羊多利,只存活了6 年多就因肺部感染而被实施了"安乐死",引起了全球对基因生物和基因信息风险安全性的思考。基因科技的医疗手段、"转基因"生物的引入,可能会

---

① 王康:《基因改造生物环境污染损害的私法救济》,载《法律科学(西北政法大学学报)》2015年第 5 期。
② 〔英〕J. D. 贝尔纳:《科学的社会功能》,陈体芳译,广西师范大学出版社 2003 年版,第404 页。

导致生物圈和自然圈的生态平衡被破坏,危害生物多样性和食物链的理性选择。美国食品药品监督管理局(FDA)曾经暂停了一些基因医疗实验,因为这些基因医疗存在"基因污染"风险,这既可能对基因治疗对象的生命权、健康权产生侵害,又可能对自然资源、社会生态产生前所未有的冲击。目前人类对基因调控人体机制的了解仍十分有限,基因治疗方式可能对受试者造成无法预见且深远的医源性危害,还可能造成基因改良人、人造人种与人造物种等的出现,从而影响大自然既有的规律,构成对人类生存权的挑战。①

第二,基因科技风险防范与公平问题。

基因科技的实验研究和应用实践缺乏详尽的和有针对性的职业伦理与风险防范机制,难以遏制其负面效应。出于对基因科技安全性、技术性和专业性的考量,各个国家普遍担心目前的"基因识别""基因选择""基因档案"等基因科技的职业伦理和风险防范机制,基因科技是否会导致侵犯人类隐私和尊严的风险,扩大阶级、贫富差距,甚至是牺牲下一代人的利益,我们都不得而知。基因研究需要跟踪每个主体的基因样本,如果基因样本缺乏职业伦理和研究程序的规范限制,可能造成样本混同,追踪基因研究成果的基因资源将受到破坏。过去环境对健康的威胁都是在局部地区发生特定危险,但在基因科技发展的今天,威胁的规模更大,影响也可能更加深远,许多生命依赖的生态和地理系统可能会因基因科技的滥用而被破坏。②

第三,基因科技欠缺体系化的法律保障机制。

基因科技的实验研究和应用实践可能会由于缺乏法律规制和司法保障机制而对人类造成威胁。现代生物技术效益与风险并存,为了防止转基因生物技术对环境造成污染,在和谐社会理念下探讨转基因生物环境污染的法律监管制度具有十分重要的意义。③ 基因科技虽然可以创造更加美好的社会环境,但是科技的无限发展也会导致不为人类所预知的生物安全风险和隐忧。因此,有必要在基因科技应用越来越广泛的今天,通过法律管控和法律保障机制对基因科技进行综合治理,减少基因风险事件的发生,以便

---

① 刘长秋、刘迎霜:《基因技术法研究》,法律出版社2005年版,第33页。
② 〔英〕东尼·麦克迈克尔:《人类浩劫——失衡生态的反噬》,王新雨译,台湾商务印书馆2007年版,第261页。
③ 刘旭霞、田庚、王妍:《转基因生物环境污染监管法律制度研究——多元互动的生态型监管模式构建》,载《特区经济》2008年第5期。

在出现基因污染和基因生物灾害等事件时,能够通过法律保障机制准确认定责任并确定责任承担人。

(二) 导致基因技术风险的原因分析

在人类中心主义的背景下,基因科技往往具有一定的不确定性。许多人都持有一种基因独特主义的态度,认为基因科技有别于一般科技,会引起许多前所未有的问题,因此需要作特别的规范。但是,这种看法隐藏着一种基因决定论的谬误。其实,基因是否可以预测一个人的健康,不能一概而论。大多数疾病纵使与基因有关,但也不是单一基因能决定的,而是许多基因交互影响,其中还涉及后天饮食、环境等因素的作用。过于强调基因科技的独特性,是犯了事实上的谬误。而且界定什么是基因科技及其应用本身可能也有困难,这会让一般的医疗技术因被评价为与基因相关而被禁止使用。①

三、 比较与借鉴:域外基因技术风险的治理模式

在国家生物安全风险防控和治理背景下,基因科技在国外引发了理论争议,形成了不同的法律治理和监管模式,这些模式对我国有重要的参考价值。

(一) 美国:实质—产品监管模式

在美国,"自 20 世纪 70 年代提出生物安全概念以来,出台了多部生物安全相关法律法规,包括《生物反恐法案》《公共卫生安全与生物恐怖主义预警

---

① 叶俊荣等:《天平上的基因——民为贵、Gene 为轻》,元照出版有限公司 2009 年版,第 243 页。

应对法案》《生物盾牌计划法案》等,为生物安全防范、生物恐怖主义、生物安全药物研发、公共卫生防御等领域提供法律保障。"[①]在维持生物安全原则的基本要求下,美国形成了二元监管原则和三大监管机构的法律治理模式。这表现为在实质等同性案件分析原则和以三代转基因产品(见表7-1)为中心的监管政策下,由环保局、农业部以及FDA为主体的法律治理模式。此外,美国还非常注重对基因科技的监管。在产品主义路径指引下,美国联邦各机构分别根据可适用的联邦法律,对转基因生物及产品实施严格管理,有效维护了食品安全和环境安全,为美国生物技术产业发展去除了障碍。[②]美国早在1994年就批准了莎弗番茄的商业化生产,它是美国批准的第一种转基因作物,虽然可以减少种植中的病虫害,但不少美国大众仍然非常担心这种基因科技可能产生的风险和危害。美国也是较早对基因科技采用专利保护模式的国家。美国最高法院通过Diamond v. Chakarabarty案,对人工遗传工程的自然产物细菌给予了专利保护。世界上第一部关于转基因监控的法律法规也诞生于美国,即1976年颁布实施的《重组DNA分子研究准则》。除此之外,美国还颁布了一系列法律法规,如《联邦植物病虫害法》《联邦病毒—血清—毒素法》等。值得一提的是,美国《联邦食品、药物与化妆品法》对应用基因科技的转基因食品和基于风险规避的转基因成分检测,规定了严格的"标识"制度,这对欧盟国家产生了重大的影响。

表7-1 美国转基因产品的三代发展

序号	转基因产品	内容和特性	备注
一	抗除草剂、抗病虫害和抗旱涝	增强植物输入特性	第一代
二	提高作物产量和增加作物营养含量	增强植物的输出特性	第二代
三	开发研究药物和新元素等产品	围绕生物反应器生产药物和稀有元素	第三代

---

① 王会芝:《发达国家生物安全风险防控与治理》,载《中国社会科学报》2020年3月2日第3版。
② 刘银良:《美国生物技术的法律治理研究》,载《中外法学》2016年第2期。

（二）欧盟：分歧—强制监管模式

由于经济发展水平和自然环境条件不同，欧盟各成员国对基因科技及转基因产品的应用持不同的态度，形成了支持派、中间派和反对派。（见表7-2）在立法上，主要体现为1990年通过的《关于封闭使用转基因微生物的90/219/EEC指令》和《关于对环境谨慎释放转基因生物体的90/220/EEC指令》，2003年颁布实施的《有关转基因食品和饲料的条例》和《有关转基因生物追踪性和标签、有关转基因生物制成品的追踪性和标签条例》等。① 再如，在1998年，欧盟通过了《关于生物技术发明的法律保护指令》，对基因技术的保护采取了专利模式。总的来看，欧盟对于基因科技应用和转基因生物的监管呈现出分歧—强制的监管模式。分歧体现为不同国家基于本国民意、行业自律以及国家政策呈现出不同的监管态度和监管方式；强制体现为欧盟各国普遍对应用基因科技的产品实施严格且透明的市场准入制度、审批制度、风险评估制度，注重基因科技应用的标签制度和可追溯制度。

表7-2　欧盟国家的不同态度和派别

派别	国家	备注
支持派	西班牙、葡萄牙、捷克、罗马尼亚、波兰、斯洛文尼亚	均为基因作物的生产国
中间派	瑞典、荷兰、丹麦、比利时、芬兰、卢森堡、爱沙尼亚、立陶宛、德国、保加利亚、爱尔兰、拉脱维亚	立法有限制，民意较为担心，但行业持乐观态度
反对派	法国、意大利、希腊、奥地利、匈牙利	

（三）发展中国家：风险—激励监管模式

发展中国家对基因科技及转基因产品是在防止滥用风险的基础上形成法律激励模式。巴西通过《生物安全法》对转基因产品在准入等方面进行了

---

① Gerd Winter, Cultivation Restrictions for Genetically Modified Plants: On Variety of Risk Governance in European and International Trade Law, *European Journal of Risk Regulation*, Vol. 7, No. 1, 2016.

强制规定,规范监察和安全标准,惩罚人类胚胎的不合理使用及变异等违法行为。这也符合了联合国《禁止生物武器公约》所强调的,基因武器的风险应当受到各个国家的重视。1997 年联合国教科文组织通过的《世界人类基因组与人权宣言》给出了基因资源保护、反对基因滥用等方面的立法指导意见。多年来,一些发展中国家也发生了关于转基因作物的负面事件,在巴西的坚果事件中,科研人员发现转入的蛋白质等基因可能是导致食用过敏的主要原因,这使得当地公众对基因科技和转基因产品的认识产生负面影响。[1] 在墨西哥的玉米事件中,科研人员对瓦哈卡地区的玉米进行采样研究发现,花椰菜花叶病毒启动子与抗虫玉米的某些基因序列相似。绿色和平组织因此认为,墨西哥的玉米可能已经受到基因污染,玉米改良中心的基因库可能也受到了基因污染。[2] 在印度的茄子事件中,印度科技部和农业部力挺转基因茄子是无害的,但在 2010 年政府还是因潜在的基因环境污染风险,暂停了转基因茄子的商业化种植。印度的国家生物多样性管理局甚至起诉了美国孟山都公司,因为这些品种的茄子品种转入了苏云金芽孢杆菌但没有获得生物多样性管理局的批准。

总之,在发展中国家,虽然基因科技的应用和转基因产品具有一定程度的基因污染乃至基因环境污染的风险,但是一些政府还是希望通过基因科技来激励相关企业,促使本国农业和粮食产业的快速发展,呈现出在风险中激励的监管模式。

(四) 借鉴和启示:需要技术标准化,更需要法治协同化

事实上,基因科技的发展是全球性的,其应用也是全球性的。自 1990 年美国、英国等 18 个国家的研究团队联合启动了人类基因组解读计划以后,基因科技在人才、资金与技术方面的全球性即成为规范基因科技的不可忽视的因素,因为这些跨国的人才、资金与技术,更可能流向法律规范的国家。有鉴于使用者与专业技术人员的可迁移性,将来基因医疗与复制技术成熟

---

[1] Julie A. Nordlee, et al., Identification of a Brazil-Nut Allergen in Transgenic Soybeans, *The New England Journal of Medicine*, Vol. 334, No. 11, 1996.

[2] Paul Andersen, Anti-GM Campaigners' Concern Over Biotech Industry Influence, *Farmers Weekly*, Vol. 142, No. 2, 2005.

后,其技术的应用也将随着提供者与使用者的迁移,逐渐扩散到全球。在全球化时代,基因科技的影响往往会跨越国家的边界。目前基因改造食品在全球各国的进出口,即是最明显的例子。因此,我们需要思考如何在全球化的背景下,对基因科技涉及的进步、安全和正义等议题进行标准调和和法治协同,①在法治化的系统构建中实现基因风险的有效治理和基因科技的良好发展。

从上述比较和分析看,世界各国和地区在基因科技的风险防范与应用方面往往呈现出基于不同国情的不同模式,各种模式间有区别也有相似。转基因生物全球对抗的实质表现为对科学技术的未来控制的斗争和全球粮食战争。② 基于此,我国应该根据国情,构建国家生物安全法律法规体系及制度保障体系,在《卡塔赫纳生物安全议定书》的国际法原则下,尽快修改完善《基因工程安全管理办法》《农业转基因生物安全管理条例》《人类遗传资源管理条例》等法律法规,③加快立法建设进度,依法保障我国基因资源的多样性和基因数据的完整性,形成和发展具有中国特色的基因科技和基因技术风险的法律协同治理模式。

四、体系与构建:迈向回应型法治的协同治理模式

(一)迈向回应型法治

基因编辑技术对生命本身以及对人类社会的伦理价值和基本秩序造成的冲击显而易见,但法律的回应明显滞后。目前通行的风险规制模式将事

---

① 叶俊荣等:《天平上的基因——民为贵、Gene 为轻》,元照出版有限公司 2009 年版,第 250 页。
② 邓宗豪、郭籽实、刘文静:《国际社会对转基因生物的争论及对中国的启示》,四川大学出版社 2016 年版,第 259 页。
③ 田野:《生物科技时代的立法因应》,载《上海法治报》2019 年 6 月 19 日第 B06 版。

实层面的风险与规范层面的伦理争议混为一谈,不利于发展出一套既鼓励创新又保护个人权利和公共利益的规则体系。① 基因科技作为生命密码的研究载体,关系到社会公众和自然生态的利益与协同发展。因此,为避免因基因科技所导致的"基因滥用""基因资源破坏""基因污染"和"基因恐怖主义"等基因治理事件的发生,需要国家进行严格监控,在开放性原则②下充分发挥社会、市场及法治的功能,尤其在法治方面需要从法律预案到行政执法再到司法程序的综合干预。例如,基因编辑技术需要行政监管,根据相应法律规则进行的监督可以保证基因编辑技术的各类研究活动能够符合公序良俗。③

基因风险的未知性和不确定性决定了风险规制只能"决策于未知之中",而传统法律通过明确权利及义务来规范基因科技的消极危险应对模式显然不能有效回应增长的技术风险,因此迫切需要构筑回应型法律规制模式。④ 进一步说,我们需要从压制型法治迈向回应型法治,⑤确保法秩序与有效治理深度融合,实现基因风险回应法治系统⑥和回应法治体系的构建,形成具有中国特色的基因环境风险治理的"协同模式"。基因风险的回应型法治构建,对形成公共文明秩序的主要作用体现在两个方面:一是它使得法律秩序在具体问题上更加温和、包容多样性,寻求在普遍中达成合意而不是残酷地对待越轨者;二是它鼓励对公共秩序的危机采取一种以解决问题为中心的非暴力抵抗态度,因为回应型法治倾向于在合作中宽恕违反规则的行为。⑦ 回应型法治是开放、参与、更具张力、更能反映社会变革所需的法律范

---

① 郑戈:《迈向生命宪制——法律如何回应基因编辑技术应用中的风险》,载《法商研究》2019年第2期。
② 杨继文:《污染环境犯罪因果关系的证明》,载《政治与法律》2017年第12期。
③ 谭波:《"深圳基因编辑婴儿事件"中伦理审查的法治拷问》,载《河南工业大学学报(社会科学版)》2019年第2期。
④ 董正爱、王璐璐:《迈向回应型环境风险法律规制的变革路径——环境治理多元规范体系的法治重构》,载《社会科学研究》2015年第4期。
⑤ 胡若溟:《迈向回应型法:我国科学技术决策立法的反思与完善》,载《科学进步与对策》2018年第15期。
⑥ 杨继文:《中国环境治理的两种模式:政策协调与制度优化》,载《重庆大学学报(社会科学版)》2018年第5期。
⑦ 李晗:《回应社会,法律变革的飞跃:从压制迈向回应——评〈转变中的法律与社会:迈向回应型法〉》,载《政法论坛》2018年第2期。

式,是法之"应然"与"实然"结合的产物。它促使建立新型的普遍服从的文明秩序,契合了中国法律范式的发展要求。①

(二) 协同治理的回应合作原理

第一,基因科技问题的极端复杂性。

2000 年人类基因图谱的公布给生物医学界带来了极大的激励,也给家族性和遗传性疾病患者带来了希望。基因筛查、遗传诊断、干细胞技术、基因治疗、复制动物、基因改造生物等基因科技的突飞猛进,不仅是患者和缺陷基因携带者的福音,还会惠及普通的社会公众。当然,也会给相关产业带来财富和商机。然而,这些基因科技相关的伦理、法律、社会、文化等基本课题却没有被完整而深入地研究和探讨,这是因为基因科技乃至基因环境污染问题具有极端复杂性。因此,我们需要在 21 世纪里,秉持着"预防胜于治理、防范危机于未然"的理念,更加积极和慎重地评估基因科技及其造成的环境污染给人类带来的威胁,促进基因科技的良好发展并充分展现其正效益。②

第二,基因风险治理需要合作协同理念。

在法治国家的构建过程中,除了需要强调消极的自由权防卫功能外,更需要强调国家的法律保护义务功能。此时,国家不仅被要求不得以权力行为侵害人民的基本权,当人民的基本权被国家以外的第三人侵害时,人民也可以基于基本权保护义务功能对国家请求实质上及程序上的保护。然而,以扩大国家机能来补救自由市场经济的弊病,也带来了新的问题。除了政府组织机构膨胀、国家财政因任务而日益窘困外,国家采取强制措施往往还难以兼顾相对人的需求,会导致相对人抗争、不愿配合的情形出现。基因风险环境问题可能涉及许多人的利益,因此行政机关的介入仍有其必要性,但是引进民间力量,加强民间参与,重视相对人的平等地位选择权,增强法律机制、行政机制、市场机制同社会机制的合作等观念也已获得了广泛的认可。因此在环境政策领域,虽然仍有许多必要的强制性管制措施,但也有了

---

① 于浩:《迈向回应型法:转型社会与中国观点》,载《东北大学学报(社会科学版)》2015 年第 2 期。
② 叶俊荣等:《天平上的基因——民为贵、Gene 为轻》,元照出版有限公司 2009 年版,第 1 页。

许多间接的、柔性的影响性措施,二者协同更有助于全面、有效的环境保护政策的实行。①

第三,共享理念下的治理主体协同优化。

共享理念下的治理主体协同,需要以协商型环境规制为基本原理,以过程和程序为法律机制,以风险预防、多元参与、协商沟通、公开透明、合作共治为基本特征,以制度性整合、功能性整合和价值性整合为作用机理,这一新型环境规制模式具有遵从度高、结构开放、彰显正义、风险预防以及灵活性强等功能。② 具体来看,其一,基因风险治理需要在国家治理背景下,优化环境污染治理与国家治理的关系,在国家治理体系下,从单方强权式管理逐步向公私多元式合作演进。其二,基因风险治理需要明确公权与私权协同治理路径。基因风险的协同治理模式,需要"公"与"私"的全面沟通与合作,积极倡导发展公权与私权合作的社会治理技术。其三,基因风险治理需要强调第三方的参与与规制。在基因风险的多元治理中,第三方组织的运作可以被理解为是在政府的制度设计之外,通过市场机制的经济博弈参与环境污染治理的过程。它可以弥补环境污染治理过程中的体制僵化,与正式规制形成制度互补,进而推动基因风险多元治理的现代化更新与完善。其四,基因风险治理需要树立协同治理的共享理念。在基因风险治理过程中,存在国家、政府、社会组织、公司企业、群众个人等多元主体,因此需要运用第三方治理理论,在治理过程中实现各主体的集成优化,在共享理念下完成主体之间的沟通与协调。

(三) 协同治理模式的回应原则

第一,基因技术风险治理的预防原则。

其一,完善基因技术风险法律预案。在《医疗技术临床应用管理办法》《生物医学新技术临床应用管理条例(征求意见稿)》等文件的基础上,针对基因科技及其编辑所导致的基因风险编制详尽的法律应对预案。其二,完善污染环境罪、重大责任事故罪等罪名,必要时增加"非法利用克隆人罪"

---

① 陈慈阳:《合作原则之具体化——环境受托组织法制化之研究》,元照出版有限公司2006年版,第103页。
② 张锋:《我国协商型环境规制构造研究》,载《政治与法律》2019年第11期。

"非法转让基因技术罪"等"基因犯罪"类型,通过刑事手段促进基因科技的良性发展。其三,在遵循法治原则和比例原则的基础上,对掌握基因科技的重点人群进行重点监控。其四,完善司法的诉源治理,强调基因科技司法治理的功能强化和前置化机制的构建,促进参与主体的多元化,积极鼓励社会公众、志愿者和专业社工等主体的参与。

第二,基因技术风险治理的及时原则。

基因污染的法律系统治理需要重点强调及时迅速原则。这是因为首因效应会导致这类突发事件引起舆情。因此,基因污染事件发生时,要求法治主体不管遇到非司法的事件,还是司法事件,都能够在第一时间发布权威信息,对网民关心和质疑的问题进行快速梳理和回答,防止舆论事件过度发酵产生不良影响。而在技术方面,例如在研究尚不具有个性的前胚胎时,可以在符合法定条件、伦理原则和程序等前提下,适度放宽关于人类胚胎基因编辑实验研究的限制。参与者的基因自主权和研究者的研究自由需要得到保障,但必须以尊重人的尊严、公共利益和他人自主选择生活的权利为前提。①

第三,基因技术风险治理的跟踪原则。

对基因风险的协同治理不仅要注意司法过程中的明确说理、证据解释和程序释明,还要跟踪基因风险事件从发生到司法处置的全过程。在办理基因风险案件过程中,还需要及时记录案件的流程和处理信息,收集相关的证据材料,必要时可以通过跟踪研究,集中发布较为典型的基因风险事件司法治理指导性案例,切实提高国家机关应对基因风险事件的综合应对能力。

(四) 协同治理模式的回应法治构建

第一,健全基因技术风险事件的专业评估机制。

在处理由基因技术导致的环境污染事件时,要注意观察当事人的行为表现和情绪特征,采用科学方法评估环境污染事件的风险等级,制定有针对性的基因风险协同治理事前预案,避免由污染事件发展为社会性事件。例如,2009年发生的转基因水稻安全证书事件促成了国家农业转基因生物安

---

① 王康:《人类基因编辑实验的法律规制——兼论胚胎植入前基因诊断的法律议题》,载《东方法学》2019年第1期。

全委员会的改革,但该委员会目前仍存在专业构成不均衡、独立性不足、透明度较低等问题亟待解决。① 具体来看,应当将基因技术造成的污染事件与核能意外事件采取同样的方式处理。即使两者的特性存在一定的差异,但是从风险的影响程度和治理难度的角度看,两者又十分相似,因此应该由国家、政府主导和出面,广泛邀请专业性的基因风险评估组织进行专业测评分析。当发生基因风险事件时,可能会出现企业或科研机构主体"权限转移"问题。"此权限系当设备处于'可能发生'或'已经发生'相关危险情形时,企业等主体基于排除或控制此危险之必要,得将相关之决定权转移给受托组织,由受托组织进行相应的处理。"② 这种基因风险应对权力的转移,缘于基因风险的特殊性和广泛性,因此需要特别设计紧急权限,同时也从专业性和职业性的角度出发,构建基因风险应对的专门组织和队伍,也有助于实现降低风险、控制污染的目的。此外,"在监管制度上应建立国家生物伦理委员会或国家基因技术委员会,确立人类基因编辑、人类胚胎实验的个案审批制,提高机构伦理委员会的独立性和专业性。"③

第二,构建重点案件的协调保障机制。

针对基因风险事件导致的纠纷和矛盾,尤其是可能发生过激行为的案件,法院、检察院、公安部门和行政部门应当及时进行沟通,畅通基因风险治理的衔接机制,保障社会秩序的恢复和相关人员权利的修复。政府需要重视公众参与在环境治理中的作用,形成公众有效参与环境立法、监督环境执法、促进环境投资的基因风险治理新局面。④ 面对基因风险重点案件,执法人员应当及时报告案件发展情况,通知相关部门,做好安全保障、科技保障和舆情应对。

第三,注重事中和事后的衔接治理机制。

针对转基因作物产业化社会治理的现状,可以通过分析传统社会治理

---

① 杨辉:《谁在判定农业转基因生物是否安全——国家农业转基因生物安全委员会群体素描》,载《自然辩证法研究》2019年第10期。
② 陈慈阳:《合作原则之具体化——环境受托组织法制化之研究》,元照出版有限公司2006年版,第21页。
③ 王康:《"基因编辑婴儿"人体试验中的法律责任——基于中国现行法律框架的解释学分析》,载《重庆大学学报(社会科学版)》2019年第5期。
④ 李子豪:《公众参与对地方政府环境治理的影响——2003—2013年省际数据的实证分析》,载《中国行政管理》2017年第8期。

模式的弊病,构建适合我国国情的政府、市场、社会三维框架下的多中心治理新模式,以建立"政府、专家、企业、公众和社会"五位一体的对话、协商、衔接和决策治理机制,推进决策的科学化与民主化,从而兼顾各社会群体的整体利益,控制转基因作物产业化发展带来的社会风险,最终实现转基因作物产业化的可持续发展。① 在基因风险环境污染事件的治理过程中,遇到突发情况和事前没有风险评估的案件,执法人员应当与各安保部门进行联合处置,第一时间控制事态,避免其向恶性发展,并采用适度的隔离措施防止当事人和其他相关人员做出过激行为。

第四,建立基因风险事件证据保全制度。

证据在不同社会治理模式中扮演着不同的角色。在法治社会中,证据在提供行动正当性依据、实体法实施以及案件事实认定这三个层面发挥着重要作用。基于我国社会变迁过程中各个方面的变化,证据在社会行动和司法裁判中所发挥的作用越来越重要。② 在处理基因风险事件时,需要采取录音录像的方式同步记录相关人员的违法行为,避免由于事件的急迫性和突发性而导致证据缺失。

第五,其他配套制度的完善。

针对基因风险事件,要健全基因风险调控和合理分配机制,设置基因风险纠纷的司法便捷性程序,先备案、后审理,适当延长法官工作时间,充分利用替代性纠纷解决机制对涉基因风险的案件进行科学分流。完善基因风险相关的法治保障机制的场景化设置,提高基因风险治理的法治自救能力,构建能够应对基因风险的专业执法、司法部门和专业执法、司法队伍,充分发挥基因科技专家作为辅助人的作用,实现法律专家和科技专家的协调配合。

在国家生物安全风险防控和治理体系完善的背景下,我国基因风险的法律规制可以吸收和借鉴美国的"实质—产品监管模式"、欧盟的"分歧—强制监管模式"和部分发展中国家的"风险—激励监管模式",以此构建和完善我国的"协同治理模式"。具体来看,可以从以下方面构建我国的"协同治理模式":

---

① 毛新志、曹美娜:《我国转基因作物产业化的社会治理模式》,载《武汉理工大学学报(社会科学版)》2018年第2期。
② 吴洪淇:《证据的基本定位与法治化问题》,载《浙江社会科学》2019年第8期。

第一,明确基因风险治理的法治化标准,完善具有"回应法治"特点的协同治理模式,进而全面提高国家生物安全治理能力,形成基因法治的"中国之治"模式。

第二,在合作协同理念和主体协同优化的基础上,明确基因环境污染治理的预防原则、及时原则和跟踪原则,并提出需要完善基因技术风险法治预案,必要时在刑法中可以增加"非法利用克隆人罪""非法转让基因技术罪"等"基因犯罪"类型。

第三,明确协同治理模式的回应法治的具体机制构建,即健全基因风险事件的专业评估机制,构建重点案件的协调保障机制,注重事中和事后的衔接治理机制,并建立基因风险环境污染事件的证据保全制度及完善其他配套制度。

第八篇　纪检监察指导性案例制度的适用研究

王小光

　　学界在 21 世纪初对案例指导制度的研究主要聚焦法院系统,研究主题涉及案例指导制度的功能、价值、编纂、制作和发布流程等,主要是对司法指导性案例的基础性理论问题和制度运行细节进行深入研究。最高人民法院自 2010 年以来先后出台多部关于案例指导制度的规范性文件,法院系统案例指导制度及其适用已相对健全。然而,法院系统的案例指导制度作为中国式的"判例制度",遵循司法判例制度运作的基本"准则",[①]与纪检监察工作、行政执法等其他领域的指导性案例存在某些共性,但在制度运行原理和基础等方面存在较大差异。纪检监察体系以纪检机关和监察机关合署办公为基本特征,违纪和违法问题在同一案件中交织,执纪和执法在同一案件中一体运行,形成纪检权和监察权一体运行现象。党纪政务处分的内容多且认定标准复杂,相关规范性文件的规定较为概括,尤其是监察改革推进较快而相关监察法律体系尚未成型,各地执纪执法的标准和程序存在些许差异,造成执纪执法的地区间不平衡问题。

　　纪检监察机关工作人员早在 2011 年就提出建立党纪政纪案例指导制度的意义、可行性及实施方案。[②] 随着 2016 年监察改革全面深化,中央纪委自 2021 年以来先后发布三批纪检监察指导性案例,初步确立纪检监察指导性

[①] 参见于同志:《"案例指导"何以发生》,载《法律适用》2017 年第 10 期。
[②] 参见刘庆军:《关于建立党纪政纪案例指导制度的几点思考》,载《中国纪检监察报》2021 年 5 月 27 日。

案例的发布权限、样式和流程。纪检监察指导性案例制度可以自上而下整合各地差异化的执纪执法标准,规制地方纪检监察机关的自由裁量权,弥补纪检监察规范性文件公开性不足和立法滞后的问题。本篇重点分析中央纪委国家监委发布的纪检监察指导性案例的功能定位等基本原理,进而提出建立纪检监察指导性案例制度的具体方案。

一、 纪检监察指导性案例制度的功能和价值

在中国实行的案例指导制度,是指以制定法为主,以案例指导为辅,在不影响制定法作为主要法律渊源的前提下,借鉴判例法的一些具体做法。制定法与指导性案例的关系是"主"与"辅"的关系,而不是"主"与"副"的关系。① 纪检监察领域的执纪执法指导性案例功能和价值与司法领域指导性案例存在某些共性,比如均可以发挥弥补成文法滞后性等缺点和不足,但又具有自身独特的价值意义,可以辅助发挥贯彻中央文件精神等功能。

(一) 发布指导性案例可以贯彻党中央有关精神

中央纪委国家监委在 2021 年 8 月制定出台《关于发布指导性案例的工作办法(试行)》(以下简称《工作办法》),首次在中央纪委国家监委层面建立系统科学的案例指导制度。中央纪委国家监委审理室在答记者问中指出,发布纪检监察指导性案例是贯彻党中央精神的应有之义。中央在监察改革之初明确,监察机关是实现管党治党的政治机关,其性质和地位不同于行政机关、司法机关。② 审判机关、检察机关等并未从中央层面被界定为政治机

---

① 参见刘作翔:《案例指导制度的定位及相关问题》,载《苏州大学学报(哲学社会科学版)》2011 年第 4 期。

② 参见李鹏:《纪检监察机关践行初心使命矢志不渝》,载《中国纪检监察报》2021 年 11 月 10 日第 1 版。

关,而纪检监察作为政治机关的定位有着特殊含义:监察改革实现党对纪检监察业务的直接领导,纪检监察合署且纪检党组领导监察业务,纪检监察被定位为管党治党的基本工作,纪检监察工作直接关涉党的政治建设和政治安全。正是纪检监察工作的特殊性,决定其政治机关的超然定位,决定纪检监察工作是一项政治性很强的业务工作。此种定位决定纪检监察业务工作受到党的方针、政策和精神的深刻影响,党内发布的非规范性文件性质的要求可能成为纪检监察的直接依据,比如党中央提出的"八项规定"、纠治"四风"、整治形式主义和官僚主义等直接影响党纪政务处分的尺度和标准,甚至成为监督执纪的主要依据。

党的二十大报告强调:"健全党统一领导、全面覆盖、权威高效的监督体系,完善权力监督制约机制,以党内监督为主导,促进各类监督贯通协调,让权力在阳光下运行。"纪检监察机关作为党内监督和国家监察专责机关,在推进全面从严治党、全面依法治国中肩负着特殊历史使命和重大政治责任。纪检监察工作的规范化、法治化水平如何,关乎全面从严治党、依规治党的成色与成效,关乎我们党在人民群众中的形象和地位。《工作办法》的发布,是首次在中央纪委国家监委层面建立系统科学的案例指导制度。通过一个个鲜活的案例样本,在执纪执法要旨、政策策略把握、定性量纪理由、纪法条规适用等方面给予明确指导,有利于确保同类案件的纪法条规适用统一、执纪执法尺度相同,促进各级纪检监察机关精准执纪执法,有效保障和提高案件质量。党中央提出的政策、方针及精神等转换为纪律规范或法律法规需要一个复杂过程,此时由中央纪委国家监委通过指导性案例对纪检监察依据、标准等进行阐释说明,充分解读案例中蕴含的党的政策、方针及精神,实现通过办案贯彻党中央有关精神的目的,最终达到纪检监察政治效果、纪法效果和社会效果的有机统一。在此过程中,如何有效规范党内方针、政策及精神通过指导性案例转化为纪检监察规则的过程,成为纪检监察指导性案例制度的重要议题之一。

2021年8月,中央纪委国家监委发布第一批执纪执法指导性案例,释放出整治违反中央八项规定精神"越往后越严"的强烈信号。比如,第1号指导性案例"贺某在新冠疫情防控工作中搞形式主义、官僚主义问题案",以老百姓高度关注的疫情防控工作为背景,区分了搞形式主义、官僚主义和违反工作纪律之间的异同,指出形式主义、官僚主义问题的本质特征是"虚"和"浮",强调现实中存在的不担当不作为、工作作风漂浮、政绩观错位、责任心缺失、满足于做表面文章等都是形式主义、官僚主义问题的典型表现,这就为基层纪检监察机关精准甄别和认定形式主义、官僚主义问题提供了明确指南。与此类似,在江苏南京、湖南张家界、河南郑州等地发生疫情后,一些地方街道、社区(村)等基层组织对从外地返回本地的居民除采取要求其进行核酸检测、健康监测等规定措施外,还自创招数,要求其签署未去过中高风险地区的承诺书。究其实质,这也是疫情防控中典型的形式主义、官僚主义的表现。又如,第2号指导性案例"夏某违规操办其子婚庆事宜案",重点阐释了关于执纪尺度的把握问题,明确提出各级纪检监察机关要始终坚持严的主基调,对顶风违纪、屡教不改、情节恶劣的依纪依法作为"情节严重"的情形给予党纪政务处分或者从重、加重处理,并可以依照规定同时对其采取调整职务、免职等组织处理措施,点名道姓通报曝光,不断释放出整治违反中央八项规定精神问题"越往后越严"的强烈信号,发挥执纪执法工作的警示震慑作用。这对于各级纪检监察机关从严把握、从严处理违反中央八项规定精神问题具有重要指导意义。

（二）弥补纪检监察成文规范滞后和公开性不足的问题

案例指导制度在中国成为统一司法尺度的最佳方案,主要是因为案例具有广泛的适用性,案例指导制度可以补足法律的漏洞或缺陷,案例指导制度中的案例通过创制规则能更好地应对司法实践问题,案例体系可以通过增补、调整而不断进化发展。[①] 成文法不可避免具有立法语言的歧义性、法律漏洞、立法的滞后性、立法周期较长等天然局限性,改革开放之后的中国社会发生了剧烈的变迁,各个领域都存在较大的发展和变化,立法工作一直秉持"宜粗不宜细"和"成熟一条制定一条"的立法原则。[②] 立法过程存在的上述问题造成实践发展往往超过立法速度,法律条文难以通过更新应对所有实践发展需求。

[①] 参见刘作翔、徐景和:《案例指导制度的理论基础》,载《法学研究》2006年第3期。
[②] 参见李仕春:《案例指导制度的另一条思路——司法能动主义在中国的有限适用》,载《法学》2009年第6期。

纪检监察工作也存在立法滞后于实践的现象，纪检监察指导性案例可以弥补这些不足。一是党纪规定对纪律处分的处置预留较大裁量空间，纪律规定的更新较慢，监督执纪较多地依赖纪检机关的具体判断。2018年3月20日，第十三届全国人大第一次会议通过《中华人民共和国监察法》。2021年7月20日，国家监委全体会议通过《中华人民共和国监察法实施条例》。2021年8月20日，第十三届全国人大常委会第三十次会议通过《中华人民共和国监察官法》。2022年1月，中共中央印发《中共中央纪律检查委员会工作条例》。但是，纪检监察立法进程仍相对滞后，仍有大量的纪检监察领域缺少明文规范，这与纪检监察实践的快速推进存在一定矛盾。中央纪委国家监委针对实践中存在争议或新出现的纪检监察问题，遴选和发布具有指导性的案例，通过指导性案例为各地纪检监察机关提供明确指导，可弥补纪检监察立法相对滞后的问题。二是纪检监察领域的部分规范性文件存在公开性不足的现象。中央及地方纪委监委制定的许多纪检监察办案的规范性文件被设置不同的密级，部分执纪执法的规范性文件并未向社会公开。此种情况导致那些涉及纪检监察对象权益的办案规定处于保密状态，民众无法查阅，亦无法通过这些规范性文件主张权利和监督纪检监察机关。中央纪委国家监委在发布纪检监察指导性案例过程中，将纪检监察的具体依据、裁量基准和理由向社会公开，可以在某种程度上解决执纪执法依据公开性不足的问题。

针对执纪执法工作，提升规范化精准性和纪检监察干部专业能力成为必要。纪律法理千条万条，不如一个生动鲜活的典型案例更具有说服力。中央纪委国家监委发布的4个指导性案例，是中央纪委国家监委案件审理室贯彻落实十九届中央纪委五次全会"以推动高质量发展为主题"决策部署，把执纪执法实践中遇到的问题上升到具有普遍指导意义的制度性成果，推进纪检监察工作规范化法治化的具体体现。同时，也为各级纪检监察机关提供了处理同类问题的样板标尺，有利于防止出现执纪执法失衡和问责泛化、简单化等问题，切实提升全系统执纪执法工作规范化、精准化水平。

（三）统一纪检监察工作的标准和尺度

司法系统积极推广指导性案例制度的初衷之一是解决实践中"同案不同判"的问题，"同案不同判"极大损害法治统一、司法权威和司法公信力。

"同案不同判"是中国司法实践中经常受到批评的现象,主要表现为对类似案件的定罪量刑存在较大差异,导致司法判决的公信力受到一定的质疑。美国大法官本杰明·卡多佐认为:"如果有一组案件所涉及的要点相同,那么各方当事人就会期望有同样的决定。如果依据相互对立的原则交替决定这些案件,那么这就是一种很大的不公。"①案例是成文法之外的司法实践经验规则的再归类,案例指导制度具有统一法律实践中关于违法犯罪定性、标准和处置方法的功能,一方面可以减少司法实践中的"同案不同判"现象,另一方面可以通过设置案件处置标准和制度来限制司法官员的自由裁量权,实现执法者在地方差异性基础上维护处置结果的统一性。② 相较于抽象的条文规定,案例更加鲜活具体,是宝贵的实践经验总结,是重要的执纪执法教科书。比如,形式主义、官僚主义隐形变异,出现一些新动向、新表现,如何做到精准认定?中央纪委国家监委案件审理室通过深入剖析"贺某在新冠疫情防控工作中搞形式主义、官僚主义案",明确指出形式主义、官僚主义的特点是"虚""浮",不实事求是;各级纪检监察机关要善于透过现象看本质,只要符合本质特征,均可认定为形式主义、官僚主义。又如,第一批指导性案例中的"张某退休后违规接受宴请案"清楚表明,党员干部无论退休与否,一旦违反党规党纪和中央八项规定精神,都要被依纪依法严肃处理。把指导性案例用足用好,就是在抽象的纪法条规的适用中增加了一个个具体的参照,能使案件审理的质量更有保障,执纪执法的尺度更加精准。

纪检监察机关的执纪执法工作是一个类似司法流程的体系,内部流程包括线索受理、初核、立案、调查、审理和作出处分等环节,其中审理和作出处分的标准缺少足够精细的标准,留给纪检监察机关过大的自由裁量权。执纪执法过程中自由裁量权过大可能引起诸多问题,一是权力滥用的风险增大,表现在党委负责人及纪检监察机关负责人对案件定性和处置的自由裁量权过大,在某些存在争议的案件处置中表现尤为明显,极易出现执纪执法权力滥用的问题。二是国内各地社会、经济、民风民俗等差异较大,各地纪检监察机关对执纪执法的把握存在差异。纪检监察改革后,各地分别制定适用于本地的纪检监察规范,这些规范之间存在一定差异,地方纪检监察

---

① 〔美〕本杰明·卡多佐:《司法过程的性质》,苏力译,商务印书馆 2005 年版,第 18 页。
② 参见刘辰:《案例指导制度的价值定位与时代使命》,载《人民检察》2019 年第 15 期。

机关在适用"四种形态"过程中存在执纪执法的不平衡现象，造成纪检监察领域的"同案不同判"问题。

中央纪委国家监委发布指导性案例可以以案释法，在指导性案例中解读各类具体违纪违法行为的认定标准和处置方式，为全国各地纪检监察机关的执纪执法提供明确指导，促进纪检监察机关依法抵制和排除各种力量对执纪执法的干扰，实现纪检监察的规范化、法治化和精准化，解决各地执纪执法尺度不一和适用不准确的问题。以指导性案例的方式统一纪法条规适用问题、解释执纪执法的具体问题，通俗易懂，更容易得到群众的认可和支持。同时，案例既是对纪检监察机关的业务指导，也是对广大党员干部的警示教育。一直以来，案例在全面从严治党中都发挥着重要作用。各级纪检监察机关通报查处违反中央八项规定及其实施细则精神的违纪违法典型案例，释放对"四风"问题紧盯不放、一抓到底的强烈信号；开展以案促改、以案促治工作，推动有关地方和部门从案例中汲取教训，举一反三，完善制度，改进工作。同样，指导性案例也是一面镜子、一把尺子，广大党员干部应该主动学习、对照检查，更加自觉地约束和规范自己的行为，切实做到存戒惧、知敬畏、守底线。

（四）增强纪检监察工作的公开性和透明性

纪检监察机关对执纪执法处理决定进行充分说理论证，才能更好地让被处分对象及社会公众了解和信服，防止被处分对象因为不了解处分依据和理由而质疑处分决定，从而提高纪检监察处分的公信力，做到以理服人，而非以权威和职权压人。当前，纪检监察机关对违纪违法案件立案调查终结之后，办案人员须告知被调查对象违纪违法事实认定材料，在纪检监察内部称作"事实见面材料"，但最终的纪法处分决定仅为简单的法律文书，并不对为何选择某条规定、选择依据、处置理由等进行说明，实际变成向被处分对象简要宣告处分决定，导致被处分对象无从得知纪检监察机关作出处分决定的说理论证过程。此种方式造成执纪执法缺少公开性和透明性，削弱了纪检监察处分决定的接受度。指导性案例通过内部严密的逻辑论证、明确的法律依据、均衡的价值协调和判断，可以解决党纪政务处分说理匮乏的问题。指导性案例的遴选同样也给一线纪检监察机关造成一定的压力，民众可以通过公开的案例监督纪检监察办案,督促纪检监察人员严格以法量纪处分,促进纪检监察工作质量的提高。

发布执纪执法指导性案例是一体推进"三不"的重要抓手。习近平总书记深刻指出,一体推进不敢腐、不能腐、不想腐,不仅是反腐败斗争的基本方针,也是新时代全面从严治党的重要方略。建立执纪执法指导性案例制度和2021年8月发布第一批指导性案例,系中央纪委国家监委案件审理室贯彻落实习近平总书记关于"始终抓好党风廉政建设,使不敢腐、不能腐、不想腐一体化推进有更多的制度性成果和更大的治理效能"重要要求的具体体现,进一步强化了震慑氛围、高压态势,促使党员干部因敬畏而不敢腐;也进一步推动了堵塞漏洞、制度完善,促使党员干部因制度而不能腐;同时还进一步提升了纪法意识、底线思维,促使党员干部因觉悟而不想腐。为贯彻落实中央纪委办公厅《关于加强和改进案件审理工作的意见》关于"要注重深入剖析典型案例,将其作为加强调查研究和业务指导的重要举措"这一明确要求,同时结合在中央纪委国家监委机关"坚持不懈落实中央八项规定精神治'四风'树新风,为'十四五'开局起步提供有效保障"重点课题调研发现的执纪执法中性质认定、条规适用等不精准不恰当问题,中央纪委国家监委案件审理室以违反中央八项规定精神问题为切入点,对相关执纪执法实践中遇到的突出问题进行了系统梳理研究,从中筛选出4类典型问题,起草了第一批指导性案例,按程序报批后予以发布。发布执纪执法指导性案例是贯彻执行有关制度规定和工作安排的务实举措。

(五) 发挥纪检监察的教育和宣传作用

习近平总书记在2019年的中央纪委全会上提出一体推进不敢腐、不能腐、不想腐的要求,党的十九届四中全会将构建一体推进"三不"体制机制作为坚持和完善党和国家监督体系重要内容。党中央提出的"一体三不"要求明确反腐败是惩治、预防和教育相结合的系统工程,三者不可偏废,互相联系,共同实现反腐败效果。纪检监察机关的执纪执法主要侧重打击和惩戒,通过及时调查和处置违纪违法行为,查出党员及公职人员中的违纪违法分子。但是,处分和惩戒不是执纪执法的终点,更重要的是通过执纪执法发挥监督预防和警示教育作用,从根本上遏制腐败现象的发生。中央纪委国家监委通过定期向全社会公开纪检监察指导性案例,也是在全社会开展廉政反腐警示教育,一方面警示和教育党员和公职人员中的存在违纪违法风险的人员,另一方面向社会公布纪检监察机关依法公正执纪执法的案例,澄清外界对纪检监察工作的质疑,正面宣传纪检监察工作的实际效果和公正性。鲜活具体的案例样本,是总结执纪执法实践经验形成的业务指导教科书、工具书,在纪检监察机关规范化、法治化、正规化建设中发挥着重要作用。纪检监察机关要把指导性案例作为样板标尺,确保办理同类案件和处理同类问题纪法条规适用统一、定性量纪尺度相同,进一步提升执纪执法精准度,有效保障和提高案件办理质量。

实践中,遇到个案处理疑难问题时,案件审理部门要主动对接监督检查、审查调查部门,坚持实事求是基本原则、具体问题具体分析,对标指导性案例进行比较、判断,精准把握纪法标准与尺度,根据违纪违法行为的关键性事实,厘清案件争议焦点,充分发挥案例指导性作用,解答好性质认定、条规适用、处理处分相关问题,对处置不当的及时纠正到位。聚焦违反中央八项规定精神典型问题,坚持严的主基调,对"四风"问题紧盯不放、一抓到底。对标指导性案例,对顶风违纪、屡教不改、情节恶劣的典型案件从严把握、从严处理,深入剖析违纪违法深层原因,帮助党员干部吃透中央八项规定精神,明确"可为""不可为"界限,释放一严到底的强烈信号,发挥警示震慑作用。充分运用指导性案例对党员干部开展警示教育,通过以案释纪、以案释法,精准阐释执纪执法要义、量纪量法理由及条规适用,规范相关问题的性质认定、政策把握,竖起衡量行为规范的纪法尺子,推动从案例中吸取教训,查漏补缺,完善制度,杜绝风险隐患。指导性案例的价值在于指导,生命力在于应用和执行,取得效果的关键在于严格规范。纪检监察机关在接受咨询、提前介入审理等工作中,要加强对审查调查工作的指导,对正在办理的同类案件,严格按照指导性案例精神来认定性质、采信证据、把握政策、适用条规,精准作出处置。要建立健全案例发现、论证、编发等工作机制,紧密结合实践中反映突出、存在不同认识、亟待统一标准的新情况新问题,深入开展调查,加强案例探索研究,及时更新完善案例库,提高案例指导工作的针对性、科学性和实效性。同时,要准确把握、严格执行指导性案例编写主体、制定标准、主要内容、体例规范和相关报批发布程序等一系列规定,切实发挥指导性案例的引领示范和实践指导作用。

二、纪检监察指导性案例制度的基本原理

（一）纪检监察指导性案例制度的定位

司法领域的案例指导制度一般被视作中国特色的司法制度，制度适用严格限定在法律适用范围内，它借鉴欧美判例法的精神和技术，但不简单等同于欧美判例法制度。除司法领域的指导性案例之外，行政执法领域也存在指导性案例，"行政执法案例指导制度是行政系统内部形成的规范和约束行政执法行为的规则体系"[①]，河南、湖南等地先后出台规定要求行政执法中遵循"先例"和实行"行政裁量案例指导制度"。纪检监察领域的指导性案例与司法及行政执法领域的指导性案例具有某些制度共性，比如均不同程度吸收遵循先例的原则，可以弥补制定法的不足和提升效率，在一定范围内创制规则，等等。但是，纪检监察指导性案例制度作为纪检监察制度的内容，其适用具有纪法一体的典型特征，纪法问题通常在一个案例中进行阐释说明，并未进一步细分为纪律检查指导性案例和监察指导性案例。此外，各级纪检监察机关过去一直发布纪检监察的典型案例，通过典型案例宣传办案成果，介绍办案经验和方法，这些典型案例与指导性案例在定位方面也有所不同。

纪检监察指导性案例的这些特征决定其在纪检监察制度中的独特定位。首先，纪检监察指导性案例可以在一定范围和程度上确立规则，统一纪检监察的标准，在纪检监察规范体系尚不健全的情况下确立实体性或程序性规则。其次，纪检监察指导性案例是实行纪检监察机关上下级指令权的途径，中央纪委国家监委通过发布指导性案例指导下级办案，领导全国范围

[①] 胡斌：《行政执法案例指导制度法理与构建》，载《政治与法律》2016年第9期。

内的纪检监察办案工作。最后,纪检监察指导性案例制度是纪检监察机关贯彻党中央精神的载体,党中央提出的"八项规定"、整治"四风"等要求都可能成为纪检监察的参考和处分情节。中央纪委国家监委明确指出,要通过指导性案例把党中央的精神、政策策略和纪检监察重点向下传导。2022年3月,覆盖杭州市县两级纪委监委的126件典型案例被纳入到杭州市纪委监委案例库,面向全市纪检监察干部提供业务指导。十九届中央纪委六次全会强调,要加强规范化、法治化、正规化建设,锻造高素质专业化纪检监察铁军。杭州市纪委监委以保障案件质量为核心,以数字化改革为契机,持续开发建设案例库,提升监督检查、审查调查、案件审理专业水平。

（二）纪检监察指导性案例的效力

纪检监察指导性案例的作用机理类似行政执法领域的指导性案例,纪检监察机关通过发布指导性案例确立规则,经验理性和专业权威赋予指导性案例约束力,纪检监察机关在办案中进行类案判断,最终参照指导性案例解决当前案件。指导性案例的约束力因具体的制度设计差异而有所区别,不同领域的指导性案例的拘束力存在一定差异。人民法院上下级之间是一种业务指导关系,这与行政机关、纪检监察机关的组织领导体制区别较大。纪检监察机关实行双重领导、业务领导以上级为主的体制,上级纪检监察机关对下级有较强的指挥领导权,中央纪委国家监委在全国纪检监察系统中具有极高的领导权威。基于纪检监察系统内部的科层组织和领导管理文化,中央纪委国家监委发布的纪检监察指导性案例,对全国纪检监察机关有一个必须遵循的内在控制力。

这种内在控制力与其说来自案例自身的经验理性,不如说更主要来自中央纪检监察机关的权威。指导性案例的价值在于指导,生命力在于应用和执行,取得效果的关键在于严格规范。纪检监察机关在接受咨询、提前介入审理等工作中,要加强对审查调查工作的指导,对正在办理的同类案件,严格按照指导性案例精神来认定性质、采信证据、把握政策、适用条规,精准作出处置。要建立健全案例发现、论证、编发等工作机制,紧密结合实践中反映突出、存在不同认识、亟待统一标准的新情况新问题,深入开展调查,加强案例探索研究,及时更新完善案例库,提高案例指导工作的针对性、科学性和实效性。同时,要准确把握、严格执行指导性案例的编写主体、制定标准、主要内容、体例规范和相关报批发布程序等一系列规定,切实发挥指导性案例的引领示范和实践指导作用。鲜活具体的案例样本,是总结执纪执法实践经验形成的业务指导教科书、工具书,能够在纪检监察机关规范化、法治化、正规化建设中发挥重要作用。纪检监察机关要把指导性案例作为样板标尺,确保办理同类案件和处理同类问题纪法条规适用统一、定性量纪尺度相同,进一步提升执纪执法精准度,有效保障和提高案件办理质量。

  指导性案例要解释好执纪执法过程中遇到的具体问题,各级纪检监察机关要学懂弄通、用足用好指导性案例,使其成为案件审理工作的"参照系"。实践中,遇到个案处理疑难问题时,案件审理部门要主动对接监督检查、审查调查部门,坚持实事求是基本原则、具体问题具体分析,对标指导性案例进行比较、判断,精准把握纪法标准与尺度,根据违纪违法行为的关键性事实,厘清案件争议焦点,充分发挥案例指导性作用,处理好性质认定、条规适用、处理处分相关问题,处置不当的要及时纠正到位。做好执纪执法工作,必须严格依纪依法,做到精准有效。第一批指导性案例,对各级纪检监察机关在工作实践中经常遇到的疑难问题作了回应和解答。比如,在第2号指导性案例"夏某违规操办其子婚庆事宜案"和第3号指导性案例"王某组织公款吃喝并违规接受宴请案"中,中央纪委国家监委案件审理室详细区分了"没收""追缴""责令退赔"以及"主动登记上交"等涉案财物不同处置方式,指出了基层实践中容易出现的问题。又如,在第4号指导性案例"张某退休后违规接受宴请案"中,中央纪委国家监委案件审理室明确提出党员领导干部退休后接受此前管理服务对象的宴请是隐形变异的新表现,应认定为违反中央八项规定精神。实践中,各级纪检监察机关在遇到此类问题时,在坚持实事求是基本原则、具体问题具体分析的基础上,通过对标对表指导性案例,能够有效提升执纪执法工作的精准性。

  "十九届中央纪委五次全会精神和中央纪委办公厅《关于加强和改进案件审理工作的意见》等规定的重要举措,首次在中央纪委国家监委层面建立了系统科学的案例指导制度。"中央纪委国家监委案件审理室有关负责人介绍,《工作办法》共9条,主要包括指导性案例的编写主体、制定标准、主要内容、体例规范和相关报批、发布程序等,旨在进一步提高案例指导工作规范化、法治化水平。《工作办法》指出，指导性案例要在性质认定、证据采信、纪法适用、政策把握等方面体现典型性和代表性，对于办理同类案件、处理同类问题发挥指导作用。同时，《工作办法》还从标题、关键词、执纪执法要点、基本案情及处理结果、指导意义、相关条款等6个部分入手，对指导性案例的体例样式作出了规范细化，并明确了指导性案例的编号规则。

中央纪委国家监委案件审理室在2021年根据《工作办法》规定，紧密结合"坚持不懈落实中央八项规定精神治'四风'树新风，为'十四五'开局起步提供有效保障"重点课题调研中发现的性质认定、条规适用、处理处分不精准不恰当等问题，发布了第一批执纪执法指导性案例。北京科技大学廉政研究中心主任宋伟认为，建立案例指导制度是新时代纪检监察工作高质量发展的生动体现，折射出纪检监察机关执纪执法科学化、制度化、精准化水平的提升。指导性案例深刻阐述了执纪执法要点，详细披露了案情及处理结果，深入剖析了指导意义和制度依据，形成了处理同类问题的样板标尺，不仅有利于纪检监察干部精准执纪执法，也有助于防止执纪执法权力滥用。山西省大同市纪委监委第一案件审理室副主任周芸说，发布指导性案例能够有效提升执纪执法的规范性与精准性，要认真学习研讨，准确把握案例的指导精神，在学通弄懂的基础上真正把指导性案例用起来，使其成为案件审理工作的"参照系"。

此外，中央纪委国家监委发布的纪检监察指导性案例具有纪法一体的特点，这主要源于纪检监察案件本身具有违纪违法问题交织的特点，合署办公形成纪检权和监察权的交融，违纪调查和监察调查在一个案件中一体运行。因此，纪检监察指导性案例中也未进行执纪案例和执法案例类型划分，而是使用"纪检监察指导性案例"的统称。从中央纪委国家监委发布的两期指导性案例内容看，部分指导性案例中仅有违纪或违法问题的处置，部分指导性案例则同时兼有违纪和违法问题的处置，其中具有拘束力的是中央纪委国家监委在指导性案例中总结的纪检监察要点、争议处理意见、具体违纪违法问题的认定原则和方式。

（三）纪检监察指导性案例的适用条件

纪检监察指导性案例的适用需要满足一定的条件，一是现有的纪检监察规范性文件存在规定模糊、漏洞等不足,无法为具体案件提供明确的规范性指导。假如纪检监察规范性文件对具体案件处置已有明确规定,则应优先适用具体的制定法规范。二是纪检监察指导性案例为类型案件的疑难问题等确立了解决规则。中央纪委国家监委在纪检监察指导性案例中确立具体的争议处置方式、纪检监察要旨等规则,这些规则具有规范指引的功能。三是待解决案件与指导性案例具有相似的案件事实。此处的案件事实主要是涉及案件性质、责任类型、案件情节的事实,具体包括违纪违法行为的性质和类型,决定党纪处分和政务处分的要件事实,影响党纪处分和政务处分轻重、免罚、不追究责任的情节。指导性案例在具体适用中也涉及具体适用技术,这些技术主要是纪检监察人员对正在处理的案件和指导性案例的案件事实进行类比,对两案基本事实的相似度和争议点作出判断,综合开展政策考量、价值平衡和利益判断,在此基础上将指导性案例的规则适用于正在办理的案件。

2021年12月,中央纪委国家监委发布了第二批纪检监察指导性案例。以"某区纪委监委环保问责简单泛化案"为例,本案执纪执法要点是:以习近平同志为核心的党中央将问责作为全面从严治党利器,推动失责必问、问责必严成为常态。《中国共产党纪律处分条例》《中国共产党问责条例》等党内法规对问责的主体、程序、情形等作出了明确规定,党中央印发《中国共产党问责条例》的通知也强调"针对实践中出现的问责不力、泛化简单化等问题,着力提高党的问责工作的政治性、精准性、实效性"。各级纪检监察机关要深刻认识到,能否做到规范精准问责,考验的是政治站位、工作作风和执纪执法能力,体现的是党组织的权威和公信。在开展问责工作时,一定要做到调查取证细之又细、定性处理慎之又慎、自我约束严之又严,防止出现问责不力或者问责泛化、简单化等问题,力求取得问责一个、警醒一片、促进一方工作的良好效果。同时,上级纪检监察机关要加强督促指导,及时纠正问责不精准、处理不平衡等问题,确保问责质效。

本案基本案情及处理结果是:2021年1月,某省生态环境保护督察组(以下简称"督察组")在A市开展环保督察期间,该市B区纪委监委根据督察组移交的问题线索,在未按程序报请区委主要负责人批准的情况下,对A市生态环境局B分局(系B区政府组成部门)党组书记、局长张某等人启动问责调查,共处置问题线索 20 批 90 件,问责 88 人次。其中,B 区纪委监委认定,张某对督察组移交、群众反映的 2020 年 5 月以来某企业污水扰民、某餐馆油烟污染、某店铺严重噪声污染等问题整治不力,应负领导责任,决定以谈话方式给予其诫勉问责;A 市生态环境局 B 分局时任党组成员、副局长王某分管上述工作,应负领导责任,在 1 个月内因上述同类事由先后给予其 6 次问责(通报问责 3 次、书面诫勉问责 1 次、党内警告处分 1 次、免职问责 1 次);对于 2020 年 3 月以来一直在外脱产学习、未实际协管上述工作的三级主任科员郑某、李某和四级主任科员邓某,仅依据各自岗位职责,决定给予该 3 人党内严重警告、政务记大过处分。B 区纪委监委在给予上述人员处理、处分前,未形成事实材料与其见面核对并听取其陈述和申辩。此后,省委巡视组在有关专项巡视中发现上述问责存在简单泛化,未履行处理、处分所依据的事实材料应当同本人见面的程序等问题,并移交 A 市纪委监委处理。A 市纪委监委按程序核查后,责令 B 区纪委监委及时依规依纪依法予以纠正。

本案指导意义为:

1. 坚决防止和纠正问责不规范、不精准等问题

本案中,B 区纪委监委对张某、王某、郑某、李某、邓某等人的问责主要存在以下问题:一是工作程序不规范。一方面是启动问责调查程序不规范,区纪委监委违反《中国共产党问责条例》第 9 条第 1 款之规定,在未报请区委主要负责人批准的情况下,即对 A 市生态环境局 B 分局党组书记、局长张某先行启动问责调查。另一方面是处理、处分程序不规范,区纪委监委在给予相关人员处理、处分前,未履行处理、处分所依据的事实材料同本人见面的程序,违反了《中国共产党章程》第 43 条、《中国共产党问责条例》第 11 条第 1 款、《中国共产党党员权利保障条例》第 35 条第 2 款、《中国共产党纪律检查机关监督执纪工作规则》第 51 条第 1 款、《中华人民共和国公职人员政务处分法》第 43 条等规定。二是责任划分不精准。区纪委监委在认定张某、王某 2 人责任时,笼统定性为"负有领导责任",未结合各自的岗位职责,准确区分应负主要领导责任还是重要领导责任。三是问责简单泛化。区纪委监委在 1 个月内对王某进行了 6 次"凑数式"问责,对在污染问题发生前即已在外脱

产学习、并未实际协管相关工作的郑某、李某、邓某滥用问责,存在重复问责、简单问责、泛化问责的问题,损害了执纪执法的权威性和严肃性。

2. 进一步推动问责工作规范化、精准化

执纪执法工作中,应当规范精准问责,坚决防止出现以下问责泛化、简单化问题:一是在问责对象上,问下不问上,过多指向基层干部;二是在问责程序上,求快不求准,随意简省调查流程;三是在问责处理上,简单粗暴,搞"一刀切";四是在问责效果上,只问责不管理,依赖问责推动工作。实践中,有的纪检监察机关机械理解和执行上级督办转办件"快查快处"要求,实施问责时责任不明、轻重不分,没有做到因事、因责而异。各级纪检监察机关要充分认识到,严格依规依纪依法规范精准问责,是推动纪检监察工作高质量发展的应有之义和必然要求。纪检监察机关在开展执纪执法工作时,应当严格执行《中国共产党问责条例》等规定,既要查清具体事实、分清责任、严肃问责;又要区别情况、体现政策,做到规范精准问责。实践中,要把握好以下两个方面的核心要求:

一是要坚持实事求是。必须以事实为依据,以纪法为准绳,不得因上级领导作出指示要求或者上级部门提出处理建议,就不进行审查调查、不尊重客观事实,简单机械地按照上级要求或处理建议进行问责,甚至出现生拉硬拽、刻意拔高等问责不规范、不精准情形。问责决定作出后,发现问责事实认定不清楚、证据不确凿、依据不充分、责任不清晰、程序不合规、处理不恰当或者存在其他不应问责、不精准问责情况的,应当及时予以纠正,这也是执纪执法工作坚持实事求是原则的具体体现。本案中,B区纪委监委在依规依纪依法纠正上述问责简单泛化问题时,对于不应给予党纪、政务处分的人员,按程序作出了撤销处分的决定;对于不应通报问责的,作出了撤销通报问责的决定,并在原来的通报范围内予以纠正和澄清;对于不应予以诫勉问责的,按照原来采取诫勉问责的方式予以纠正(其中,书面诫勉问责的,按程序作出撤销诫勉问责的决定;以谈话方式给予诫勉问责的,也采取了书面方式予以纠正);对于诫勉问责已通报同级党委组织部门的,在作出撤销诫勉问责决定时及时通报了该组织部门。

二是要准确认定责任。按照"权责一致、错责相当"的原则,依据纪法规定、岗位职责,精准界定哪些人应负责任、应负什么责任,分清主要领导责任和重要领导责任,区分相关责任人任职期间是履职尽责、还是不履职或不正确履职,避免畸轻畸重、尺度不一。对于没有造成恶劣影响或严重后果,未达到问责程度的,可给予提醒、批评教育等处理,不能简单以问责代替管理。

此外,对于受到问责的党员领导干部提出申诉的办理时限问题,我们认为应当从以下两个方面把握:一是对于采取非纪律处分方式实施问责的,作出问责决定的党组织接到书面申诉后,应当在 1 个月内作出申诉处理决定,并以书面形式告知提出申诉的领导干部及其所在党组织等单位;二是对于采取纪律处分方式实施问责的,按照党章和有关党内法规规定的权限、程序执行,即应当按照《中国共产党纪律检查机关监督执纪工作规则》第 59 条等规定,在受理申诉后 3 个月内作出复议复查决定,并告知提出申诉的领导干部及其所在党组织等单位。

三、 纪检监察指导性案例制度的适用前瞻

(一) 参照适用的理论分析

如前所述,在纪检权和监察权一体运行的背景下,纪检监察指导性案例需要进一步明确适用的参照和规则体系,进而为纪检监察的规范化运行、统一性裁判和智慧化改造提供前期样本和数据基础。一般认为,纪检监察指导性案例是通过有关机关的编纂审核,对具有代表性和典型性的案例进行提炼、总结和深化研究所形成的具有一定指导意义和一定参照作用的案例。纪检监察指导性案例对今后相同或相类似的案例处理与规范化实践具有重大的理论与实践意义,有利于弥补成文化的党纪政纪法规的滞后、抽象和模

糊缺陷,①进而与时俱进地实现案例指导和参照的作用。正如有学者所指出的,纪检监察指导性案例的重要意义在于对各级纪检监察机关处理同类问题时进行指导。在对其参照适用过程中,对纪检监察指导性案例的所有部分应全面参照,而非像各级法院参照最高人民法院的指导性案例那样,仅参照其裁判要点。在具体参照方法上,判断何为纪检监察指导性案例的类似案件,可以部分比照最高人民法院指导性案例所采用的类案判断方法,从争议焦点入手判断待决纪检监察案件与纪检监察指导性案例的相似性。②

具体来看,比照判例法的制度逻辑和经验,从当前中国法体系出发,应当确立指导性案例在我国的特殊法源定位。③ 一方面,明确纪检监察指导性案例参照的"约束力"具有重要价值和意义。一般认为,有拘束力的判例在英美法系国家具有法源的地位,而在大陆法系国家则具有事实上的约束力。而在我国当前反腐败工作推进日益深入的背景下,纪检监察的实践急需有原则性和一般性的指导性案例,进而充分发挥典型案例的指引、约束与教育功用。例如,法律适用不统一是困扰我国司法实践的现实问题,矛盾性裁判会对司法公信力造成严重损伤。在此背景下,通过指导性案例的类案检索与比较促进"类案同判"成为司法机关和纪检监察机关积极倡导的一种重要方式并逐渐迈向制度化建构。④ 通过明确纪检监察指导性案例参照的"约束力",可以弥补前述党纪政纪法规的滞后、抽象和模糊等缺陷,进而较为妥当地解决相关政策及其解释的动态适应性问题,使得原则性的"参照"指引转变为具有内外约束配套的制度效能。

另一方面,纪检监察指导性案例的参照"约束力"需要进行细化和完善。其一,这些案例的参照"约束力",需要从"指导意义"转变为应当参考适用的效力,促进全国各级纪检监察机关在相关领域的办案规范化。纪检监察指导性案例形成于纪检监察机关自上而下统一领导的科层体系之中,应当被作为约束性法源的指导性案例。中央纪委国家监委统一领导全国纪检监察

---

① 参见刘庆军:《建立党纪政纪案例指导制度探析》,载《中国监察》2013年第4期。
② 参见屠凯、张天择:《论纪检监察指导性案例的参照适用问题——与最高人民法院指导性案例比较的视角》,载《山东大学学报(哲学社会科学版)》2022年第2期。
③ 参见黄泽敏:《指导性案例主/被动援引规则之重构》,载《法制与社会发展》2020年第1期。
④ 参见刘磊:《通过类案比较实现"类案同判"——以司法场域分析为视角》,载《地方立法研究》2022年第2期。

机关,纪检监察机关上下级的领导关系赋予指导性案例较强的约束力,中央纪委国家监委在指导性案例中作出的关于执纪执法的标准、疑难问题、法律适用的阐释具有强制约束力。其二,在纪检监察具体实践中,有关机关和办案人员在案件办理过程中应当树立全过程应用指导性案例的理念,实现从"柔性参考到刚性参照"的嬗变,并通过内外部配套机制保障指导性案例的良好规范应用。在指导性案例参照适用的内部,明确有关办案人员的注意义务,如果没有适用指导性案例,需要进行说明理由和报备,并经相关部门审查和备案;在指导性案例参照适用的外部,充分发挥指导性案例的社会影响力,对于违反参照适用造成的错案,对有关主体进行纪检监察责任制度追究和完善相关救济赔偿制度。

(二) 适用规则体系

《关于加强和改进案件审理工作的意见》等规定的出台,为我国纪检监察指导性案例制度的构建与完善提供了规范依据。中央纪委国家监委案件审理室构建和建立了纪检监察指导性案例制度,目的在于指导和规范各级纪检监察机关的专业业务,实现精准而规范的实践操作,使得各级纪检监察机关在今后遇到相同或者相类似的案件或者问题时能够统一而规范化地参照适用。即通过公布指导性案例,不断释放纪检监察要旨,发挥警示震慑作用,同时将原则性的规定阐释为具体化的适用方法,使纪法条文、政策规定更为立体、丰满,更具有可操作性。[1] 制度形成及其影响力发挥的关键在于制度形成背后的权力主体及其权力关系,其中权力主体及其分布关系到制度内部的权利义务结构和制度运行的逻辑,而权力关系及其配置则关系着制度的运行机理与效能。[2] 从理论上来看,这种纪检监察指导性案例与法院、检察院的指导性案例存在明显的不同,体现为适用过程中的制度生成与运行逻辑的差别。法院、检察院的指导性案例制度,通过司法外权力和合作

---

[1] 参见应梦卿、江抛锚:《如何学好用好指导性案例》,载《中国纪检监察报》2021年12月8日第6版。
[2] 参见徐静:《指导性案例制度形成中的权力互动机理研究》,载《江西社会科学》2021年第7期。

式的路径来进行遴选与生成,没有严格以司法审级和权威为进路,①而是将法律职业共同体的具体运用实践嵌入司法场域。这种嵌入过程突破场域外以判例"效力"为核心的理论认识,转变为以判例"效用"为导向。嵌入形态体现为判例智识性信息泛在形态向选择形态的转化,嵌入动力体现为判例自发性运用与建构性运用的耦合,嵌入主线体现为判例运用的组织意图对个体意图的吸纳。② 而纪检监察指导性案例是由中央纪委国家监委统一进行遴选,体现为运行逻辑中的自上而下的实践进路。

正是这种适用特点,使得纪检监察指导性案例制度的适用和未来发展,有着不同于司法指导性案例的特殊规则体系,亟待通过适用规则体系的构建来进行方法论研究,形成"判例自发性运用"。在这种自发性运用中,判例与待决案件情境的匹配性、诉讼主体运用判例的利己激励、主体在运用中的竞争与博弈、对案件处理合理性的趋从,能够有效地促进法律适用水平的提高,尤其是能够有效地汇聚和运用整体智慧与经验,随机地解决各种疑难、复杂或新类型案件,并为整体发展开辟新的路径。③ 具体来看,主要体现为以下几个方面的内容。

第一,纪检监察指导性案例的编纂规则完善。这主要涉及指导性案例编纂的技术性和规范性要求。为了鲜明体现纪检监察中纪检监察的特殊性和反腐败教育震慑的需求,需要在前述规范依据的基础上,在不同级别和层次模块中进行规范化设定,明确参照的约束性效力,通过创设指导性案例的母本,固定案例结构和逻辑体系,突出指导性案例的逻辑性和充分性等特征。如将指导性案例的标题进行统一,涉及关键词、要旨、案情事实、规范依据、指导价值与意义等要素和体例,并进行全过程和全流程规范展现。同时,案例编写应自主接受母本裁判文书中事实内容和裁判理由中主干逻辑框架的拘束,补强理由中的论证理由的规则。④ 针对不同类型的案件,可以尝试建立不同母本和规范体系,突出纪检监察指导性案例编纂过程中的原则性与特殊性的协调,为统一纪检监察的实践标准、规范主体行为创造模

---

① 参见宋晓:《判例生成与中国案例指导制度》,载《法学研究》2011年第4期。
② 参见李振贤:《我国成文法体制下判例嵌入司法场域的机理》,载《法学》2022年第1期。
③ 参见顾培东:《判例自发性运用现象的生成与效应》,载《法学研究》2018年第2期。
④ 参见朱芒:《论指导性案例的内容构成》,载《中国社会科学》2017年第4期。

板和样本。

第二,纪检监察指导性案例的内容标准规则完善。这主要涉及指导性案例核心"六个部分"规范化构建,可以尝试通过清单制管理建立前述母本意义上的模型,明确不同类型案例的裁量基准,并通过指导性案例的规范指引和明确说理,实现罪责刑匹配的统一性和均衡性。针对纪检监察指导性案例中的证据和事实认定情况,基于不同案情和当事人特殊性考量,一般不具有参照适用的空间和价值,但是案例中的行为具有一定的指引和教育功能。在案例编纂与研究过程中,可以将基本行为作为一种合理的基础,在此之上建立构成一种全面的描述人们行为的方法。一种基本的、一般的行为就是,具有某种目的,并通过某种方式的活动获得某一结果,①进而解释和指引纪检监察中规范与行为的相互关系。而针对纪检监察等相关纪律规范和法律规范,也可以通过前述的说理机制实现指导性案例适用的明确性,并在党纪国法的基础上通过解释和说理促使政策策略的规范使用。

第三,纪检监察指导性案例的效力责任规则完善。这主要涉及违反或者背离纪检监察指导性案例适用的责任和后果。通过前述总体意义上的参照适用,区分事实情况和规范情况(纪检监察等规范条例和法律法规)的不同适用逻辑,前者强调事实构成判断上的大致"一致性",②后者则突出纪律与法律规范意义上的紧密"相关性",在对后来案例进行"综合适用"的逻辑中,将"同案同判"作为纪检监察指导性案例适用的基本效力原则,并辅之以"类比推理"的法律方法,进而实现效力层面上的参照适用。指导性案例的定位,既表明参照指导性案例是一项法律义务,又表明参照的内容可以是前案说理中体现的抽象法律理由。指导性案例本身的复杂性也为对同案同判原则进行更为抽象化理论建构提供了可能性,即从作为理由之治的司法裁判过程出发,实质性理由既是判断类案的依据,也构成待决案件裁判的核心

---

① 参见〔英〕约瑟夫·拉兹:《法律体系的概念》,吴玉章译,中国法制出版社 2004 年版,第 65 页。
② 参见杨知文:《非指导性案例的"指导性"与案例指导制度的发展》,载《清华法学》2021 年第 4 期。

理由。① 法律是一种强制性的秩序，(指导性)案例则是这种秩序的(典型)评价结果。针对不同内容的效力规则构建，需要通过责任机制规范和激励背离指导性案例的情况。② 如前所述，如果有关机关和主体违背指导性案例的原则和精神，有关主体必须进行说明理由和申请报备，并经过纪检监察内部和外部监督机制进行审查，如果存在"错判"或者"错放"的情形，则会引起负面的责任追究程序和后果。

第四，纪检监察指导性案例的智能化适用路径。这主要涉及纪检监察指导性案例的信息化和智能化构建。在当前大数据时代，促使大数据、人工智能与纪检监察指导性案例进行深度融合，通过信息化构建指导性案例适用的数据和事实(认定)基础，③以及预测、前瞻和智能分析机制。未来，纪检监察指导性案例的适用可以借鉴和吸收司法指导性案例的"类案比对"，通过纪检监察案例研究，促进"类案检索"的制度构建，并丰富和细化有关主体的辅助办案工具。进入数字信息化时代，应着眼于整合案例资源，完善类案检索平台，优化案例检索方式，使指导性案例研究制度发挥其应有作用。④必要时，可以在有条件的地方探索建立纪检监察指导性案例数据库，通过数据库的智能算法方法和技术，实现类案的精准比对和办案结果的可视化预测，提高纪检监察办案过程中的信息化、智能化和规范化水平。

从党纪政纪案例指导制度到纪检监察指导性案例制度，进一步促进了中央和地方的纪检监察标准化构建，有利于规范纪检监察机关的自由裁量权和弥补立法不足问题。本文通过对纪检监察指导性案例的全景主义描绘和分析，揭示出它的功能和价值，厘定了它的基本原理，明确了它的适用方法，并得出以下三个方面的主要结论。第一，纪检监察指导性案例制度的功能和价值，可以贯彻党中央有关精神，弥补纪检监察成文规范滞后和公开性不足，统一纪检监察的标准和尺度，增强纪检监察的公开性和透明性，发挥

---

① 参见朱振：《从依据到理由——迈向一种实质性的同案同判观》，载《浙江社会科学》2022年第4期。
② 参见孙海波：《法官背离判例的法理及说理》，载《浙江社会科学》2022年第4期。
③ 杨继文、范彦英：《大数据证据的事实认定原理》，载《浙江社会科学》2021年第10期。
④ 参见欧阳庆芳、赖婷婷：《案例研究："同案同判"实现的有效路径》，载《湖北经济学院学报(人文社会科学版)》2021年第12期。

纪检监察的教育和宣传作用。第二，纪检监察指导性案例具有纪法一体的典型特征，可以在一定范围和程度上确立规则。同时，纪检监察指导性案例是实现纪检监察机关上下级指令权的途径。纪检监察机关是贯彻党中央精神的载体，党中央提出的"八项规定"、整治"四风"等要求都可能成为纪检监察的参考和处分情节。第三，纪检监察指导性案例具有法源性参照的强制"约束力"，需要通过编纂规则完善、内容标准规则完善、效力责任规则完善和智能化迭代路径来构建适用规则体系，通过"类案比对"和"类比推理"来进行方法论构建。在大数据时代，纪检监察指导性案例可以迭代为案例数据库，通过类案检索和算法分析实现指导性案例的精准比对和可视化预测分析，实现纪检监察指导性案例制度适用的公平性和便捷性。

第九篇 元宇宙发展的问题研究

高富平　侍孝祥　王　镭　云晋升　陶　冉　牛　斐　孔晓婷

一、元宇宙的技术创新与场景应用

（一）元宇宙发展概述

"元宇宙"（metaverse）的概念首先来自科幻小说《雪崩》。在小说中，作者创造了一个并非以往想象中的互联网——Metaverse，它是一个和社会紧密联系的三维数字空间，与现实世界平行，在现实世界中地理位置彼此隔绝的人们可以通过各自的"化身"在这个空间里进行交流娱乐。

当前，元宇宙普遍被认为是整合多种新技术而产生的新型虚实相融的互联网应用和社会形态，但对其准确的概念尚未形成共识。第一，因为这一词汇最初是由科幻小说作家创造出来的、对未来社会发展的一种想象。元宇宙的英文"metaverse"由"meta"（超越）和"universe"（宇宙）两个词叠加而成，被用作对未来世界的描述，指"一个计算机生成的宇宙，人们戴着护目镜和耳机进入这个虚拟的网络世界"。第二，目前尚未出现真正的元宇宙产品或元宇宙服务，各界或凭期望，或基于自身业务发展之需来阐释此概念（详

图 9-1　元宇宙的发展轴线图①

见表 9-1）。三部科幻电影《黑客帝国》《阿凡达》和《头号玩家》被认为构建了最接近元宇宙的场景，即人类可以通过各类穿戴设备，以虚拟形象进入由计算机模拟、与真实世界平行的数字世界。

表 9-1　不同领域的代表性机构对元宇宙的定义②

来源	时间	定义或描述
维基百科	2007	元宇宙是虚拟空间的合集，由虚拟增强的物理现实和物理上持久存在的虚拟空间相互融合创造而成，是所有虚拟的世界、增强的现实和整个互联网的总和。
腾讯公司	2020	一个令人兴奋的机会正在到来，移动互联网十年发展，即将迎来下一波升级，我们称之为"全真互联网"。这是一个从量变到质变的过程，它意味着线上线下的一体化、实体和电子方式的融合。虚拟世界和真实世界的大门已经打开，无论是从虚到实，还是由实入虚，都在致力于帮助用户实现更真实的体验。

---

① 杨健、张安山、王斐亮等：《元宇宙技术发展综述及其在建筑领域的应用展望》，载《土木与环境工程学报（中英文）》，网络首发于 2022 年 6 月 7 日。

② 资料来源：上海图书馆（上海科学技术情报研究所）。

(续表)

来源	时间	定义或描述
游戏公司 Roblox	2021	一个真正的元宇宙产品应该具备八大要素：身份（你拥有一个虚拟身份，无论与现实身份有没有相关性）；朋友（你在元宇宙当中拥有朋友，可以社交，无论在现实中是否认识）；沉浸感（你能够沉浸在元宇宙的体验当中，忽略其他一切）；低延迟（元宇宙中的一切都是同步发生的，没有异步性或延迟性）；多元化（元宇宙提供丰富内容，包括玩法、道具、美术素材等）；随地（你可以使用任何设备登录元宇宙，随时随地沉浸其中）；经济系统（与任何复杂的大型游戏一样，元宇宙应该有自己的经济系统）；以及文明（元宇宙应该是一种虚拟的文明）。
Facebook/Meta	2021	元宇宙是一个融合了虚拟现实技术，用专属的硬件设备打造的具有超强沉浸感的社交平台。它是移动互联网之后的下一代平台，或者是具象化的互联网。
咨询公司 IDC	2021	元宇宙是和现实世界平行的虚拟世界，理想的元宇宙平台将线上的各种虚拟体验跨硬件和软件地集合，且拥有众多的用户、开放的平台、新颖的社交和沉浸的体验。
清华大学《元宇宙发展研究报告》	2021	元宇宙是整合多种新技术而产生的新型虚实相融的互联网应用和社会形态，它基于扩展现实技术提供沉浸式体验，基于数字孪生技术生成现实世界的镜像，基于区块链技术搭建经济体系，将虚拟世界与现实世界在经济系统、社交系统、身份系统上密切融合，并且允许每个用户进行内容生产和世界编辑。

综合以上表述，有学者对元宇宙作了如下定义：元宇宙是以5G通信、边缘计算、数字孪生、人工智能（AI）、区块链、拓展现实技术为支撑，具有沉浸感、交互性、随时随地、低延迟特征，融合现实世界的经济、社交、娱乐活动，允许多用户参与创建的基于现实物理世界的虚拟环境。[①]

（二）元宇宙的关键技术

元宇宙六大支撑技术包括区块链技术、交互技术、物联网技术、电子游戏技术、人工智能技术、网络及运算技术。[②] 从技术角度上说，元宇宙不宜称

[①] 杨健、张安山、王斐亮：《元宇宙技术发展综述及其在建筑领域的应用展望》，载《土木与环境工程学报（中英文）》，网络首发于2022年6月7日。

[②] 中通服咨询设计研究院有限公司：《元宇宙技术全景白皮书（2022）》。

为新技术,而是现有 IT 技术的综合集成运用,它是信息化发展的一个新阶段。因此,元宇宙的发展不仅会促进现有技术的升级换代,而且也会促进新技术的出现。

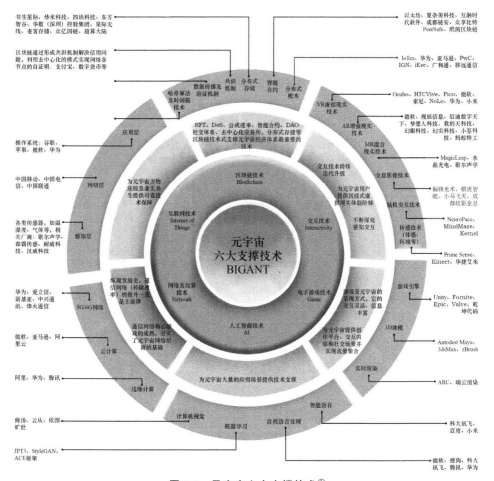

图 9-2　元宇宙六大支撑技术①

元宇宙是对未来场景的勾勒,而构建这一场景,需要深度整合一系列前沿技术。任意一个可能混淆的技术概念都不等同于元宇宙,但元宇宙的构

---

① 邢杰、赵国栋、徐远重、易欢欢、余晨编著:《元宇宙通证》,中译出版社 2021 年版,第 122—125 页。

建离不开 5G 网络、感知交互技术、区块链、人工智能等大部分与互联网相关的创新技术。

（三）元宇宙的应用场景

有观点认为,元宇宙是数字化的最终形态,将成为集娱乐、社交、学习、生产、生活于一体的数字世界,与现实世界紧密融合。目前,元宇宙概念已经在娱乐、社交、教育、商业、工业等生产与生活领域有所应用。

元宇宙重点孵化产业主要有四种:

1. 虚拟现实与扩展现实

扩展现实(XR)包括虚拟现实(VR)、增强现实(AR)、混合现实(MR),是为了实现元宇宙中的三维虚拟空间的视觉、触觉、嗅觉等展示,获得沉浸式的元宇宙体验的应用。

XR 设备主要是为元宇宙的发展打通硬件设备这一关,目前市场和科技巨头们都认为 XR 设备是未来元宇宙实现的工具,发展 XR 硬件是元宇宙发展的必经之路。XR 产业链包括硬件、软件、应用（内容）、分发等多个环节。硬件作为支撑应用的基础,其零部件以及终端形态会极大地影响到用户体验。零部件主要包括芯片、传感器、光学器件与显示屏,设备主要包括显示设备和交互设备。[①] 目前 XR 的 To C 端应用仍然停留在游戏领域,初步的 VR 应用生态多是由譬如 Steam 这样的游戏平台打造,腾讯作为全球盈利最多的游戏厂商,也在布局 VR 游戏生态,但不限于游戏,VR 未来的发展方向是拓展至社交领域,进而为元宇宙的发展助力。

2. 非同质化货币（NFT）与数字藏品

非同质化货币（NFT）将虚拟世界的有交易价值的物品上链进行所有权标注,相当于打造了一块独一无二的数字产权证,可以是收藏品、游戏装备、数字艺术品等等,放入元宇宙的数字钱包,可以被随身携带。NFT 的核心价值主要体现在推动数字内容资产化,保证数字资产的唯一性、真实性和永久

---

① 《元宇宙：VR 产业链深度报告（收藏版）》,https://mp.weixin.qq.com/s/BRsYdsgUru-QJVQTMymdkA,2022 年 10 月 31 日访问。

性,提高数字资产的交易流动性。数字藏品在中国尚未有统一定义,有一种说法是,数字藏品是 NFT 在国内的名称,是国内市场玩家试图在合理合规的情况下,根据国外 NFT 的玩法打造出的本土化的"替代品"。

目前数字藏品的展开形式主要有三种:第一,平台或艺术家发行,用于炒作或交易;第二,IP 品牌发行,用于增加消费者黏性,打造数字品牌;第三,博物馆、文化馆发行文物数字藏品,主要用于文化宣传。

目前国内的数字藏品发布平台有限,数字藏品的发布需要经过一定的审批手续,产品发布方式有限。同时,各大数字藏品平台主要依托于企业的联盟链发布产品,而各大企业的联盟链之间并不相通。因此,国内的数字藏品平台之间并没有打通,仍存在一定的独立性。随着监管的严格,数字藏品平台逐渐封禁数字藏品的售卖渠道,仅参与发售这一环节,部分数字藏品平台已取消交易/转赠功能。目前数字藏品平台有鲸探(支付宝,蚂蚁链)、幻核(腾讯,至信链)、灵稀(京东,智臻链)、百度(百度旗下,百度超级链)、网易星球(网易旗下,网易区块链)、唯一艺术平台(Polygon 公链)、红洞科技(趣链科技子公司)、洞壹元典(数码视讯子公司)、Starark(币安 BSC 国际公链)、One meta 等。①

3. 数字孪生

数字孪生是一项综合性技术,包括感知、数据、建模、可视化和应用五个层级。感知需要硬件的传感器、监测技术;数据是基础,数据的传输技术、存储技术、融合技术、处理技术都是数字孪生的基础性技术;模型是核心,各种建模技术以及支撑建模的平台和软件是数字孪生的核心技术与载体;可视化中的三维展示和 AR/VR 技术也是数字孪生的关键技术。②

数字孪生并非元宇宙新兴概念,它最开始运用在军事国防领域,用于军用飞机维护判断,后来引入现代工业,在工业互联网时代开始兴起,在建筑、设计、生产等领域运用。数字孪生是物理产品的数字化表达,其原理是在计算机中建立现实生产的数字复制模型,实时接收现实生产中的数据反馈,准

---

① 《数字藏品平台汇总》,https://mp.weixin.qq.com/s/k3LP857GfIzU6yvcwhpDNw,2022 年 10 月 31 日访问。
② 张东霞:《解读之二:数字孪生有哪些关键技术?》,https://www2.shkp.org.cn/articles/2022/07/if153157.html,2023 年 7 月 4 日访问。

确反映现实生产中的当前状态。

生产前,在数字孪生体上进行模拟和演练,可以预测现实生产中可能出现或存在的问题,通过传导的数据进行分析,再基于现实情况进行生产中的判断。数字孪生的功能包括但不限于可视化产品、协调零件关系、可制造性检查、人机交互、机械操作。

以复杂产品研制而著称的飞机行业,数字孪生技术已经应用于实际生产中,数字孪生样机几乎承载着完整的产品信息。制造商可以通过数字样机进行飞机方案的选择,进行可制造的各种仿真,在数字孪生飞机上检查未来飞机的各种功能和性能,发现需要改进的地方,最终创建出符合要求的"数字飞机",并将其交给工厂进行生产,制造成真正的物理飞机,完成整个研制过程。

同样,数字孪生可以应用于智慧城市的模拟建设,城市建筑、街道、环境的数字孪生体组合在一起就可以构建出完整的数字城市孪生。在未来元宇宙的世界,建设一个元宇宙北京或元宇宙上海就可以将现实的城市进行孪生映射。

4. 虚拟数字人

虚拟数字人是元宇宙的"公民",指存在于非物理世界中,通过计算机图形学、语音合成技术、深度学习、类脑科学、生物科技、计算科学等聚合科技创设,并具有"人"的外观、行为甚至思想(价值观)的可交互的虚拟形象。[①]

虚拟数字人按照分类可以分为数字人和虚拟原生人。数字人又叫作"数字分身",是指现实中的真实人在虚拟世界的映射分身,如演员迪丽热巴的虚拟形象"迪丽冷巴"、主持人撒贝宁的虚拟形象"央视小小撒"。而虚拟原生人是在虚拟世界中创设,并无现实映射的原生数字人,当前虚拟原生人应用最多、商业价值最高的领域主要有虚拟偶像、虚拟主播和虚拟员工。虚拟偶像拥有高颜值和"永不塌房"的特点,吸引许多年轻人的关注,大厂们纷纷推出虚拟偶像,试水数字娱乐。目前发展运营状况比较好的虚拟偶像有字节跳动推出的 A-SOUL 女团、创壹科技推出的高颜值数字网红柳夜熙、山魈映画出品的虚拟偶像梅涩甜。虚拟主播则是媒体、电商平台推出的以媒

---

① 中国传媒大学媒体融合与传播国家重点实验室:《"元宇宙"虚拟数字人影响力报告》。

体应用为主的虚拟数字人,包括传统媒体推出的虚拟主持人、虚拟记者和电商、娱乐平台或企业推出的虚拟主播,如央视网推出的虚拟记者小C、搜狗虚拟人推出的全球首个虚拟手语主持人小聪、米哈游推出的B站虚拟UP主鹿鸣。虚拟员工主要是企业为了巩固自身IP,提升企业数字化推出的虚拟数字人,同时能够承担一定程度的机械性工作,减轻人工压力,如美妆品牌花西子推出的虚拟代言人花西子、百信银行推出的虚拟品牌官AIYA。

二、 元宇宙全球布局的特色与差异

元宇宙的构建是一个庞大而复杂的系统化工程,安信证券[①]尝试按照价值传导机制,以体验的升级为终点,倒推实现这种体验所必备的要素,进而分拆出元宇宙研究框架的六大组件。首先是提供元宇宙体验的硬件入口(VR/AR/MR/脑机接口)及操作系统,其次是支持元宇宙平稳运行的后端基建(5G/算力与算法/云计算/边缘计算)与底层架构(引擎/开发工具/数字孪生/区块链),再次是元宇宙中的关键生产要素(人工智能),最终呈现为百花齐放的内容与场景,以及元宇宙生态繁荣过程中涌现的大量提供技术与服务的协同方。

从全球视角来看,目前元宇宙的发展与布局以美国和中国为主占据优势,其次是日本和韩国。中美日韩的差异较为明显:(1)美国在基础研发,尤其在底层架构的领域是最强的,领先水平比较高;(2)中国最大的潜力在于用户基数与社交基因优势,在后端基建和人工智能领域可能会有后发优势;(3)韩国的元宇宙由政府引领,在虚拟数字人领域技术领先,应用场景主要由偶像工业驱动;(4)日本有丰富的ACG产业基础与IP储备,其应用已逐步由游戏向演出会议等场景延展。

[①] 安信证券:《全球视角下的元宇宙竞争——中美日韩元宇宙发展与布局各有千秋》,https://pdf.dfcfw.com/pdf/H3_AP202111171529495837_1.pdf,2022年10月31日访问。

表 9-2 各国企业在元宇宙的相关布局①

国家	企业名	元宇宙构想
中国	腾讯	搭建一个整合社交、生活、消费的综合平台,实现跨越AR、VR、音频、互联网与物理世界的元宇宙世界。
	百度	开发了"希壤"平台,以技术为基础,打造一个身份认同、经济繁荣、跨越虚拟与现实的多人互动虚拟世界。
	网易	开发了"瑶台"平台,打造一个以用户体验为核心、多场景、强互动、沉浸式虚拟活动平台。
美国	Facebook	推出Horizon游戏平台,为用户提供社交、游戏、工作、协作和生产力服务。
	微软	通过Azure、Synapse、Power Platform、Mesh和HoloLens等一系列软件协助用户实现数字孪生建模、预测、交互等需求。
	Decentraland	打造基于VR技术的、一个完全去中心化、由用户所拥有的虚拟世界。
日本	SONY	通过"Dreams Universe"平台,建立一个涵盖游戏、创意、视频、社交的大型虚拟社区。
	Hassilas	利用Mechaverse平台提供多人实时参与的3D体验中心,实现虚拟音乐会、虚拟体育场等场景搭建。
韩国	三星	通过一系列硬件产品构建元宇宙生态系统,实现虚实结合的元宇宙平台搭建。
	ZEPETO	通过虚拟人物、虚拟产品和虚拟线上活动的方式,开辟连接虚拟空间和现实生活的营销方式。
	Hodoo Labs	推出了HodooEnglish教育元宇宙,通过虚拟角色和剧情实现全景化的英语教学。

(一)美国、韩国、日本的元宇宙布局

美国是元宇宙开拓者,着眼于功能性平台。美国对元宇宙的关注点集中于基础设施与功能性平台,其核心竞争力主要体现在硬件入口及操作系统、后端基建、底层架构等方面,同时在人工智能方向也具有较强的竞争力。美国在元宇宙方向的应用不仅局限于游戏、娱乐等面向消费者的场景,在工业设计等面向B端的场景上也有所延伸,驱动工业生产应用的效率提升。

---

① 杨健、张安山、王斐亮:《元宇宙技术发展综述及其在建筑领域的应用展望》,载《土木与环境工程学报(中英文)》,网络首发于2022年6月7日。

面向 C 端消费者场景的应用中,呈现出社交与娱乐先行的特征。

韩国元宇宙发展由政府强力引领,通过偶像工业驱动。在技术上,韩国在虚拟数字人领域独树一帜。韩国以三星为代表的企业在相关技术领域布局多年,是元宇宙的主导力量,目前在虚拟数字人方向的技术较为强大。在应用发明领域,韩国元宇宙借助成熟偶像工业,拓展商业化应用场景。整体来看,韩国在虚拟数字人方向的应用已经相对较为成熟,与偶像工业相结合具有非常多的应用场景,随着元宇宙生态的成熟,预计后续将会带来较大的增长机会。

日本 ACG 产业积累深厚,IP 资源丰富。在技术方面,主要围绕 VR 硬件设备及游戏展开。在应用层面,背靠深厚的 ACG 基础,日本充分将元宇宙世界与动漫形象进行结合,从而实现更好的虚拟化效果。从娱乐等应用场景向外延伸,日本目前已经将相应的技术应用在演出及会议等领域。

(二) 中国的元宇宙布局

元宇宙概念自美国兴起后,中国科技企业迅速跟进。与域外企业相比,中国元宇宙企业更强调沉浸式应用。但整体来看,中国目前在底层技术上仍处于跟随与追赶的态势,但是得益于强大的基建能力及人口规模优势,后续有望在 5G 等后端基建、人工智能、内容与场景方面爆发出巨大的增长潜力。

技术层面,中国在后端基建方面具备优势,正在云计算、人工智能等领域开始逐步追赶国际巨头。在应用层面,中国参照移动互联网发展历程,未来在内容、协同方面有望弯道超车。在移动互联网时代,中国在变现流通环节表现出强大的主观能动性。基于此,数字藏品(NFT)与虚拟数字人预计是优先受益的方向。数字藏品将带动优质 IP 的价值重估。数字藏品可以锚定虚拟资产的价值,有助于推动内容资产价值的重估,解决版权保护痛点、重塑资产流通性、加速数字资产化。同时,虚拟数字人的时代已经开启。人工智能是核心生产要素,预计未来元宇宙中的"人工智能生成内容"(AIGC,相对于 PGC、UGC 而言)将会越来越丰富,而基于人工智能驱动的虚拟数字人则属于这一范畴。虚拟数字人并不是新鲜概念,目前已有众多公司或机构入局,且技术的仿真效果更加成熟。

三、域内外产业促进政策

(一)国内产业促进政策

在中国,"元宇宙"尚未出现在中央层面法律法规等规范性文件中,但中国并不排斥或拒绝这一新兴领域。"虚拟现实""加强现实""区块链"等元宇宙专业技术术语在中央层面的规范性文件中均有所体现,且中国对这类技术的发展表示支持。2020年,全国人大常委会在立法工作计划中要求重视对人工智能、区块链等新技术新领域相关法律问题的研究,后"培育壮大人工智能、大数据、区块链、云计算、网络安全等新兴数字产业"被纳入"十四五"规划,在中央层面正式要求推动新兴数字产业的发展。2022年5月,最高人民法院公布了《最高人民法院关于加强区块链司法应用的意见》,提出"到2025年,建成人民法院与社会各行各业互通共享的区块链联盟,形成较为完备的区块链司法领域应用标准体系"。在地方层面,自2021年12月至今,各地政府先后出台了34份有关元宇宙的规范性文件,多为产业促进或者产业发展计划,目的在于促进当地的元宇宙产业发展。

2021年10月,国家版权交易中心联盟、中国美术学院、蚂蚁集团、京东科技、腾讯云等机构共同发布《数字文创行业自律公约》,强化行业自律,共建良性的数字文创行业发展生态。该公约共包括11项共识,分别为:赋能实体经济、弘扬民族文化、促进行业发展、坚持原创正版、保证价值支撑、保护消费者权益、联盟链技术可控、维护网络信息安全、杜绝虚拟货币、防范投机炒作和金融化风险,以及防范洗钱风险。[①] 在NFT领域,厦门于2022年3月发布了《厦门市元宇宙产业发展三年行动计划(2022—2024年)》,要求"着

---

① 《数字文创行业自律公约正式发布》,https://antchain.antgroup.com/community/articles/1407,2022年10月31日访问。

眼 NFT 规范管理,研究制定 NFT 交易管理办法"①。上海于 2022 年 6 月发布的《上海市数字经济发展"十四五"规划》明确指出要支持龙头企业建设 NFT 交易平台,研究推动 NFT 等资产数字化、数字 IP 全球化流通,这是中国首次在政府层面提及并积极支持 NFT 交易平台与商业模式的建设。② 与此同时,中国互联网金融协会、中国银行业协会与中国证券业协会于 2022 年 4 月联合发布了《中国互联网金融协会、中国银行业协会、中国证券业协会关于防范 NFT 相关金融风险的倡议》,呼吁其会员单位不为 NFT 交易提供集中交易等服务,并禁止为投资 NFT 提供融资支持。③

在数字孪生领域,"十四五"规划要求探索建设数字孪生城市,以此建设智慧城市。为实现此目的,国务院明确要求突破数字孪生等集成技术④,并在数字政府建设中探索运用数字孪生技术⑤。上海、浙江、天津、广州、深圳等地开展示范性试点项目,以点带面打造数字孪生城市,助力智慧城市建设。上海临港新片区试点数字孪生城市建设,打造上海数字化转型示范区。浙江省发布数字孪生建设首批试点清单,将数字孪生技术应用于地铁安全管理、大型交通枢纽安全管理等十大领域。深圳市构建可视化城市空间数字平台,探索数字孪生城市。天津市提出加快城市信息模型(CIM)平台建设,推进 CIM 平台在城市体检、城市安全、工程管理和住房管理等领域的广泛应用。广州市加快 CIM 平台赋能生态环境、公共安全、公共交通、政务司法等,实现城市精细化、智慧化管理。

如前所述,从国内外的产业布局和技术规划现状来看,业界并未就"元宇宙是什么、究竟能做什么、应当如何实现以及存在何种安全风险"等问题给出准确的答案,各大科技巨头企业甚至都没有解释清楚"元宇宙"概念的内涵。因此,在这种"红极一时"的现象背后,需冷静看待元宇宙技术背后的概念炒作危机和经济泡沫。⑥ 对此,2022 年 2 月 18 日,银保监会专门发布

---

① 资料来源:https://www.paoka.com/info/910,2022 年 10 月 31 日访问。
② 资料来源:https://dt.sheitc.sh.gov.cn/szzc/2077.jhtml,2022 年 10 月 31 日访问。
③ 资料来源:https://finance.sina.cn/fund/jjgdxw/2022-04-15/detail-imcwiwst2065277.d.html,2022 年 10 月 31 日访问。
④ 《"十四五"数字经济发展规划》,2022 年 1 月 12 日发布。
⑤ 《国务院关于加强数字政府建设的指导意见》,2022 年 6 月 23 日发布。
⑥ 赵精武:《理性看待元宇宙技术发展新风向》,载《法治日报》2022 年 7 月 27 日第 5 版。

《关于防范以"元宇宙"名义进行非法集资的风险提示》，提醒相关部门警惕涉嫌非法集资、诈骗等违法犯罪活动。

除了相关的产业鼓励政策，近两年中国也开始从立法层面对虚拟数字人所涉及的法律问题进行回应。例如，根据网信办、公安部、商务部等多部门于2021年4月发布的《网络直播营销管理办法（试行）》，涉及展示虚拟形象的，"直播营销平台应当加强新技术新应用新功能上线和使用管理，对利用人工智能、数字视觉、虚拟现实、语音合成等技术展示的虚拟形象从事网络直播营销的，应当按照有关规定进行安全评估，并以显著方式予以标识"；"直播间运营者、直播营销人员使用其他人肖像作为虚拟形象从事网络直播营销活动的，应当征得肖像权人同意，不得利用信息技术手段伪造等方式侵害他人的肖像权。对自然人声音的保护，参照适用前述规定"。

当前，各地政府已经明确表明要积极推动元宇宙产业的发展，但在法律监管层面尚留空白，仅上海、厦门两地要求重视元宇宙的法治建设或法律监管，这一方面需要中国政法机关、科研机构等重点关注。而在司法实践中，虽有法院认定 NFT 数字藏品的法律属性以及交易的法律性质，但仅限于著作权方面，对其他法律层面尚未进行探索，如商标权侵权、元宇宙中交易征税等问题。此外，NFT 交易在中国是否合法仍需政府给出明确答案，虽有地方政府文件要求建设 NFT 交易平台，但银行类金融机构的行业规定却禁止 NFT 交易，禁止为投资 NFT 提供融资，不利于该地方政府文件的实施以及 NFT 的发展。

北京科技创新中心研究基地副主任、北京航空航天大学法学院助理教授赵精武认为，应从以下三方面对元宇宙产业进行政策引导与行业监管。第一，重视基础技术和底层技术的研发创新布局。应当重视基础技术和应用型技术的产业布局和政策引导，既要关注到前沿技术发展的最新动态，也要注意潜在的概念泡沫。在国家战略层面的产业布局应当对技术创新和产品概念创新予以区分，基础技术的研发突破是整个产业指数式增长的基础性条件，技术产品的研发并不能满足中国技术强国的长期战略目标。从数字孪生到元宇宙，这些新兴技术概念在一定程度上都是虚拟仿真、工业互联网、增强现实等基础技术以不同方式组合而成的新型产品和服务形态。监管机构的产业布局规划应当以能够具备产业变革的基础技术为中心，充分认识到元宇宙概念背后潜在的"概念创新",即基础技术未曾发生变化,不过是具体应用方式有所变化。第二,引导信息产业良性发展,避免无序竞争导致业界不合理布局技术研发方向。基于技术发展的客观规律并结合 VR、AR 技术的发展经验来看,元宇宙产业取得实质性的技术创新需要经历漫长的研发周期。监管机构应当警惕市场利润最大化对元宇宙产业的负面效应,避免信息技术企业为了在短期内吸引投资而故意将现有的 VR、AR 技术应用解释为元宇宙产业的突破,这种偷换概念的做法也会误导元宇宙产业自身的发展方向。监管机构应当适时适度地纠正元宇宙产业的畸形发展业态,避免重走 VR、AR 技术"市场火热,技术冷清"的老路。第三,以审慎立场制定元宇宙产业监管政策。在"元宇宙"概念刚被提出的当下,有公司就声称开发相关虚拟社交产品,随后该公司股价在两个工作日涨停。尽管事后上交所对其直接予以监管警示,但是这起事件也暴露出概念炒作可能的危害。即便国家和产业对区块链发展抱有极高的期望,但直至现在,区块链仍未形成合理盈利模式,这是因为任何新兴技术概念从研发创新到落地应用均需要满足相当长的技术发展周期。元宇宙同样存在概念式技术创新的泡沫,这不仅会威胁中国金融市场的稳定,还会影响中国网信事业安全。

(二) 域外产业促进政策

1. 美国

美国国家航空航天局(NASA)在 2020 年的技术报告[1]中首次正式使用了"数字孪生"一词。2011 年,美国空军将数字孪生技术应用在战斗机的结构健康管理当中。2012 年,NASA 和美国空军联合发布有关数字孪生技术的文章,将数字孪生作为未来交通工具的关键技术。[2]

2. 欧盟

欧洲对元宇宙持高度谨慎态度。欧盟《人工智能法案》、"平台到业务"

---

[1] 资料来源:https://www.nasa.gov/pdf/501321main_TA11-MSITP-DRAFT-Nov2010-A1.pdf,2022 年 10 月 31 日访问。

[2] 资料来源:https://www.sciencedirect.com/topics/engineering/apollo-program,2022 年 10 月 31 日访问。

监管法规,《数字服务法案》《数字市场法案》等立法说明了监管机构在处理元宇宙时可能采取的立场和倾向,包括增加透明度、尊重用户选择权、严格保护隐私、限制一些高风险应用。这些立法预示着欧盟更关注元宇宙的监管和规则问题,试图在治理和规则上占据先发优势,进而保护欧洲内部市场。

2022 年 7 月 1 日,欧洲议会议员 Stefan Berger 在社交媒体上确认欧盟议会、委员会和理事会已一致通过了于 2020 年 9 月提出后讨论近两年之久的《加密资产监管市场提案》(Markets in Crypto Assets Regulation, MiCA)。该法案要求,加密货币发行人应发布一种称为"白皮书"的技术宣言以向当局注册,并为稳定币保留适当的银行式储备欧元等主权货币。从欧盟监管的角度来看,NFT 可能属于 MiCA 的任何一个类别,该提案旨在对欧盟金融法尚未涵盖的加密资产提供全面监管。①

在数字孪生领域,欧盟委员会于 2020 年 9 月发布了"Transparent and Accessible Seas and Oceans: Towards a Digital Twin of the Ocean"倡议,旨在帮助欧盟实现在绿色协议和数字化方面作出的承诺,开发高精度的"地球数字模型"(Destination Earth Initiative)。② 根据欧盟委员会估计,第一个版本将在 2024 年之前投入使用。2022 年,欧盟和联合国启动了"海洋数字孪生"(Digital Twin of the Ocean, DTO)项目,旨在开发创新的海洋学解决方案。③

3. 韩国

韩国政府十分重视元宇宙的发展。2021 年 5 月,韩国信息通信产业振兴院联合 25 个机构(包括韩国电子通信研究院、韩国移动产业联合会等)和企业(LG、KBS 等)成立"元宇宙联盟",旨在通过政府和企业的合作,在民间主导下构建元宇宙生态系统,在现实和虚拟的多个领域实现开放型元宇宙平台。2022 年 2 月,韩国的金融监督局关注到 NFT 存在的风险,提出将加强对涉及 NFT 和元宇宙等新兴市场企业 IPO 的核查,并将针对快速增长的数字资产市

---

① 资料来源:https://eur-lex.europa.eu/legal-content/EN/TXT/? uri=CELEX%3A52020PC0593&qid=1658366556898,2022 年 10 月 31 日访问。
② 资料来源:http://cio.zhiding.cn/cio/2022/0329/3139656.shtml,2022 年 10 月 31 日访问。
③ 资料来源:https://ec.europa.eu/info/sites/default/files/energy_climate_change_environment/overall_targets/images/the_digital_twin_ocean_20.04.2022.pdf,2022 年 10 月 31 日访问。

场中对消费者造成损害的因素制定对策。① 2022年7月14日,韩国科学技术信息通信部与韩国互联网振兴院(KISA)宣布成立元宇宙/NFT安全委员会,以检查元宇宙和NFT等虚拟融合经济的传播所产生的新安全问题,并寻求行业合作。

4. 日本

2021年7月13日,日本经济产业省发布了《关于虚拟空间行业未来可能性与课题的调查报告》。该报告将虚拟空间定义为"可供多人参加、使用虚拟形象、可以自由活动和与人交流的3D网络空间"。对于元宇宙这种新兴形式,该报告将其暂时定义为"在一个特定的虚拟空间内,各领域的生产者向消费者提供各种服务和内容",并不把元宇宙作为一种确定的商业形式。报告认为,该行业应将用户群体扩大到一般消费者,应降低VR设备价格以及VR体验门槛,并开发高质量的VR内容留住用户;政府应着重防范和解决"虚拟空间"内的法律问题,并对跨国、跨平台业务的法律适用等加以完善;政府应与业内人士制定行业标准和指导方针,并向全球输出此类规范。这些建议体现了日本政府对元宇宙行业布局的思考,即通过现有的发展成果尽可能在民众中推广元宇宙理念,同时通过指导与制定政策来规范元宇宙的建设。②

四、 理论研究

(一) 从制度治理建构维度剖析元宇宙

1. 国内研究现状

元宇宙高速发展,社会失范与违法犯罪频发,元宇宙的制度治理箭在弦

---

① 资料来源:https://new.qq.com/omn/20220310/20220310A09G7100.html,2022年10月31日访问。
② 韩亚峰、李峥:《元宇宙愿景背后的机遇与风险》,载《瞭望》2021年第48期。

上。张钦昱教授率先提出元宇宙内在控制规则与外在控制规则,并强调内部控制为主、外部控制为辅的适用要求。① 从生产要素与生产关系角度出发,李晓楠教授创造性地指出可从治理方式转型与关键法律制度革新两大维度解决元宇宙治理困境。其中,治理方式应实现动态的回应性治理、技术标准治理、协商治理的转型;关键法律制度应实现数据和数字资产保护、算法规制、数据竞争革新。② 高一乘教授则建议在多部法律法规协同保护的前提下,更关注"平台、数据、算法三维结构"(PDA 范式),并对基础设施原则、区块链、双维监管予以综合治理。③ 为最大程度发挥制度治理的优势,法律制度革新是重中之重。元宇宙中的任何活动主体,在算法、数据、隐私、安全等方面的行为都必须遵守法的基本精神,并在法的精神的基础上创造和发展。④ 程金华教授关注现实世界与元宇宙世界的交叉融合,建议架构元宇宙"法律+技术"二元规则体系,确立"以现实世界为本"的法律中立原则,并依托现实世界的刚性法律保障元宇宙"去中心化治理"机制的实现。⑤ 孙益武教授则主张没有必要为元宇宙时代构建独立的法律秩序,只需就元宇宙的特点和分层治理需要而采取保护数据利用、引导算法向善、引导平台承担主体责任、促进平台自治等措施即可。⑥

2. 域外研究现状

"Metaverse"这个概念的思想源头,是由美国数学家和计算机专家 Vernor Vinge 教授在 1981 年出版的《真名实姓》(True Names)中描述的"通过脑机接口技术进入并获得真实感官体验的虚拟世界"。⑦ 早在元宇宙概念提出伊始,关于元宇宙如何构建、未来如何发展就成为亟待研究的问题。时至今日,如何对元宇宙进行制度治理仍未有定论。但也有不少学者提出了

---

① 张钦昱:《元宇宙的规则之治》,载《东方法学》2022 年第 2 期。
② 李晓楠:《网络社会结构变迁视域下元宇宙的法律治理》,载《法治研究》2022 年第 2 期。
③ 高一乘、杨东:《应对元宇宙挑战:数据安全综合治理三维结构范式》,载《行政管理改革》2022 年第 3 期。
④ 鲁照旺:《元宇宙的秩序和规则》,载《学术界》2022 年第 2 期。
⑤ 程金华:《元宇宙治理的法治原则》,载《东方法学》2022 年第 2 期。
⑥ 孙益武:《论元宇宙与智能社会法律秩序调整》,载《法治研究》2022 年第 2 期。
⑦ 资料来源:https://developerknow.com/what-is-the-metaverse-of-the-recent-fire/,2023 年 7 月 5 日访问。

如何构建元宇宙。

C. Ondrejka 早在 2005 年就提出要通过适当的经济和法律决策来利用玩家创造力的力量,使虚拟世界的发展最大化,以建立一个与现实世界一样丰富和复杂的在线空间。① Rippert 与 Weimer 教授在 2007 年对虚拟世界中的法律关系进行了探讨,包括运营商和用户之间以及用户之间的法律关系、国内法对外国运营商的约束效力、虚拟物品的评估等。② 对于元宇宙的研究基础应当如何把握,Alanah Davis 等认识到在紧急交互和结果中存在变化的潜力,并认为人和虚拟世界是元宇宙的研究基础。③ 对于数据爆发对元宇宙的产生,B. Egliston 认为 VR 技术是元宇宙的核心,它依赖于捕获和处理有关用户(如他们的身体及其与硬件的接口)或其周围环境的数据。④ 对于在数字时代如何进行互联网治理,G. De Gregorio,R. Radu 认为互联网治理正在朝着碎片化、两极分化和混合化的方向发展,这些趋势不仅涉及技术基础设施的治理,还有助于重塑数字环境中的自由和权力架构,推动宪政在数字时代发挥新作用。因此,首要问题是互联网治理的演变在多大程度上会导致数字时代的新宪法范式。⑤ 对于当前元宇宙的不断发展,R Brownsword 提出了互联网技术颠覆的三波浪潮。第一波浪潮破坏了国家法律体系提出的承认其权威的要求;第二波浪潮打乱了关于法律应该被尊重的要求;第三波浪潮破坏了支撑我们对法律的权威和尊重的思考的概念方案。⑥

---

① Cory Ondrejka, Escaping the Gilded Cage: User Created Content and Building the Metaverse, *New York Law School Law Review*, Vol. 49, No. 1, 2004.

② Stephan Rippert und Katharina Weimer, Rechtsbeziehungen in der virtuellen Welt, ZUM, 2007, 272ff.

③ Alanah Davis, John Murphy & Dawn Owens, Deepak Khazanchi, and Ilze Zigurs, Avatars, People, and Virtual Worlds: Foundations for Research in Metaverses, *Journal of the Association for Information Systems*, Vol. 10, No. 2, 2009.

④ B. Egliston, Critical Questions for Facebook's Virtual Reality: Data, Power and the Metaverse, *Internet Policy Review*, Vol. 10, No. 4, 2021.

⑤ G. De Gregorio & R. Radu, Digital Constitutionalism in the New Era of Internet Governance, *International Journal of Law and Information Technology*, Vol. 30, No. 1, 2022.

⑥ R. Brownsword, Law, Authority, and Respect: Three Waves of Technological Disruption, *Law, Innovation and Technology*, Vol. 14, No. 1, 2022.

(二) 从公私法维度剖析元宇宙

1. 国内研究现状

首先,数字身份是个体进入元宇宙的"护照"身份,亦是个体权利义务的起点。① 个体以化身登录的方式在元宇宙中生存交互,带来了数字身份认证难题。李慧敏教授坚持应建立以秩序价值为主导,兼顾自由价值的立法取向,实施包括但不限于构建国家认证平台、设置点亮规则满足特定情境下的显名化需求、实质区分智能数字人真实状态措施。②

其次,元宇宙中增强现实、虚拟现实等技术,极可能引发更具侵入性的个人数据收集、推断最深层次的欲望偏好等后果,从而产生人格权、隐私权和个人信息安全等权利问题。对此,季卫东教授从元宇宙的内部监控与外部监控、增强现实和虚拟现实的权利保障、算法黑箱与法律问责、去中心化自治岛及走廊式制度、元宇宙增量式制裁的实效五个方面阐述了元宇宙涉及的现实法律问题。③ 申晨教授敏锐察觉到元宇宙与个体人格权的内在联系,诸如感官的模拟或刺激技术涉及物质性人格权,打通虚实世界身份和财产关系的数字加密技术涉及标表性人格权等。④ 同时,王德夫教授指出:元宇宙的技术原理和运行方式决定了它极可能广泛获取个体授权,实时、全面收集个体信息,形成信息高度集中,产生全方位信息外泄的较大风险。⑤

再次,在元宇宙中,虚拟财产以一种非物质化的数字资产方式呈现,存在权属争议大、交易主体身份识别乱、智能合约不可撤销等问题,亟待建立身份信息源认证体系、确权算法规则、智能合约撤回等体系制度。⑥ 元宇宙为数字版权资源治理提供了丰富的想象空间,极大助力实现公共服务政策目标、版权有效保护以及版权利益合理分配,亦存在作品类型定性难题、作

---

① 陈吉栋:《超越元宇宙的法律想象:数字身份、NFT 与多元规制》,载《法治研究》2022 年第 3 期。
② 李慧敏:《自由与秩序:元宇宙准入的价值选择与身份认证的元规则》,载《法治研究》2022 年第 2 期。
③ 季卫东:《元宇宙的互动关系与法律》,载《东方法学》2022 年第 4 期。
④ 申晨:《元宇宙技术对人格权的侵害风险及法制应对》,载《中国信息安全》2022 年第 1 期。
⑤ 王德夫:《元宇宙领域的个人信息保护新挑战与法律应对》,载《中国市场监管研究》2021 年第 11 期。
⑥ 程韵:《元宇宙中虚拟财产交易的法律规制》,载《互联网天地》2022 年第 5 期。

品来源认定难题、无序扩张难题、UGC作品版权保护难题及其引发的侵权风险。① 对此,郑煌杰教授从规制版权主体垄断、建立有序互联网平台、完善公共领域制度、补充合理使用条款四个方面提出了解决措施。② 袁锋教授基于合理使用制度困境针对性提出了解决方案,即抓住目的性转换的本质,结合公共利益的实现情形以及我国著作权法律法规,本土化适用转换性使用理论。③

最后,元宇宙高速发展,与之相关的违法犯罪亦悄然发生,如泰达币(USDT)发行④、虚拟房地产炒作、NFT违规交易以及非法吸收公众存款、诈骗、洗钱等犯罪⑤。部分犯罪可能会结合元宇宙特征对相应法益原有形态、内容、行为方式等造成冲击,因而需要在尊重立法原意的前提下,适当运用客观解释原理对相关犯罪进行认定。⑥ 与此同时,元宇宙的兴起给刑事诉讼带来了新的挑战,如涉案虚拟财物的处置问题。郑曦教授等建议,对虚拟财物的处置应按照有法可依和保障公民财产权的思路,遵循公开原则、比例原则和诉讼效率原则,进而确定搜查扣押、移送接收、执行返还等具体措施。⑦

2. 域外研究现状

从宏观意义上讲,B. C. Cheong认为维护元宇宙中对化身的适当保护,特别是匿名的外衣,将鼓励现实生活中的个人参与元宇宙世界的发展。将法律保护扩大到虚拟人物将会鼓励商业投资,减少不必要的诉讼并促进创造力。从短期来看,元宇宙潜在的法律问题将涉及数据保护和隐私、知识产权和人身伤害(就骚扰和伤害而言)等领域。这些问题可以利用现有的知识

---

① 马一德、黄运康:《元宇宙空间的数字版权治理:创新价值、制度困境与调适》,载《中南民族大学学报(人文社会科学版)》2023年第1期。
② 郑煌杰:《元宇宙下数字作品版权的扩张及其限制研究》,载《东莞理工学院学报》2022年第4期。
③ 袁锋:《元宇宙空间著作权合理使用制度的困境与出路——以转换性使用的界定与适用为视角》,载《东方法学》2022年第2期。
④ 肖飒:《警惕元宇宙金融诈骗与法律风险》,载《中国农村金融》2022年第4期。
⑤ 佟日:《元宇宙暗藏法律风险》,载《检察风云》2022年第11期。
⑥ 刘宪权:《元宇宙空间犯罪刑法规制的新思路》,载《比较法研究》2022年第3期。
⑦ 郑曦、段旭东:《刑事诉讼中涉案虚拟财物的处置——以元宇宙场景为例》,载《阅江学刊》2022年第3期。

产权法及消费者保护法加以解决。①

对于未来元宇宙法律问题应该从何种方向研究，S. Kasiyanto 认为元宇宙中的隐私和数据保护、合同法和智能合约、网络安全和网络攻击、货币和支付系统法，以及对虚拟资产的监管（包括证券和商品法）、税法、反洗钱和 KYC、刑事法均需要进一步完善和探讨。②

具体到各个法律领域，就刑法领域而言，김종구认为在元宇宙时代，当虚拟世界中的"第二生命"变得普遍时，法律理论的发展和立法政策的制定更有必要规范网络性犯罪的新形式。但是，如果这是一种犯罪，则需要考虑一种新的反映元宇宙虚拟空间特征的犯罪模式。③ Eckstein 认为，元宇宙背景下的犯罪分"世界外犯罪"和"世界内犯罪"，即所谓的游戏犯罪和元犯罪。后者的特点是，它们是在虚拟世界中实施的。例如，一个化身拥有卓越能力的玩家威胁游戏内的同伴，要在战斗中杀死他的化身，除非该同伴给化身提供有价值的物品。Eckstein 对此行为应否受刑法处罚提出了一系列观点。④

从刑事诉讼法领域来看，L. A. Voskobitova 和 V. I. Przhilenskiy 描述了设计和实施刑事诉讼数字化的地方经验，并对数字化在规则制定、执法和一般法律实施领域的早期成功和困难进行了专家评估。⑤

从知识产权法角度分析，A. Peterson 探讨了虚拟标识作为恢复商标通知要求的解决方案，作为法院如何计算损害赔偿金的支柱，并将公众重新纳入商标通知计划。⑥ F. Thouvenin 对虚拟世界中虚拟作品的著作权保护、专利和商标等问题进行了探讨，认为虚拟世界为克服国家法律制度的限制和

---

① B. C. Cheong, Avatars in the Metaverse: Potential Legal Issues and Remedies, *International Cybersecurity Law Review*, Vol. 3, 2022.
② Safari Kasiyanto & Mustafa R. Kilinc, The Legal Conundrums of the Metaverse, *Journal of Central Banking Law & Institutions*, Vol. 1, No. 2, 2022.
③ 김종구：《온라인성착취범죄와사이버강간에관한고찰》，载《법학논총》2021。
④ Eckstein, MMORPGs und Metaversen: Strafrechtsschutz in virtuellen Welten, JurPC Web-Dok. 58/ 2013.
⑤ L. A. Voskobitova and V. I. Przhilenskiy, Transformation of Legal Reality under the Impact of Digitalization, *Kutafin Law Review*, Vol. 9, No. 2, 2022.
⑥ A. Peterson, Overdue Notice: Using Virtual Marking to Modernize Trademark Notice Requirements, *Stanford Technology Law Review*, Vol. 25, No. 2, 2022.

创建自己的特定制度提供了机会。①

从平台监管角度分析，Kalbhenn 等对元宇宙的平台监管进行了思考，认为欧盟委员会的监管手段诸如透明度、平等访问、可操作性、非歧视、内容调节和数据可移植性都可以适用于元宇宙空间。②

从税法角度分析，科隆税务法院和德国联邦税务法院关于虚拟游戏"第二人生"的裁判引起了学界轰动，因为它们也与未来处理元宇宙的结论有关。Müller 以虚拟游戏 Decentraland 为例，分析了虚拟土地出租的判例法及其对元宇宙的影响。③ Friedberg 与 Arendt 认为，与网络游戏中虚拟土地的游戏内部"出租"相反，将游戏货币作为合同权利兑换为法定货币（在发生争议的情况下通过游戏运营商管理的证券交易所）构成应税服务。④

从隐私保护角度分析，J. A. Fairfield 认为政府进入虚拟世界，应该尊重基本的隐私权利。在虚拟世界中私人收集个人信息与政府监控一样，都是对隐私的威胁。⑤ D. Friedmann 预计元宇宙的交互操作性将带来丰富的创意和版权作品，这些作品可以在不同平台上遇到、购买和交易。这些受版权保护的作品为用户提供了前所未有的沉浸式体验，但与此同时，它们也将暴露用户的感官档案，使其在更深层次上容易受到监控、操纵和盈利。⑥

基于 NFT，用户在元宇宙里做交易，构建属于自己的所有权世界，元宇宙才得以加速沉淀应用场景，构造社区，养成交易规模。而对于 NFT 的法律问题，不仅涉及交易买卖，也涉及权属保护等问题。A. Vijayakumaran 认为证券法对 NFT 的适用性主要受到监管的原因是，如今市场上常见的 NFT

---

① F. Thouvenin, Property Rights in virtuellen Welten: Illicit Ludic Metaverse - Gestaltung, Ökonomie und Recht der virtuellen Welten.

② Jan Christopher Kalbhenn und Felizitas Heet, Metaversum und Plattformregulierung, Redaktion MMR-Aktuell: 2021, 442089.

③ Robert Müller, Rechtsprechung zur Vermietung von Virtuellem Land und Implikationen für das Metaverse am Beispiel vom Decentraland, *Umsatzsteuer Rundschau*, Vol. 71, No. 8, 2022.

④ Martin Friedberg und Hendrik Arendt, "Vermietung" von Land in einem Online-Spiel, DStRK 2022, 112.

⑤ J. Fairfield, Escape into the Panopticon: Virtual Worlds and the Surveillance Society, *Yale Law Journal Pocket Part*, Vol. 118, 2009.

⑥ D. Friedmann, Digital Single Market, First Stop to the Metaverse: Counterlife of Copyright Protection Wanted, in Klaus Mathis and Avishalom Tor (eds.), *Law and Economics of the Digital Transformation*, Springer, 2023, pp. 137-189.

是基于艺术的。① M. Yoder 则认为大范围发行 NFT 侵犯或稀释了商标价值。② N. R. Febriandika 等认为，根据伊斯兰法，买卖 NFT 的交易包括在允许的买卖中；买卖 NFT 的交易被认为是伊斯兰教中有效的买卖形式。③ B. C. Cheong 认为在元世界中，人们设想通过 NFT 拥有数字艺术或其他数字资产可能与拥有艺术或收藏品的实体收藏非常相似。如果 NFT 得到广泛采用，就需要制定应对 NFT 的法规。④

（三）从应用场景维度剖析元宇宙

元宇宙底层技术、硬件设备与应用场景正处于探索整合期，数字司法、数字政治、数字文化以及数字经济等场景应用正焕发蓬勃生机。

张卫平教授认为，数字司法场景下，因具有虚拟性、沉浸性及交融性特征，元宇宙可以使纠纷当事人在虚拟空间中沉浸式体验纠纷解决规则和诉讼程序，进而引导人们按照法律的指示化解纠纷，将虚拟和解协议落地转化为真实有效的协议，达成现实世界诉源治理的目的。⑤ 曹建军教授认为元宇宙有望克服现行司法"六大局限"，即案多人少的资源局限、模拟解纷的效果局限、职权主义的体制局限、程序权利的保障局限、诉讼场景的真实局限、在线诉讼的时空局限；同时，有望打破线下诉讼的天然垄断和传统优势，借以沉浸式交互诉讼、虚拟证据形态存证质证及智能决策。⑥

数字政治场景下，张爱军、贺晶晶教授主张，元宇宙政治主体可体验新型数字生活政治、数字情境政治、数字博弈政治，亦面临数字政治幻影与信

---

① Adarsh Vijayakumaran, Democratizing NFTs: F-NFTs, DAOs and Securities Law, https://jolt.richmond.edu/2021/11/11/democratizing-nfts-f-nfts-daos-and-securities-law/, visited on 2021-05-30.

② M. Yoder, An "OpenSea" of Infringement: The Intellectual Property Implications of NFTs, *The University of Cincinnati Intellectual Property and Computer Law Journal*, Vol. 6, No. 2, 2022.

③ N. R. Febriandika, F. Fadli and D. A. Mi'raj, How Are NFT (Non-Fungible Token) Transactions Reviewed According to Islamic Law? *Borobudur Law Review*, Vol. 4, No. 1, 2022.

④ B. C. Cheong, Application of Blockchain-Enabled Technology: Regulating Non-Fungible Tokens (NFTs) in Singapore, *Law Gazette*, January 2022.

⑤ 张卫平：《元宇宙与纠纷解决：应用图景及规制想象》，载《政法论丛》2022 年第 2 期。

⑥ 曹建军：《"元宇宙"司法与纠纷解决的智能化》，载《政法论丛》2022 年第 2 期。

息安全风险,故应从技术维度和价值维度予以规制。①

数字文化场景下,数字馆藏是当下典型。徐棣枫、谭缙教授充分认可馆藏资源 NFT 化和展馆虚拟现实化两大途径助力建立高交互性、高创作自由度的虚拟博物馆;同时审慎建议博物馆应坚守公益性定位、理性做好内容合规审查、知识产权合规与维权、个人信息安全合规审查乃至金融风险排查等工作。②

数字经济场景下,元宇宙的兴起为通证经济(Token Economy)的发展提供了新的契机。全面分析元宇宙对通证经济发展的利弊后,李晶教授建议实施"法律+技术"规制(包括法律登记/认证+区块链技术验证、法律程序+智能合约自动执行、依法治理+DAO 自治)以及其他具体措施(如审查参与者身份及活动、监管经营者垄断行为、制定国家标准)。③ 数字人民币作为数字经济的基本单元,具有币值稳定、规模优势与以国家信用为背书的优点,以适应元宇宙下跨境跨空间支付体系建设与监管的客观需要。在此基础上,袁曾教授提议应围绕数字人民币国际化、空间化应用制订长远的立法规划,确定相对统一的数字经济治理规则,促进元宇宙空间健康发展。④ 然而,"元宇宙使馆""元宇宙房地产"等事件也揭示了不加规制的元宇宙技术很可能会成为资本投机活动的载体、组织从事非法经济活动的温床,为相关监督执法活动设置难以克服的障碍。⑤ 对此,邓建鹏教授提出了系列解决方案,诸如推动包括元宇宙数字资产交易监管、税收规则和会计规则的制定、协调元宇宙的全球化交易与支付规则本地化间的矛盾、协调元宇宙体系与中国近年来的金融监管政策之间的关系等,助推元宇宙在中国实现更广阔的商业应用及开拓。⑥

---

① 张爱军、贺晶晶:《元宇宙赋能数字政治主体:表现、风险与规制》,载《广西师范大学学报(哲学社会科学版)》2022 年第 5 期。
② 徐棣枫、谭缙:《元宇宙时代馆藏资源运营的法律风险与合规问题》,载《东南文化》2022 年第 3 期。
③ 李晶:《元宇宙中通证经济发展的潜在风险与规制对策》,载《电子政务》2022 年第 3 期。
④ 袁曾:《元宇宙空间铸币权论》,载《东方法学》2022 年第 2 期。
⑤ 王德夫:《论"去中心化元宇宙"的风险识别与法律治理——以"元宇宙使馆"事件为观察》,载《荆楚法学》2022 年第 3 期。
⑥ 邓建鹏:《元宇宙及其未来的规则治理》,载《人民论坛》2022 年第 7 期。

（四）学术研究存在的问题

我们认为国内对于元宇宙的研究尚存下述三大问题，亟待修正完善：

第一，研究数量偏少，成果层次不高。从现有的文献资料看，专门研究元宇宙及其相关技术，且发表在"中文社会科学引文索引"（CSSCI）来源期刊的学术论文数量低于20篇，相关研究或是发表在影响力过小的刊物上，或是老生常谈，未曾提出具有学术价值的观点，难以满足理论和实践的需求。

第二，研究内容狭窄，系统体现不强。已有研究或是集中讨论元宇宙的某一底层技术或适用场景，就事论事，难以释明元宇宙背后的法律体系架构；或是试图尽可能多地穷尽元宇宙每个技术场景背后的法理，力图形成一个"大而全"的体系论证架构，却往往导致每个论点如"蜻蜓点水"，论证不充分，逻辑散漫，甚至出现部分论点矛盾的现象。

第三，实践效用欠缺，成果转化难。在确保结论的得出具有逻辑性和理论性的基础上，研究成果还应该具有实践效用，可以为中国当前的立法及司法实践提供参考和指引。然而，既有的元宇宙研究成果多有说教之嫌，尚未提出确实有效的可供立法机关参考的具体做法，也未将实践中的司法疑难问题纳入其中作通盘考虑。

基于此，可以认为，国内对于元宇宙相关的法律研究工作还很不足，亟待进一步加强。

五、司法实践

（一）国内司法案例

在司法实践中，杭州互联网法院于2022年4月作出了国内NFT侵权首案判决，认定被告在涉案平台上上传并交易NFT数字作品的行为，侵害了原告作品的信息网络传播权。值得一提的是,根据判决书,法院认为 NFT 数字作品的铸造者(出售者)不仅应该是作品复制件的所有者,而且应当系该数字作品的著作权人或授权人,否则将侵害他人著作权。此外,法院认为 NFT 交易实际上是数字商品所有权转移,包括排他性占有、使用、处分、收益等财产权益,但不包括知识产权的转让或许可授权。①

(二) 国外司法判例

1. 美国

美国政府对于元宇宙仍持观望态度,尚未提出明确的元宇宙建设纲要性文件和作出官方表态,其对数据安全的担忧及产业巨头垄断风险的警惕暂时占据上风。② 在司法与行政案例方面,美国已有元宇宙相关案例,现检索到元宇宙游戏平台未告知用户而删除用户购买的虚拟物体案(Doe v. Roblox Corp.)、元宇宙的商标侵权案(AM Gen. LLC v. Activision Blizzard, Inc. & Hermès Int'l v. Rothschild)以及 NFT 非法发行案(Wisc. Dep't Fin. Inst., Sec. Comm'n May 11, 2022 & Jeeun Friel v. Dapper Labs, Inc. et al.)。

2. 欧盟

实践中,欧洲出现了元宇宙中虚拟土地增值税豁免的讨论,以及 NFT 被认定为"私人财产"的判例。

英国高等法院在 2022 年 5 月的一起盗窃案中承认 Boss Beauties NFT 系列的两个数字作品为财产,标志着 NFT 在英国首次被认定为"私人财产"。该案的律师 Racheal Muldoon 表示,这是世界上第一次有法院承认 NFT 为一种资产,此案将有助于使区块链领域成为一个更安全的领域,鼓励更多的人与 NFT 资产进行交互。③

2019 年 8 月,德国科隆地区财政法院(Finanzgericht Köln)裁定虚拟世

---

① 杭州互联网法院(2022)浙 0192 民初 1008 号民事判决书。
② 龚才春主编:《中国元宇宙白皮书(2022)》,第 74 页。
③ Dorsey & Whitney LLP, Transcending the Challenges of Crypto Assets, https://www.jdsupra.com/legalnews/transcending-the-challenges-of-crypto-2036143/, visited on 2022-10-31; https://www.rpc.co.uk/perspectives/commercial-disputes/injunction-granted-over-stolen-nfts-held-on-constructive-trust/, visited on 2022-10-31。

界游戏《第二人生》(Second Life)中的房东出租虚拟土地应缴纳增值税。①由于虚拟土地租赁是向德国客户提供的数字服务,因此税务机关认为虚拟土地的房东需要缴纳增值税。原告辩称,自己唯一的关系是与美国《第二人生》游戏运营商建立的,因此他不应承担德国的增值税。但根据科隆法院的说法,房东应为虚拟土地租赁缴纳德国增值税,因为他签订了租赁合同,虚拟土地最初以"林登元"(Linden dollars)支付,然后转换为美元。科隆法院的立场是有说服力的,因为它确定了缴纳增值税的服务报酬不需要法定货币。然而,该案于2021年11月被德国联邦财政法院(Bundesfinanzhof)部分推翻。② 联邦财政法院认为,虚拟世界作为游戏世界,不同于现实世界,现实世界的增值税法不适用于游戏世界,故虚拟土地出租人出租虚拟土地无须缴纳增值税,但对收到的虚拟货币换取真正的法定货币时则需要缴纳增值税。一些税务专业人士认为,此案将成为未来案件的先例。这可能包括要求欧盟法院(CJEU)澄清数字服务的税收待遇。同时,荷兰一法院(Rechtbank Noord-Holland)采取与德国联邦财政法院相同的观点,认为纳税人在虚拟世界中以法定货币交易虚拟货币时,需要缴纳增值税。③

六、元宇宙的法律挑战

(一)数字人格与责任主体方面

元宇宙作为一种数字化虚拟空间,尤其强调对数据的收集与分析能力,

---

① 资料来源:https://www.justiz.nrw.de/nrwe/fgs/koeln/j2019/8_K_1565_18_Urteil_20190813.html,2022年10月31日访问。
② 资料来源:ECLI:DE:BFH:2021:U.181121.VR38.19.0,https://www.bundesfinanzhof.de/en/entscheidungen/entscheidungen-online/decision-detail/STRE202210041/,2022年10月31日访问。
③ 资料来源:http://kluwertaxblog.com/2022/05/04/vat-and-virtual-worlds-a-german-precedent/,2022年10月31日访问。

数据价值得到空前跃升；与此同时，元宇宙用户在数字生活中的财产权、隐私权、数据权等数字人格也更容易被侵犯，具体可表现为数据窃取、资产诈骗、数字控制、算法歧视等数字安全和数字公平问题。

1. 元宇宙中的"人"

元宇宙中的"人"能够独立于现实世界存在。元宇宙中的"人"主要指现实世界的人借助技术手段在元宇宙中拥有的虚拟存在。由于元宇宙并不会对虚拟存在的数量进行限制，因此现实世界的人在元宇宙中往往会拥有多个对应的虚拟存在。同时由于元宇宙具有匿名化的特征，即使每个现实世界的人只拥有一个对应的虚拟存在，在元宇宙中也可以以多种身份活动。元宇宙中的人与现实世界的人具有一定的独立性，元宇宙并非对现实世界的全面复刻，在元宇宙中，人的身份与行为可能并不会受现实世界的全面约束。即元宇宙中的人有时只存在于元宇宙中，有时是在元宇宙中独立承担责任的主体，而与现实世界无关。

2. 元宇宙中的"组织"

元宇宙中的"组织"既可能是现实世界组织的延伸，也可能是独立于现实世界的。元宇宙中的组织至少包括两种类型：一种是作为现实世界组织的延伸而存在，另一种是完全存在于元宇宙中。作为现实世界组织延伸而存在的组织，与现实世界中的人在元宇宙中的延伸可能并不完全相同，因为存在于元宇宙中的组织有的可能会与现实世界的组织有明确的对应关系，其所实施的大部分行为并不是独立存在于元宇宙中的。由于现实与元宇宙身份的连续性，以这种样态存在于元宇宙中的组织，仍面临着与现实社会类似的机遇与挑战。作为完全存在于元宇宙中的组织，由于其并没有明确对应的现实组织，所以更类似独立的元宇宙中的人，其相关的权利、义务和责任，可能仅仅发生于元宇宙范围内，不会延伸到现实世界中。

3. 元宇宙的"原住民"

人工智能等可能存在的元宇宙原住民会使元宇宙面临的主体问题异常复杂化。正如某视频平台上线的"柳夜熙"角色，元宇宙也可能有自己的原住民存在。随着元宇宙的逐步建成，"人工智能"也可能以独立主体地位出现在元宇宙中。这种完全脱离现实世界主体的存在，使得元宇宙中的主体情况更加复杂。即使认为"人工智能"不应在现实世界承担责任,而应由其开发者或运营维护者承担,但在元宇宙中,这一思路并不能当然适用。进一步来看,"人工智能"作为元宇宙的原住民,也可能组成完全存在于元宇宙中的组织,这就使得元宇宙中的元规则设立面临更大的挑战,也使得元宇宙中的责任主体问题进一步复杂化。

(二) 虚拟财产的权利归属与流转利用方面

1. 元宇宙中的虚拟财产

当前中国关于虚拟财产的法律属性及交易机制等方面,在立法层面尚无清晰规则。伴随着元宇宙这种新型业态的出现,虚拟物品、数字货币、元宇宙财产现实化等将引发诸多新问题。对于元宇宙运营方而言,在构建虚拟商业场景的过程中,应注重提供一套保障用户虚拟财产的完善体系。

元宇宙中的虚拟财产主要包括虚拟物品和数字货币。虚拟物品的财产属性与权利界定是元宇宙的重要问题。元宇宙中的所有物品几乎都是新创的,同时也都是虚拟的。与传统现实社会中的物权不同,即使在初始阶段,元宇宙中的物品也不以占有宣示其所有。目前中国《民法典》虽然对虚拟财产进行了规定,但仅在总则第 127 条设立了原则性条款:"法律对数据、网络虚拟财产的保护有规定的,依照其规定。"虚拟财产在现实世界的法律中尚无更明确的规范。此外,元宇宙中存在的部分物品可能是单纯算法重复的产物,即具有可复制性,并可以低成本重现,这一部分物品的财产性质具有一定的可讨论性。数字加密货币可能在元宇宙的交易活动中发挥重要作用。在元宇宙中,数字加密货币目前主要面临的交易效率问题与交易波动性问题可能会得到改善,元宇宙可能也需要这样一种去中心化的固定交易媒介存在。

元宇宙财产与现实世界财产产生关联将会引发诸多新问题。在元宇宙内,财产的价值并不是恒定的,其主要由群体共识或交易双方共识决定,这种价值确定方式类似于目前现实社会中收藏品、艺术品的价值确定。但如果将元宇宙内的一切都视为收藏品、艺术品,自然是不合理的,从对现实世界经济秩序的影响来看,可能也是弊大于利的。因此,即使元宇宙财产与交易媒介问题能够基本解决,仍将面对元宇宙财产现实化的问题。

2. 元宇宙中的交易

元宇宙中实现交易的基本模式是智能合约(Smart Contract)。智能合约与元宇宙具有高度契合性,但本身也存在缺陷。根据其首倡者 Nick Szabo 的界定,智能合约是一套以数字形式定义的承诺,包括合约参与方可于其上执行这些承诺的协议。区块链上的智能合约具有去中心化、不可篡改、去信任等特点,可自由与多种数据和资产匹配,能够实现安全高效的信息交换、价值转移和资产管理。

与传统交易合同相比,智能合约追求的核心并不是法律效力,而是交易双方意思表示的自动执行,即把交易双方的意思表示编写为特定代码,并在符合条件时由软件自动执行。严格来说,智能合约并非法律意义上的合同,只是意思表示的数字表达。但由于在区块链上,这种被转化为代码的意思表示会被软件自动执行,并不可逆转,实际上产生了合同的效果。

在数字搭建的元宇宙中,智能合约可能会发挥重要的作用,因此智能合约本身存在的代码瑕疵、代码漏洞风险也将成为需要解决的问题。

从智能合约的特征来看,其在区块链上的展开是为了解决陌生人交易中的信用缺失问题,但这种对交易信用的追求是通过限制交易参与方的一定权利实现的,如在以智能合约模式实现的交易中,交易参与方是不可反悔的,交易结果是不可逆的。智能合约交易模式下,交易参与方一旦形成满足条件的意思表示,合同的缔结与履行将会同时发生,并且是不可被修改的。

根据中国《民法典》第 485 条,承诺是可以撤回的,第 543 条则规定当事人协商一致,可以变更合同,这与智能合约交易模式存在一定矛盾。交易自由是市场的重要原则,这种自由包括了对意思表示的撤回、变更甚至作废。而在智能合约追求交易信用的过程中,牺牲了一定的交易自由,尤其是使交易双方部分丧失了反悔权,这就使得智能合约交易模式的建立与推广面临一定障碍。

元宇宙内的交易并不是完全发生于元宇宙中的,作为现实世界的延伸,元宇宙内的交易也可能是现实世界交易的一种新的形式。由于现实世界的交易模式与元宇宙中的交易模式存在明显差异,现实世界中的交易遵循的规则也与元宇宙中不同,因此,元宇宙内交易现实化,可能会面对法律规则的选择与适用问题。

（三）数据安全方面

元宇宙内不同应用之间、元宇宙和外部设备间的数据交互过程,以及外部设备采集、存储、处理、分发、利用和处置个人行为数据的过程,在技术层面上需要区块链相关的分布式网络、共识机制、智能合约、隐私计算等加以支撑,在法律层面上则需要受到数据安全相关法律法规的严格约束。对于开展数据处理活动的元宇宙公司而言,需要及时关注并跟进相关数据安全立法,建立健全平台数据合规体系。

1. 元宇宙内的数据安全

元宇宙内的数据安全可能主要围绕技术展开。在元宇宙中,数据往往等价于财产。因此,元宇宙内的数据安全问题,更大程度上是技术问题。即如何在元宇宙内防止数据的泄漏或遗失,在去中心化的元宇宙中数据是否存在恢复或重现的可能。此外,即使在高度代码化、智能化、自动化的元宇宙中,也存在着操作失误等可能。当这种失误与具有价值或私密的数据相关,如何处理或防范这一情况的出现是必须解决的问题。

2. 元宇宙外的数据安全

元宇宙离不开现实世界的硬件支持,国家与科技公司是提供硬件支持的最主要主体。元宇宙中以数字形式存在的一切,都会存储于现实世界中,元宇宙外的数据安全,就是对科技公司数据安全的要求。无论是当下还是未来的元宇宙领域公司,都需遵守《中华人民共和国数据安全法》的相关规定,合法合规存储、利用数据。这种数据并不局限于个人的数据,如对于地图而言,《中华人民共和国测绘法》第 27 条及《地图管理条例》第 7 条要求从事地图编制活动的单位应当依法取得相应的测绘资质证书,并在资质等级许可的范围内开展地图编制工作。元宇宙领域公司如缺乏相应资质,在元宇宙中模拟、获取、披露、使用相应数据,则可能会被认定为违法甚至犯罪。

3. 元宇宙数据的监管者

元宇宙是建立在数据上的宇宙,其数据安全的实现需要元宇宙内外合力。数据是元宇宙的基础元素,除政府等传统的监管主体外,元宇宙内也必须存在相应的监管主体。这种监管主体的存在并不会阻碍元宇宙的发展,也并不与元宇宙的去中心化相冲突。去中心化并不意味着无序,监管主体的存在也不意味着中心化。与元规则和纠纷解决类似,只要符合元宇宙内的群体共识和群体利益,监管主体就可以存在。因此,该问题的核心在于群体共识的形成与可持续发展。

（四）知识产权方面

知识产权、数据安全等问题并非元宇宙特有。在互联网 2.0 时代这两大法律问题就已出现,在元宇宙时代这两大问题会日益凸显,并变得更为复杂。元宇宙的知识产权问题主要围绕著作权、商标侵权及维权展开。元宇宙中的著作权侵权场景如下:受版权保护的游戏软件、角色、用户界面受到侵权;未经著作权人同意将其著作改编成元宇宙版本的游戏或场景;未经著作权人同意不当引用歌曲、音乐、相关影视片段等。商标类侵权无疑也是元宇宙知识产权类侵权问题的一个重点关注问题,比如在未经商标权利人许可或合法授权的情况下在元宇宙中使用商标开设虚拟店铺,此类问题一旦出现,由于很难确定侵权主体,因此权利人也很难维权。

（五）刑事犯罪方面

元宇宙技术在发展过程中会带来新的刑事风险。具体而言,首先,仅作为概念使用的元宇宙可能成为传销、非法吸收公众存款、集资诈骗等违法犯罪活动的工具。元宇宙目前仍处于初步探索阶段,其依托的诸多基础性技术也未发展成熟。目前元宇宙概念虽然在资本市场中取得了一定成功,但对于非专业的投资者而言,仍应保持理性,谨慎对待,守好自己的"钱袋子"。

其次,虚拟货币、NFT 等领域已频现洗钱、帮助信息网络犯罪活动等违法犯罪行为,作为依托于区块链、电子游戏等技术的元宇宙,同样面临着被违法犯罪分子利用进行违法犯罪活动的问题。

最后,元宇宙本身的去中心化、匿名化等特征,使得其成为滋生部分违法犯罪活动的温室,色情、赌博、诈骗等违法犯罪活动必将出现于元宇宙中。在元宇宙技术高级发展阶段,元宇宙空间可能出现侵犯人身权利的犯罪。

元宇宙中严重侵犯虚拟名誉权的行为可能构成侮辱罪、诽谤罪。刑法应将元宇宙中妨害虚拟社会管理秩序行为规定为犯罪，并设立妨害信息网络管理秩序罪。由于元宇宙具有跨时空性，不同法域对违法犯罪的界定存在一定差异，如何甄别元宇宙中的违法犯罪风险，以及如何处置和应对相应的司法案件，是未来的法律需要关注和解决的又一问题。

（六）纠纷解决方面

1. 元宇宙内部纠纷解决

元宇宙内部纠纷解决可能是群体共识引导的全新模式。由于不涉及元宇宙外的因素，元宇宙内部的纠纷解决将会与元规则类似。从长期来看，可能也不会存在永远有效且不变的固定规则。而阶段性相对固定的规则，也是通过群体共识产生，由于元宇宙时空的便利性，纠纷解决的物理成本被大大节约了，关注的核心主要是纠纷解决结果的可接受性，这种可接受性并不仅指纠纷双方对结果的可接受性，也包括元宇宙社群全体或大部分成员对结果的可接受性。

由于元宇宙的根本特征是去中心化，群体共识是维系元宇宙存续的关键要素，因此，元宇宙内部的纠纷解决也必须符合群体共识。同时，由于元宇宙本身的高度复杂性，同一类型纠纷可能并不会得到相同的解决结果。即纠纷解决结果本身不再是核心，纠纷解决的可接受性可能更加重要。这种纠纷解决模式的存在，可能会给现实社会带来无法预料的挑战。

2. 元宇宙外部纠纷解决

元宇宙外部的纠纷解决主要有两种方式：一方面，如果现实世界的人认同元宇宙的纠纷解决方式，并愿意将纠纷在元宇宙内解决，那么这种可能和元宇宙本身并无关联的纠纷，也通过元宇宙的方式解决。此时，如何确定"元宇宙"的价值取向、制度选择和交互秩序将是必须解决的问题。同时，正如元宇宙基础性技术数字孪生可以达成的效果，元宇宙外的主体可以通过在元宇宙内模拟，提前判断结果的发生，以及后续的发展，即使不使用元宇宙内的纠纷解决方式，也可借助元宇宙解决现实世界的纠纷。

另一方面，如果元宇宙内的纠纷与现实世界产生紧密关联，如与现实世界存在明确对应的组织与其他主体产生纠纷,此时纠纷既存在于元宇宙中,也存在于现实世界中,而纠纷解决的方式又存在差异。这种情形中,如何处理纠纷将成为元宇宙领域需要解决的重要问题。

3. 元宇宙纠纷解决的执行

元宇宙内的纠纷解决后,可以采用类似智能合约的模式自动执行。但当纠纷解决与现实世界相关时,由于元宇宙的匿名性、去中心化等特点,执行对象的确定便成为一项难题。同时,在现实世界中被执行的对象是否仍要在元宇宙中被执行,也会成为一个问题。

(七) 伦理与道德方面

1. 数字主体危机

产业界关于未来元宇宙的技术构想认为,个体的数字替身也具有主体性,甚至可以代替人类肉身直接参与社会生活。人作为社会生活的主体,被高度发达的数字智能技术建构为"数字主体",这必将使人遭遇身份、情感和认知等多重危机。

2. 陷入"技术成瘾"

元宇宙从人类知觉系统出发,应用多媒体、算法影像、装置艺术、投影互动等技术给用户营造真实体验,让人身临其境、流连忘返。然而,一些缺乏自制力的人过度花费时间在技术体验上,陷入"技术成瘾"状态。"技术成瘾"的主要表现是过度追捧数字智能技术所营造的感官冲击,沉溺在光怪陆离的虚拟世界中。

3. 造成世界失衡

元宇宙打破了时空,万物在场,既存在有生命的"数字人",也有非生命的智能体,是一个比现实社会更为复杂的智能虚拟世界。在元宇宙时代,最大的伦理问题,就是如何处理元宇宙与现实世界之间可能的失衡问题。因此,如何构建元宇宙的规则秩序,使元宇宙能够有序运转,特别是构建一种元宇宙与现实世界之间的有序衔接的新秩序,是亟待解决的社会伦理问题。

4. 其他伦理风险

元宇宙中社会关系、人际关系的深度虚拟化也不能切断与现实物理世界的必然联系，元宇宙构建的虚拟身份、虚拟产品、虚拟市场、虚拟交易、虚拟生活、虚拟经济、虚拟人生等，不能脱离伦理、道德与法律的约束。为了确保元宇宙能够在人类社会中发挥"益化"的功效而非策动"异化"的危机，精进与完善确保元宇宙顺利落地与节能应用的底层技术，铺设与夯实防止元宇宙悖逆道德，是元宇宙当前亟待解决的问题。

七、元宇宙风险预防的对策与建议

在元宇宙的发展过程中，需要紧抓"脱虚向实"的主线，积极引导"元宇宙"创新技术与实体经济发展"虚实结合"，确保实体产业的高质量、可持续发展。

（一）培育行业生态，构建以行业自治为主的良性环境

以行业组织主导，搭建产业公共服务平台，常态化开展产学研合作、行业交流，因地制宜提供公共技术研发、检测认证、知识产权与标准化等服务。同时，培育行业生态系统，围绕基础底层技术和应用场景制定标准。芯片、传感器、系统软件、基础软件等底层技术的前期研发成本巨大，需要企业长期大幅度投入，也需要政府加强引导和鼓励。加快制定统一的元宇宙数据、平台标准，探索构建元宇宙的技术、产品和系统评价标准指标体系，出台连接元宇宙设备、产品之间的标识解析、数据交换、安全通信等标准。发挥标准对产业的引导支撑作用，增强行业共识，鼓励构建以行业自治为主的良性生态发展环境，促进元宇宙深度发展。

（二）开展标准研制，发挥标准对行业发展的引导作用

面对各类元宇宙应用的出现，各个元宇宙之间面临信息孤岛和信息隔离，同时存在新技术不能满足大众对该领域的需求，新兴数字技术并未达到技术成熟应用，在元宇宙包含的区块链、5G/6G、物联网、VR/AR、GPU/CPU、人工智能等各类软硬件技术中，相关领域缺乏核心关键标准。应加大相关技术和应用的标准制定，加强科研院所与企业之间的合作交流，较早开展元宇宙各领域研究，推动团体标准、行业标准、国家标准以及国际标准的制定，发挥利用好标准对元宇宙发展的引导作用。

（三）加强行政监管，强调行政监管的指引作用

面对元宇宙在工作生活民生领域应用范围越来越广的态势，行政机关应当加强对元宇宙包含的资本运作方式、虚拟世界金融支付、信息安全等方面的监管和引导，规避潜在的信息泄漏、盗用等安全风险。目前已出现的元宇宙金融活动均为去中心化的交易，若监管体系与监管能力无法适应分散市场等新技术风险，则元宇宙空间中的经济活动很可能会映射到实体经济中，甚至引发全球性金融危机。

面对这种虚拟和现实交织、内部和外部交融的复杂环境，需要以积极的心态开展多主体、多工具的合作监管。具体而言，政府应从元宇宙的系统设计阶段开始介入，在初期依靠专业研发人员，减少并降低元宇宙中可能存在的技术漏洞和风险，针对海量的数据传输形成实时的动态报告。政府在设立事后惩罚制度的同时，还应采用事前预防措施。

（四）加强司法能动性，构建多元的协同治理格局

推动元宇宙发展，需要建立起元宇宙多元治理体系，厘清元宇宙建设企业、投资者、技术开发机构、用户/消费者、行业和政府主管部门的角色定位和责任体系，彼此能够形成有共识且有序的发展机制。对于元宇宙治理手段，应当结合行政、法律、经济、技术等多种方法及其组合。同时，充分发挥司法能动性，对当前元宇宙多元治理纠纷中发现的问题进行深入分析，加强

前瞻性研判,积极向政府有关部门提出司法建议,帮助查堵漏洞,防范风险,探索司法推进多元协同治理机制。

(五)加强政策、立法及理论研究,促进数字与现实世界融合

元宇宙的发展离不开前瞻性研究,对此,应当强调政策、立法及理论研究在元宇宙发展中的重要地位。加快数字领域法规研究,规避潜在风险。对元宇宙带来的虚实共存世界的政治、经济、法律、伦理等方面的风险进行深入研究,加快对虚拟数字世界中社交、商贸、金融等方面的司法探索,出台相关法律法规。积极构建元宇宙法治研究中心,鼓励地方加快对元宇宙的产业规划,出台产业促进政策,组织产、学、研、用各方面力量解决元宇宙关键共性技术问题,让元宇宙产业成为数字经济增长的新引擎。

当前元宇宙已经进入高度发展期,顶层规划设计亟待加强,适宜地方特色的元宇宙产业规划和行动实施方案亟待出台。为应对元宇宙发展带来的政治、经济、法律及伦理风险,需要坚持"鼓励技术、防范风险、包容概念、支持探索、杜绝炒作"的基本逻辑,形成"政府监管、企业自治、行业自律、社会监督"的社会共治体系与元宇宙同步发展路径。研究制定和储备有针对性、包容性、前瞻性的法律政策,争取掌握未来元宇宙技术竞争赛场的规则制定权和国际话语主导权。